JIU DU
WEN WU LUE

原北平市政府秘书处 编

舊都文物略

略

海若集
漢碑字

◆ 中国建筑工业出版社

图书在版编目（CIP）数据

旧都文物略／原北平市政府秘书处编.—北京：中国建筑工业出版社，2005
ISBN 7-112-07305-7

Ⅰ.旧… Ⅱ.原… Ⅲ.文物－北京市－图录 Ⅳ.K872.12

中国版本图书馆CIP数据核字（2005）第025029号

内 容 简 介

《旧都文物略》纪故都事物，勒为专书者，亡虑数十百种。然大都偏于一端，或流连景物，或偏重考据，或专载文艺，或疆域过广，如《顺天府志》之类记载遍京兆二十馀都邑，或过狭，如《燕都丛考》之类，仅及市内坊巷。至于《日下旧闻》、《宸垣识略》等书，例较近矣，然而成书皆在百数十年以前，玉步已更，河山非旧，一切情态变迁实多。本书主旨：一方阐扬文化，发皇吾国固有深厚伟大精神；一方刻画景物于天然，或人为之壮严绵丽境域，斟酌取舍，刻意排比，一一摄取真景，辅以诗歌，俾个中妙谛，轩豁呈露，阅者既感浓厚兴趣，而于先民规范，执柯取则，亦资以激励奋发。

责任编辑：张振光　王雁宾
策　　划：傅　敏　段　颖
装帧设计：美光制版

旧都文物略　原北平市政府秘书处 编

中国建筑工业出版社 出版、发行（北京西郊百万庄）
新华书店经销
北京美光制版有限公司 制版
北京方嘉彩色印刷有限责任公司 印刷
开本：889×1194毫米　1/16　印张：18　字数：600千字
2005年6月第一版　2005年6月第一次印刷
印数：1—2500册
定价：108.00元
ISBN 7-112-07305-7
　　　（13259）

本社网址：http://www.china-abp.com.cn
网上书店：http://www.china-building.com.cn

例 言

全书旨趣

纪故都事物，勒为专书者，亡虑数十百种。然大都偏于一端，或流连景物，或偏重考据，或专载文艺，或疆域过广，如《顺天府志》之类，记载遍京兆二十馀都邑；或过狭，如《燕都丛考》之类，仅及市内坊巷。至于《日下旧闻》、《宸垣识略》等书，例较近矣，然而成书皆在百数十年以前，玉步已更，河山非旧，一切情态变迁实多。本书主旨：一方阐扬文化，发皇吾国固有深厚伟大精神，一方刻画景物于天然，或人为之壮严绵丽境域，斟酌取舍，刻意排比，一一摄取真景，辅以诗歌，俾个中妙谛，轩豁呈露，阅者既感浓厚兴趣，而于先民规范，执柯取则，亦资以激厉奋发。区区微旨，端在于斯。

编辑准则

本书内容取材务期精审，叙述务极雅驯，考证务求翔实。本此三义：(一) 例如妙峰山中顶、南顶、西顶等处庙会香期，国人趋之若狂。本书以祗益陋俗，无关弘旨，故纪载从略。(二) 近来游记或导游诸作十九，多用语体文，以之描写景物，终嫌冗俗。本书义例既极精严，文字尤期整饬，不敢语于作者之林，庶几免粗率之弊。(三) 间苍枝谭，齐东野语，张皇悠谬，杂以神怪。本书抉择綦严，如潭柘、戒台之龙眼，宣武门之五镇，黑窑厂之水怪，东直门之铁齿，虽载之篇籍，各有陈说，咸摈不取录。义别有在，无取语怪。又编内改证群书，必注明来历，既以胪列众说，借资论证，亦以免掠美之嫌。

疆域范围

本书标明旧都，自不宜以现市区为限，凡昔日帝王所游幸，或历史上有名伟大建筑，如南之南苑、丰台，西之潭柘、戒台，北之汤山、长城，虽距离较远，要为中外人士游览所必至，故均为叙列。

图片配备

本书所列图片将近四百幅，关于风景者十之三，关于历史文化者十之五，关于艺术风俗者十之二。皆一一实地摄取，力求精美。配置方法：于文内间隔插入，一方可增阅者兴趣，亦以得实证之助。

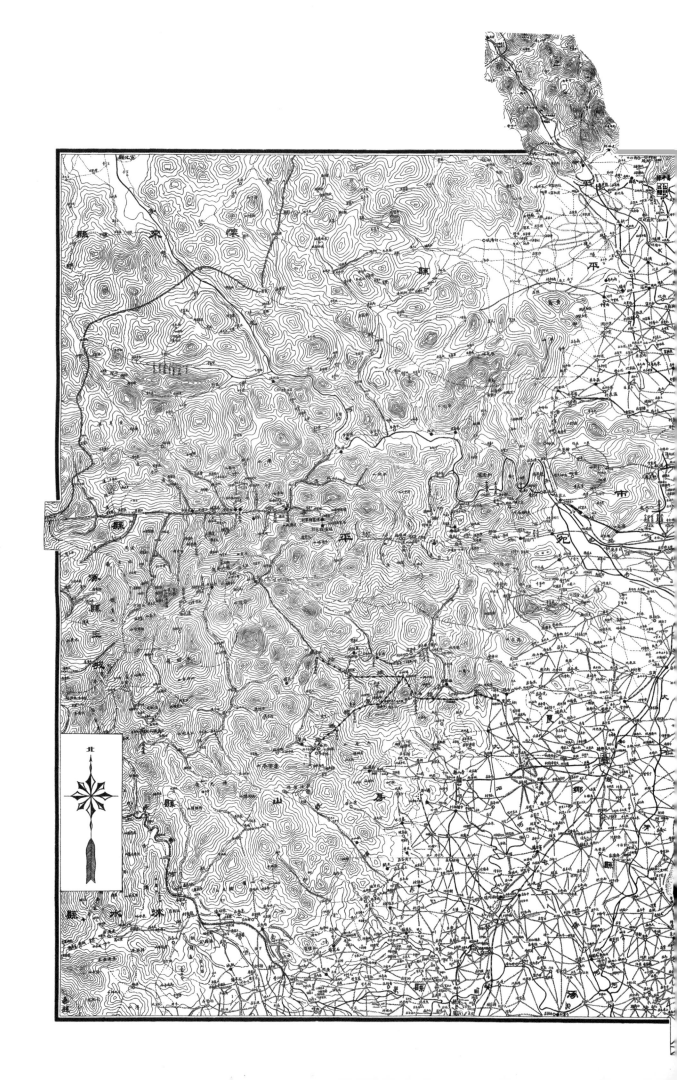

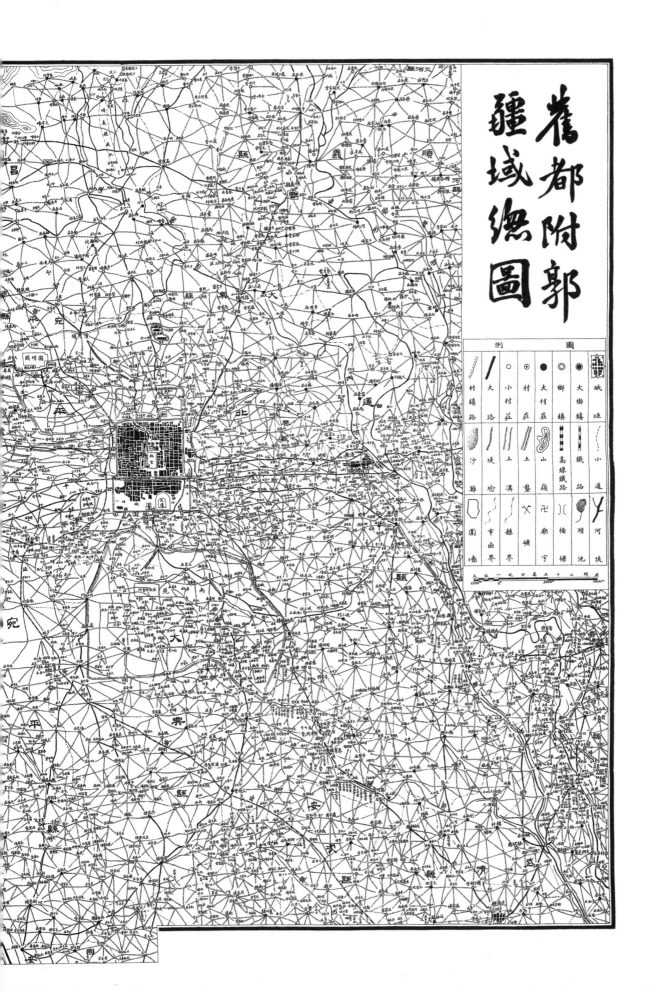

舊都附郭
疆域總圖

舊都文物署序

凡立國必有所本國民心有所本國民性是已水之積也不厚則其負大舟也無力風之積也不厚則其負大翼也無力徵之於數其例灼然也

中華立國最古先民所留遺□有深厚光榮歷史而燕薊之都為黃祖建國所自涿鹿之戰合伯之封燕昭金臺慕容銅馬降自元明雄主開疆闢土咸以是為根據尤足代表圖民偉大精神顧楷之戰籍或語馬不詳或偏重景物或時移世易情態變遷凡所紀述與現存者有莘不相應良自前歲住北平市長亦既請於國府為故都文物之整理經營擘畫寒暑載更□□道壇廟祠宇港汊第緒為大致舉

事竊以舊都文物不可無專書載之爰議纂輯舊都文物署屬僚友湯君用彬費凡起例主持纂事彭君一盦陳君聲聰楊同編輯自三月訖九月全稿編竣復由陳君寶書吳君承湜金君保康覆加審權書既成良詳為搜覽其主旨在表揚民族精神鋪敘事實藉資觀感文則辭而不詳簡而能當誠一時合作之盛□□一編博稽往烈□□□不止柲為導游之助而望古興懷執柯取則或柭振導民氣養揚國光有所裨乎故於此書之成樂為叙之民國二十四年十月杭縣袁良書於北平市府

民国 24 年（公元 1935 年）10 月杭县袁良在北平为原书写序

舊都文物略序

方志之作尚矣顧揚權義例聚訟紛孥搜輯遺聞及於織瑣又
或厚誣矢擁刻意舖張縣歷歲時成效蓋衆此其失也北平為
千丰故都前代之燕京志及洪武北平圖經其書均散
佚不傳爰及近代若春明夢餘錄曰下舊聞順天府志火屬乾
圍既涉廣莫紀載已形陳舊夫迨國都南遷舊京政市一概心
理雖不無今昔之感究之麻史上偉大囂遺寶居全世界重要
仕置以故歐美人士來游者莫不先履舊都以飽隨東方文化
美術之偉異誠重之也惟是班張佚蹟刻畫都京劉于著書沉
連景物畧現實牒歌鴻栽是舊都文物誠不可無專書以載

火向者前市長袁君文欽任内營有脩輯市志之擬議終電曠
曰持久成書無期爰命僚友慕輯舊都文物略冀執簡以馭繁
博觀而約取內容苜城垣次官殿次壇廟次園囿次坊巷次陵
墓次名蹟上下次河渠關隘次金石次技藝次雜事都為十二
篇爲文十五萬餘言插圖四百餘幅凡歷時五閱月編輯斯竣
書既成方始付適袁君去職余繼任伊始披覽曰例以爲雖
不如志乘火周詳尚餘繁簡適中洪纖備及命庬續趕印俾
底於成世之隙者於故都文化之僑美風物尚冀續得窺豹
一斑於以佐游觀之助進市為文獻之玫徵則於是書之作或
有取耳民國二十四年十一月秦德純

■ 民国 24 年（公元 1935 年）11 月秦德纯在北平为原书写序

編輯後語

導游之作不難於博採而難於徵實居一室內發篋陳書分類
付鈔脣兩三寫生足以舉矣而其方向之舛誤古今建築之異
形極於陵谷變遷山河改易絕不一爲考而日以導游也不
亦傎乎建元二十四年始夏余承命纂輯舊都文物略既盡發
官私藏籍關於舊京故實一一尋研討已而徵之現情竊以
爲未愜或且乖違遠甚又以風景之縣麗文物之優美其著於
象者尤非文字所能傳寫爰挾書走郊野暨內外城各坊巷諸
名勝處所凡與歷史文化有關聯者遠而至於長城居庸湯山
大覺戒臺潭柘豐臺南苑等更約同陶子履敦盧子開運携攝
影器偕行維時盛夏彳亍暴烈日中或踞坐殿頭樹下巖畔草

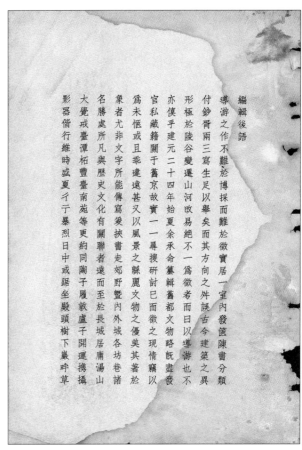

間出囊書相印証陶盧二氏則置機地上徐徐攝取凡舊日帝
王所居處游幸名僧所宅藏貞魂毅魄所託寄畸士幽人所詠
歌一一窮其原委鈎取實相又或走訪學人藝士及於黔卒里
俠叩尋究竟於是歸而述其所得徵之於史組之以文輔之以
詩歌象之以圖會夫然後書成庶幾克副寫實之義而爲游
觀之助履斯土者誠人手一編觀其迹象以窮其變態必有餘
矣至於蒐輯之範疇義例之審訂微尚所寄前既申揭毋俟傝
言觀者宜自得之
　中華民國二十四年十二月
　　黃梅湯用彬識於北平市府後樂堂之西偏

■ 民国24 年（公元1935 年)12 月黄梅汤用彬识于北平市府后乐堂之西偏为原书写编辑后语

目录

旧都文物略

城垣略

卫民建邦，上肇神禹；气凝后土，法范紫宫。拓卢龙燕蓟之区，聚梯航担簦之众。人文渊蔚，财物阜充。辽元据为与都，明清于兹奠宅。郁葱万堵，回环九阓，沿革异形，基疆变古。五朝王会，高控中枢，四达康衢，屹为重镇。论政识冲繁之故，占风验扃镭之雄。作《城垣略》，第一。

　　北平城垣，建置虽远在隋唐以前，顾其营卜方位，殊无佐证。

　　《魏书·地理志》：魏置广阳郡，领大兴、方城、燕乐三县。《隋书》：隋改安乐郡，领燕乐、密云二县。似与今地相当，然城垣所在地则不能确定，前燕慕容俊称帝都蓟，相传蓟城在今德胜门外（见后）。然史称燕时得名马，铸铜范之，立通衢，名其地曰铜马坊，坊地《燕京访古录》谓在彰仪门内，《宸垣识略》谓在崇文门内，三说各异，是蓟城所在自亦不能确指。

　　唐为幽州，始有迹象可寻。

　　唐开元二十一年，置范阳节度使，统经略、威武、靖夷、静寒、恒阳、北平、高阳、唐兴、横海等九军。管兵九万一千四百人，经略军在幽州城内，管兵三万人。他军一万或数千。北平军在定州城西，管兵六千，与现北平无涉。恒阳军在恒州城西，管兵三千五百。最少至德后，置幽州节度使。又《旧唐书·地理志》：幽州领蓟、范阳、良乡等八县，范阳本幽州之一县。大历四年，请于范阳置涿州，割幽州之范阳、归义、固安三县属之。

　　五代石晋，割入于辽，辽太宗会同元年，改幽州城为南京，置幽都府。

　　辽太守会同元年，晋遣赵莹，以幽、蓟、瀛、莫、涿、檀、顺、妫、儒、新、武、云、应、朔、寰、蔚十六州图籍来献，诏以皇都为上京，府曰临潢，升幽州为南京，以时巡幸焉。

　　圣宗开泰元年，改幽都府为析津府，筑城方三十六里，崇三丈，广丈五尺，每方各二门，共八门：东曰安东、迎春，西曰显西、清音，南曰开阳、丹凤，北曰通天、拱宸。始改称燕京（见《析津志》）。宋宣和四年，地入于金。

　　时属河北东路，领县十：大兴、宛平、安次、潞阴、永清、宝坻、香河、昌平、武清、良乡。

　　五年归宋，改燕山府。

　　先是四年秋，与金人约会师攻辽，取涿、易等州，至是，金以燕京归宋。

　　七年复入于金，仍名燕京。贞元元年，改燕京为圣都，寻改中都。筑内外城，内城粘罕所筑，周二十七里。

　　粘罕筑内城，因辽人宫阙于四隅筑四城，每城各三里，前后各一门，楼橹塘堑，悉如边城。每城之内，立仓廒甲仗库，各穿复道与内城通。时有笑其过计者，粘罕曰："百年后当以吾言为信"。至金末，蒙古兵曾数攻之，辄退保四子城，互为援应，蒙古军累岁攻之不克，方叹粘罕之深虑早计为不可及也。

　　外城，金主亮所筑，周七十五里。

　　海陵立，有志都燕。一时上书者争言形势。天德三年，始图上燕城宫室制度，三月，令张养浩等扩筑，增门十三，东曰施仁、宣曜、阳春，南曰景风、丰宜、端礼，西曰丽泽、灏华、彰义，北曰会城、通元、崇智。光泰遂改名中都。筑城用涿州土，人置一筐左右手排立定，自涿至燕传递，空筐出，实筐入，人止土一畚，不日成之。

元改大都

元世祖至元四年，始定鼎于中都之北三里筑新城，九年废中都，名称改名大都。

改建新城，城周六十里又二百四十步，分十一门，正南曰丽正，南之右曰顺承，左曰文明，北之东曰安贞，北之西曰健德，正东曰崇仁，东之右曰齐化，东之左曰光熙，正西曰和义，西之右曰肃清，西之左曰平则。

《析津志》：时诏旧城居民之迁新城者，以赀高及有官者为先，仍定制以八亩为一分，其或地过八亩及力不能筑室者，听他人营筑。

筑城已周，乃于文明门外向东五里，立苇场收苇以蓑城，每岁收百万，以苇编排，自下砌上，恐致摧塌。明初改北平府。

洪武元年，命大将军徐达北取元都，克之。元都原置大兴府，属大都路，至是废止，设北平府。又以钱四万二千余缗，购周氏地十九亩为公署。

永乐定都，改称北京（详见后），清因之，设顺天府。民国成立，置京兆尹。国都南迁，设北平市政府。大抵唐、宋、辽、金、元五代，城垣位置与现在迥然不同，唐幽州城及宋燕山府，辽、金故都均在今外城西南部。

隋之幽州洪业寺（即天宁寺），在城内。唐之悯忠寺（即法源寺），在城东南隅。悯忠寺，唐景福元年，重藏舍利，记其铭曰：大燕城内地东南隅，有悯忠寺，门临康衢云云。刘定之《梁家园泛舟记》，谓唐范阳藩镇，城亦在此，安史僭号，国号大燕，是又曾为伪都。又康熙年间，有中官在西安门内治宅，掘地得卞氏墓志，文曰：贞元十五年岁次，己卯七月，夫人卒于幽州蓟县。蓟北坊以其年权厝于幽都东北五里之礼贤乡，是今西安门，去幽州东北五里。又，正阳门外，今琉璃厂地，得辽时碑，称其地为京东门外海王村。辽京因唐幽州城之旧故，亦可证明幽州城之地望矣。

元大都则向北改建，南面当今东西长安街，北包今黄寺一带，若德胜门外土城关等，即其遗址。至大城之内，有皇城，有禁城，规制大略具详后述，其辽、金、元、明、清五代，大内宫殿及离宫别馆坛庙等，亦具详坛庙、宫殿、园囿诸略，不缕述。兹仅取《天咫偶闻》所载，辽、金、元、明、清都城变迁合图影绘如下（图1）。征诸群书，考之事实，其大体固不诬也。

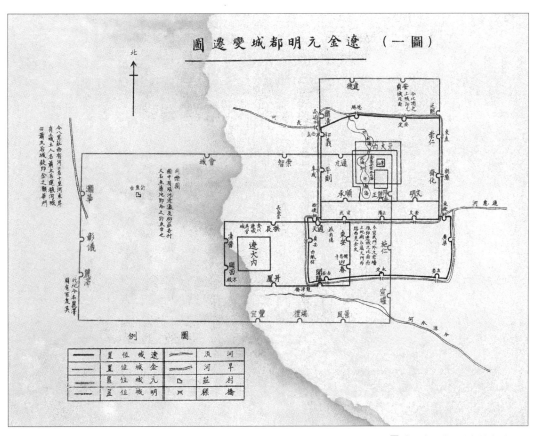

■（图1）辽金元明都城变迁图

据都城变迁图则知辽都城尚狭小，金之中都则扩大，元都北徙，益形壮盛，断可识矣。又土城关虽为元城遗址，但相传慕容氏蓟城在此。

姚广孝蓟门诗：

云树依依接远邱，时来飞雨上征裘。不知铜马坊何在，惟见桑干水自流。

是明指慕容氏蓟城，去此不远。又传辽萧太后亦会于此筑城驻兵。赵翼《土城怀古董诗》序云："德胜门外土阜，本元都健德门故址（图2）。然土人至今呼为萧太后土城，必有所自。"按，辽圣宗著萧氏，最贤，歧薄关之捷、益津关、长城口、瀛州之战，澶渊之役，皆与圣宗同行，此或其驻师地。诗云：

郊圻屹立土门崇，辽后曾经此洁戎。赤帝散伤吾子白，雌风偏胜大王雄。封桩坐困南朝费，岸币偏来内府充。千载遗踪有双阜，犹传女队簇妆红。负宸图成爨未华，手携稚子战边沙。未开宫掖悲人彘，肯使兵尘丧帝爬。粉黛三千歌入塞，燕云十六纪传家。笑他琼岛妆台女，空把才名后世夸。

■（图2）德胜门外土城关元都健德门故址

此则又一说也，凡此历朝变革，均散见群书，难以悉述，兹编以现时城垣为主，断自明始。

■（图3）正阳门

今之内城，创于明洪武元年，改大都为北平府，缩其城北五里，废元城东西之北光熙、肃清二门，另造新城，外砌砖石，四周挖壕深至一丈，阔有至十八丈者，当时大将军徐达，令指挥华支龙经理其事，又令指挥张焕计度元故皇城，叶国珍计度南城。燕王棣以雄武之姿，既分藩北平，整军备，策战守，益加修治，继承大统。后礼部尚书李志刚等奏言："自昔帝王或起布衣，平定天下，或由外藩人，承大统于其肇迹之地，皆有升崇，窃见北平布政司，实皇上承运兴王之地，宜立为京师。"诏曰："可"。其以北平为北京，改北平府为顺天府，时永乐元年也。四年，修建禁城宫殿，并加修城垣，十八年，遗工部侍郎蔡信重修，益加宏壮。正统元年，令内臣阮安（安一名阿留，交趾人，著有《营建记》）、都督同知沈青、少、保工部尚书吴中，率军夫万人，修建九门城楼，四年，修缮城濠桥闸，至十年，以城内面用土易颓毁，令成国公朱勇甃之，与外面等。计：城南一面长二千二百九十五丈九尺三寸，北面

内城

长二千二百三十二丈四尺五寸，东面一千七百八十六丈九尺三寸，西面长一千五百六十四丈五尺二寸，基厚六丈二尺，顶收五丈，垛口五尺八寸。原辟九门，东西北各二门，南三门曰丽正、文明、顺承。东二门曰齐化、东直。西二门曰平则、西直。北二门曰安定、德胜。正统初，改丽正曰正阳，文明曰崇文，顺承曰宣武，齐化曰朝阳，平则曰阜成。清初因之，入民国后仍旧。各城门上均有楼，惟正阳门最宏伟（图3）。正阳门楼乃经庚子义和团事件烧毁，而后重修。尚书陈璧实董其役，以年代未远，故颇完整。城之四隅有角楼，亦壮丽，年久稍颓败，现拟重葺。城之前三门均有瓮城，规制甚闳。今正阳门、宣武门均撤废，其他各门亦有瓮城，规制较小，以修环城铁道，大都撤毁。门上均有箭楼，惟西直门箭楼尚完好（图4）。东便门角楼亦殊庄严（图5）。

■（图4）西直门箭楼

旧皇城

　　内城之中,旧有皇城,周围长三千六百五十六丈五尺,高一丈八尺。南为中华门。清时为大清门,明为大明门,前有棋盘街,石栏环互,绿荫低垂(图6)。旧时大清门内有千步廊,陈列百货。又有户部米仓,工部木仓,直北抵天安门。东为东长安门,西为西长安门,门各三阙(今俗称东西三座门),均为禁地,不准车马行人来往,民国始开放。其千步廊、米仓、木仓今均无存,惟杂植花木,备市民游览休憩,过其地者,心境为之一爽(图7)。

查嗣瑮《杂咏》诗:

　　棋盘街阔静无尘,百货初收百戏陈。向夜月明真似海,参差宫殿涌金银。

■ (图6) 中华门

■ (图7) 千步廊

天安门

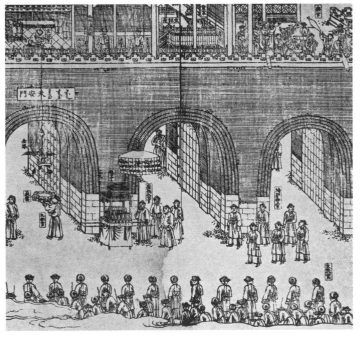

正中南向为天安门, 旧名承天门。顺治八年重建, 改今名, 是为皇城正门, 门五阙, 重楼九楹, 彤扉三十六, 门外华表注二, 金水桥环之 (图8)。

清时凡国家有大庆典, 覃恩宣诏于门楼上, 由垛口正中设金凤衔而下, 承以云朵。两旁文武班立, 卤簿森严, 甚盛况也 (图9)。

毛奇龄《天安门颁诏》诗:

双阙平明烟务开, 九重颁诏出层台。端悬木凤衔书舞, 仗立金鸡下赦来。彩棨横时天宇阔, 黄封展定圣心裁。策宴本是贤良事, 何处还寻杜谷才。

皇城门有四: 南曰天安, 北曰地安, 东曰东安, 西曰西安, 今天安等门均存, 惟东安已拆毁。皇城墙, 民国后陆续拆除, 今所存者, 只天安门左右数十丈, 中华门内左右各百余丈耳。

旧禁城

皇城之中有禁城，旧名紫禁，城制正方形，南北各三百三十六丈，东西各三百零二丈九尺五寸，高三丈。凡四门：南曰午门，北曰神武，东曰东华，西曰西华。四隅皆有角楼，建造甚精巧（图10）。

旧制，凡官吏非奉宣召，不得入内。王公大臣非奉特旨，不得骑马乘车。诸门以午门为最壮丽，门在端门以北，为紫禁城之正门，三阙上覆金翅，明廊翼以两观（按，明代诸臣受廷杖于此，清代诸臣跪受申饬亦于此）。杰阁四耸，俗称五凤楼（图11）。清制，凡视朝鸣钟鼓于楼上，群臣谢恩亦于午门。其北神武门亦轩昂，今书横匾为[故宫博物院]五字，并东西华门均三阙有楼。

毛奇龄《午门谢恩》诗：

嵯峨间阖启双环，帝阙遥看彩仗班。伏地敢违阶咫尺，瞻天只在殿中间。枫门剑佩朝方启，草野衣冠拜未娴。但愧圣恩无可报，遥呼万寿指南山。

■ （图10）紫禁城角楼

■ （图11）午门

外城虽由徐达命叶国珍设计，并未修筑。永乐间加修内城，于外城亦未遑计及，至嘉靖三十二年始修筑外城。先是嘉靖二十一年，边报日亟，御史焦琏等请修关厢墩堑，以固防守。都御史毛伯温等复言："古者有城必有郭，城以卫民，郭以卫城，常也。若城内居民众多，则有重城，凡重地皆然。京师尤重，太祖定鼎金陵，既建为城，后复设罗城于外。成祖迁都金台，当时内城足居，所以外城未立。今城外之民，殆倍城中，宜筑外城，包络既广，控制更雄，且郊坛尽收其中，不胜大幸"。诏从之。下户、工二部议复，以给事中封养直谏而止。至二十九年，兵事益急，议筑前三门关厢及外城，仍不果。至是给事中朱伯宸复申其说，通政使赵文华亦以为言，上问严嵩，嵩力赞之，命平江伯陈圭等，择日兴工。帝是之，然终虑工费浩大，成功不易。屡以问嵩，嵩乃自请至工所视察。随上手札，略言城工，方筑正南一面，自东至西延长二十余里，前此难在筑基，必深取实地，有深至七、八尺者，今筑基皆已出土面，程功较易。帝以财力未裕，应先筑南面，俟后再成，四周之制可同陈圭详计之。于是嵩会圭等议，将现筑正南一面，东西二端转北，接包内城东西角，刻期完报。是年十月工成，即今城也。城长二十八里。为门七，南曰永定、左安、右安，东曰广渠、东便，西曰广宁、西便（广宁以避讳改广安门）。长度：南一面长二千四百五十四丈四尺七寸，东一千零八十五丈一尺，西一千零九十三丈二尺。高度各二丈。垛口高四尺。基厚二丈，顶收一丈，垛口二万零七百七十二，炮眼共一万二千六百零二。（《郎潜纪闻》云：京师内外城，堞凡十五万四千有奇。见《明史》、《明纪》等书）。城之正北（南），正阳门外，有箭楼一座，民国3年，拆去瓮城，就瓮城外楼加以改造，屹立通衢，颇为壮观（图12）。今实业部于此设国货陈列馆。登楼远望，万家灯火历历在目。此楼前临正阳桥，桥前为五牌楼，向为杂商店堵塞。上年经市府拨款收用。凡五牌楼附近各商店一律拆除，五坊毕现（图13、14、15）。此处为北平市最繁盛适中之地，街衢广阔，直达天桥、永定门，是谓正阳门大街，俗称前门大街，亦名五牌楼大街，全系柏油路，亦现市府所改造。又以五牌楼历年既久，柱木朽坏，改建铁盘洋灰柱，去其两旁戗木，巍然矗立，愈益美观（图15）。

辽金旧城，据明刘定之《游梁园记》，遗址犹有存者。现时西郊外，自阜成门至八里庄以南，丰台以北，土城断续可见，即唐藩镇、辽金都城遗址。定之记云："元迁都稍东，东半遂入于都市间，无迹可见。而西半犹存"云云，其说良信。

《天咫偶闻》于都城变迁考核甚精，惟于历代宫城未能详考，兹取诸书记辽金元明宫城状况于后。

■（图12）正阳门箭楼

■ （图13）正阳桥及四十年前之五牌楼（照唐七名胜图会影印）

■ （图14）旧五牌楼

■ (图15) 新五牌楼

辽宫城　《辽史》：南京析津府，城方三十六里，大内在城西南隅，西城巅有凉殿，东北隅有燕角楼。

金宫城　《大金国志》：宫城四围，凡九里三十步，自天津桥之北曰宣武门，内城之南门也。又应天门，内城之正南门也。楼高八丈，四角皆垛楼，瓦皆琉璃，金钉朱户。五门列焉。东西相去一里许，又各设一门，左曰左掖，右曰右掖，正东曰宣华门，正西曰玉华门。殿九重，凡三十有六楼，门倍之。北曰拱宸，又西至玉华门，曰同乐园，若瑶池、蓬瀛、柳庄、杏村尽在于是。《金史》：鱼藻池、瑶池殿，贞元元年建（按，同乐园地当今钓鱼台）。又京师北，离宫有大宁宫，大定十九年建，后更为宁寿，又更为寿安。明昌二年，更为万宁宫（按，万宁宫今西苑地）。《尧山堂外纪》，章宗为李宸妃建梳妆台于都城东北隅，今禁中琼花岛妆台，本金故物也，金台集西华潭，金之太液池（按，此潭当是今南海泊，在今宫城之内）。《北行日录》：左掖门，后为敷德门，其东廊之外，楼观翚飞，闻是东苑。又城濠外土岸高厚，夹道植柳甚整，行约五里，经端礼门外，方至南门。过城濠，上大石桥，入第一楼，七间无名，旁有一亭，两旁青粉高屏，墙甚长，相对开六门，以通出入，或言其中禁军所屯也。次入丰宜门，门楼九间，尤伟丽，分三门，由东门以入，又过龙津桥，二桥皆以石栏分为三道，中道限以护拂，国主所行也。龙津雄壮特甚，中道及扶栏、四桥华表柱皆以燕石为之，其色正白，而镌镂精巧，如图画然。桥下一水，清深东流，桥北二小亭，东亭有桥名碑。次入宣阳门，门楼九间，分三门（按，所谓桥下一水，乃今凉河也）。

元宫城　《大都宫殿考》：南丽正门，千步廊可七百步，建灵星门，门建萧墙，周回可二十里，俗呼红门。阑马墙内二十步有河，上建白石桥三座，名周桥，桥四石白龙擎载，旁尽高柳，郁郁万株，远与城内海子西宫相望。度桥可二百步，为崇天门，按，此云海子西宫，则元大内，在今大内少北。《宸垣识略》云：宫城周九里三十步，砖甃分六门，正南曰崇天门，崇天之左曰星拱门，右曰云从门，东曰

东华，西曰西华，北曰厚载。崇天门内有白玉石桥三虹。中为御道，星拱门南有拱宸堂，为百官会集之所。崇天门内曰大明门，大明殿之正门也，旁建掖门，绕为长庑，与左右文武楼相接。大明门左曰日精门，右曰月华门。大明殿十一间，高九十尺，柱廊七间，高五十尺，寝室五间，东西夹室六间，后连香阁三间，高七十尺。中设七宝云龙御榻，并设后妃寝室。后为宝云殿，东庑中曰凤仪门，西庑中曰麟瑞门，周庑一百二十间。宝云殿后曰延春门，内为延春阁，阁左曰懿范门，右曰嘉则门。延春阁九间，后寝殿七间，东西夹四间，后香阁一间。大明寝殿东曰文思殿，西曰紫檀殿，慈福殿在寝殿东，明仁殿在寝殿西。左庑中曰景耀门，南为钟楼。右庑中曰清灏门，南为鼓楼。玉德殿在清灏门外，东西有香殿，宸庆殿在玉德殿后，左右有更衣殿。隆福殿在大内之西，兴圣宫之前。南红门三，西红门宫各一，缭以砖垣，南红门一，东红门一，后红门一，光天殿前为光天门，左为崇华门，右为应福门。殿后寝殿五间，左青阳门，右明晖门。青阳门南为鸾凤楼。明晖门南为骖龙楼。初殿东曰寿昌殿，西曰嘉禧殿。针线殿在寝殿后。周庑一百七十二间，后待女直庐五所及左右浴室，文德殿在明晖门外，又曰楠木殿。盝顶殿在光天殿西。北香殿在宫垣西北隅。前后有寝殿。文宸库在宫垣西南隅。酒房在宫垣东南隅。兴圣宫在大内西北，万寿山之正西，周以砖垣。南红门三，东西北红门各一。兴圣门内为兴圣殿七间，左明华门右肃章门。寝殿五间，后香阁三间。东庑中弘庆门，西庑中宣则门。凝晖楼在弘庆南，延颢楼在宣则南。嘉德殿在寝殿东，宝慈殿在寝殿西。兴圣宫后为延华阁，阁右为畏吾儿殿，后为妃嫔院。奎章阁在兴圣殿西廊至正间，改为宣文阁，后又改为端本堂。为皇子肄学之所。旁有秘密室。按，以上所述，大概系节录《陶南村辍耕录》，南村于此得之目见，固可信。

明宫城　略如清制，惟禁城东南有南内。《野获编》云：余曾游南内，在禁城外巽隅，亦有首门、二门，以及两掖门，即景泰时锢英宗处所，称小南城者是也。二门内亦有前后两殿，具体而微，旁有两庑所，以奉太上者此矣。其他诸宫，以及圆殿、石桥，皆复辟后天顺间所增饰者，非初制也（中略）。南内诸树石，景帝俱移去建隆福寺。后英宗正反，将当时内宫锁项，修葺既成，壮丽大逾于旧，杂植四方所贡奇花果于中，每春暖花开，命中贵陪阁臣游赏。当天顺修理毕工时，尚书赵荣、侍郎蒯祥、陆祥各赏银二十两，丝二袭荣以楷书，二侍郎，一木匠，一石匠。三堂俱异途，可笑。大约明之南内占地甚广，东抵今之南河沿，北抵东华门大街，西抵禁垣，御河上有飞龙桥，即明飞虹桥。英宗夺门复辟，即由此入内，今尚存此名，桥则圮久矣。至西苑之西，又有西内。若今光明殿等处，皆当时禁苑，范围较清代为扩大。

　　北都形胜，前人论列甚多，兹不具述。仅录元明人诗数章，以见一斑。

元郝经《入燕行》：

　　南风录尽燕南草，一桁青山翠如扫。骊珠书掣沧海门，王气夜寒居庸道。鱼龙万里入都会，灏灏合沓何扰扰。黄金台边布衣客，拊髀激叹肝胆裂。尘埃满面人不识，肮脏偃蹇虹蜿结。九原唤起燕太子，一樽快与浇明月。英雄岂以成败论，千古志士推奇节。荆卿虽云事不就，气压咸阳与俱灭。何如石晋割燕云，呼人作父为人臣。偷生一时快一己，遂使王气南北分。天王几度作降虏，祸乱衮衮开其源。谁能倒挽析津水，与洗当时晋人耻。昆仑直上寻田畴，漠漠丹霄跨其尾。

元宋本《燕都》诗:

抛却渔竿沧海边，拂衣来看九重天。画栏几曲桥如月，绿树千门雨似烟。南国佳人王幼玉，中州才子杜樊川。紫云楼上如渑酒，孤负春风二十年。

绣错繁华遍九衢，上林初赋汉西都。朱门细婵金条脱，紫禁才官玉辘轳。万里星辰开上界，四朝冠盖翌皇图。东邻白面生纨绮，笑杀扬雄卧一区。

卢沟晓月堕苍烟，十二门开日色鲜。海上神山无弱水，人间平地有钧天。宝幢珠络瞿昙寺，豪竹哀丝玳瑁筵。春雨如膏三万里，尽将嵩呼祝尧年。

形势金燕拥地灵，梯航万国走王城。狗屠已仕明天子，牛相宁知别太平。元武钩陈胜王气，白麟赤雁入新声。近来朝报多如雨，不见河南召贾生。

元宋褧《燕都》诗:

万户千门气郁葱，汉家城阙画图中。九关上彻星辰界，三市横陈锦绣丛。玉盏金杯丞相府，珠幢宝刹梵王宫。远人纵睹争修贡，不用雕戈塞徼通。

豪杰纷纷白玉京，汗颜血指战功名。九重见帝多因鬼，万里封侯不用兵。肥马尘深心独苦，鲥鱼波涸事难平。西山小隐烟萝暗，依旧春犁趁雨耕。

风物鲜妍饰禁城，豪家戚里竞留情。花团锦幄清明宴，香拥珠楼乞巧棚。叱拨马摇金辔具，觥䌽车扬绣帘旌。他年定拟持铅椠，细数繁华纪太平。

流珠声调锦琵琶，韦曲池台似馆娃。罗袖舞低杨柳月，玉笙吹绽牡丹芽。龙头泻酒红云艳，象口吹香绿雾斜。却笑西邻囊书客，牙签细恹费年华。

元魏瑶《燕京》诗:

山势回环西北高，强燕自古出英豪。地连河朔偏宜马，人袭衣冠尽带刀。云暗玉楼无凤宿，云埋金水似龙韬。可怜一片繁华地，空见春风长绿蒿。

明吴国伦《燕京篇》:

拟赋燕京胜，三都未足夸。霸图雄雁塞，古戍扼龙沙。北谷回阳令，西山拥帝家。天平恒岳迥，地险蓟门赊。秦楚惭鸡口，侯王属犬牙。重城开御气，双阙倚明霞。芳树华阳馆，高台易水涯。谈天曾碣石，望海即琅琊。带甲环三辅，梯航走八遐。风云森剑佩，雨露足桑麻。紫陌新丰酒，红楼宛洛花。轻尘飞白练，旭日丽青霞。雪色并儿剑，星杓汉使槎。羽林矜节侠，戚里竞纷奢。接轸趋长乐，扬鞭过狭斜。悲歌逢击筑，斥堠警鸣笳。七校传清跸，诸陵望翠华。竖儒何寂寞，抱影独长嗟。

明顾炎武《京师》诗:

煌煌古燕京，金元辽开创。初兴靖难师，遂驻时巡仗。制掩汉唐闳，德俪商周王。巍峨大明门，如翚峙南向。其阳肇圜丘，列圣凝灵贶。其内廓乾清，至尊俨旒纩。缭以白玉城，靓深拟天上。其旁列两街，省寺郁相望。经营仰睿裁，断削命般匠。鼎从郏鄏卜，宅是成周相。穹然对两京，亘古无与抗。郦宫逊显敞，未央失宏壮。西来太行条，连天叠崖嶂。东尽巫闾支，界海看溟濛。居中守在夷，临风国为防。人物并浩穰，风流余慨慷。百货集废墟，九金归府藏。通州船万艘，便门车千辆。绵延祀四六，三灵哀板荡。紫塞吟悲笳，黄图布毡帐。狱囚祈父臣（洺王），郊死凶门将（桂满）。悲号煤山缢，泣血思陵葬。宗子洎群臣，鸢苓与黔莽。丁年抱国耻，未获居一障。垂老入都门，有愿无由偿。足穿贫士履，首戴狂生盎。愁同箕子歌，悼比湘累放。纵横数遗事，太息观今响。空怀赤伏书，虚想云台仗。不睹旧官仪，悻悻念安傍。复思塞上游，汗漫诚何当。河西访窦融，上谷寻耿况。聊为旧京辞，投豪一吁怅。

凡北平城垣形势变革既具如前述兹更记历代城周里数及名称变易经过时日列表二以资总括

北平历代城周里数表

唐幽州	里数无考
辽燕京	城周三十六里
金中都	城周七十五里
元大都	城周六十里又二百四十步
明清北京	城内外周五十八里

北平城名称变易及经过时日表

幽州	隋唐五代约四百年
辽南京	七十五年
辽燕京	一百一十年
宋燕山府	三年
金圣都	数月
金中都	百四十二年
元大都	百零一年
明北平府	三十五年
明清民国北京	五百二十五年（永乐元年至民国17年）

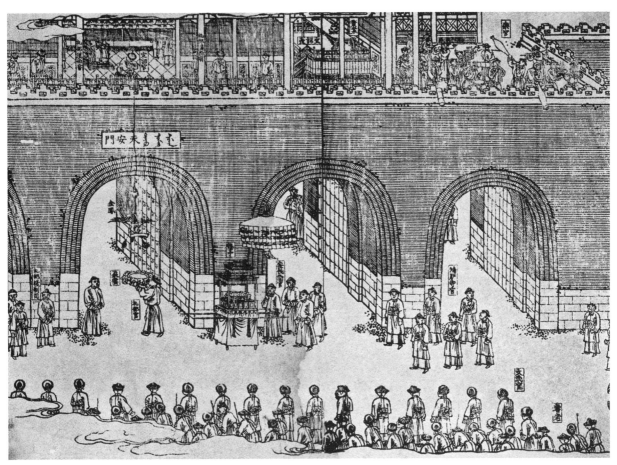

■（图9）天安门颁诏图（照唐七名胜图会影印）

宫殿略

古者三阶受要，四闼观时，土事不文，木事不镂，故明堂休善，衢室无华。后世体制尚文，规模益备，始取高严以便政，继加壮丽而重威。望阙则思补遗，辟门而崇吁俊。乃增华踵事，建极含章。黄图仰榱桷之尊，紫禁为警跸之地。窥遥天咫，越限雷池，寄观偶借传闻，钜构无从亲历。今则刍荛同乐、藻卒洞开。云日就瞻，识宸陛庄严之制；阶梯升陟，溯金元因革之型。作《宫殿略》，第二。

禁城宫殿旧称大内，警御森严，宫墙富美，靡得窥焉。民国成立，始开放前三殿，取清室宝物，设古物陈列所。废帝仍居后宫，出入悉由神武门。至民国 13 年冬，废帝出宫。由政府组委员会接收之。17 年复祖故宫博物院管理，故全部宫殿分而为二，前三殿及其附属归古物陈列所，乾清门内各宫殿归故宫博物院，分别管理。兹仍分二部叙述。

■ (图1) 太和门

午门为禁城之正门（具详城垣略）。午门内东西庑各二十间，皆崇基轩敞。东庑之中为协和门，西庑之中为熙和门（旧为雍和门，清乾隆元年改今名）。两庑之北，正中南向者为太和门。九楹三门，前后陛各三出，左右陛各一出。重檐翚飞，石栏缭折，列铜狮二，宝鼎四环，以金水河跨石梁五，即内金水桥也（图1）。

《国朝宫史》：

护城河环绕于紫禁城外，河水由地安门外，西步梁桥下流入皇城。从地道经景山西门引入，环紫禁城至东西阙门止。门下地道相通，复东经太庙左垣，西由织女桥前绕社稷坛、端门、太庙，会东来之水，过牛郎桥天妃闸，从巽方出皇城为御河。其流入紫禁城者，由神武门西地道引护城河水流入，经武英殿、太和门绕文华殿，由銮驾库出紫禁城。

太和门外左右各一门，皆南向，左曰昭德，右曰贞度，两庑为领侍卫档房，东庑北为稽察上谕事件处，南为内阁诰敕房，西庑北为缮书房，南为起居注馆，东南隅为内阁公署。

沈德潜《夜宿中书省》诗：

独宿丝纶阁，虚堂镫火清。窥檐星汉影，记夜拆铃声。报称惭须鬓，疏慵负圣明。家园通梦寐，游钓忆平生。

前 三 殿

西南隅为膳房外库，太和门内，东西庑各三十二楹，东庑中为体仁阁，西庑中为弘义阁。阁各重楼九楹，东西向，廊庑四周相接，为内府银库、衣库、皮库、缎库等及茶瓷分庋之所。武备院甲库、毡库、鞍库附焉。东庑之北为左翼门，西庑之北为右翼门，东西向正中为太和殿，基崇二丈，殿高十一丈，广十一楹，纵五楹，康熙八年重建，老工梁九董将作（详《技艺略》）。上为重檐，脊四垂，前后金扉四十，金锁窗十有六，前为露台，名丹陛，陛间列宝鼎十八，铜龟、铜鹤各二，日圭、嘉量各一。丹陛下有广场，为文武官行礼处，范铜为山形镫，正一品至九品东西各二行，行十有八，每岁元旦、冬至、万寿三大节及大庆典于此受贺（图2）

朱彝尊《元日赐宴太和门》诗：

垂衣逢盛际，辑玉尽来庭。白酘三光酒，青归一叶蓂。新年恩较渥，昨日醉初醒。九奏钧天曲，风飘次第听。

施闰章《元旦早朝》诗：

丹阙晨开敞御筵，朝元会好傍炉烟。春回晓日蹋廷暖，风

■ （图2）太和殿

细卿云凤阁悬。宵旰勤思荒服外，衣冠拜舞圣人前。称觞进璧浑间事，共拟南征奏凯篇。

陈廷敬《长至朝贺》诗：

> 昨夜阳回晓仗过，天门钟鼓竞鸣珂。朝衣旧惹炉烟重，旭日新移扇影多。云物编年书凤简，岁华簪笔在鳌坡。亦知词赋工无益，若为升平许载歌。

太和殿后为中和殿，规制较小，方檐圆顶，建造殊异。内顶雕刻彩绘极精美（图3）

中和殿后为保和殿，横九间，宽广高大，略与太和等。以上为三殿。殿后十余丈即为乾清门。东为景运门，西为隆宗门，旧军机直庐在焉。由此直入乾清宫，今堵塞矣。又太和殿之左为文华殿，为往时皇帝御经筵进讲处。

陈廷敬《讲筵纪事》诗：

> 崇政经帷秘，延英玉陛高。声容肃中禁，宠渥厚词曹。天语开黄卷，乾文上彩毫。万言亲讲诵，或恐圣躬劳。

沈荃《经筵恭纪》诗：

> 蓬莱紫气绕氤氲，此日虞延奏缦云。侍从儒臣咸旧学，太平天子况能文。西清窈窕闻钟鼓，东壁辉煌列典坟。精一心传亲绍述，五经无事析纷纭。

配殿二，东曰本仁，西曰集义。旁为传心殿，为往时尊礼先圣先师处。其布置式样与他殿景致不同，房有井，覆以亭。明黄建《京师泉品》谓：玉泉第一，大庖第二。

西为武英殿，规制与文华殿同。李自成僭帝号御极于此。东西庑配殿，东曰凝道，西曰焕章，凡内廷校刊书籍俱于此。殿西为浴德堂，清乾隆时为香妃沐浴之所，仿土

耳其式建筑，室旁有水井，蒸汽水管一切设备宛然尚在。堂西为宝蕴楼，旧咸安宫遗址，民国3年改建为庋藏宝物之所。武英殿之东，御河环绕，石桥一座雕刻极精，为诸桥冠，俗呼断虹桥，石栏杆雕研极精，一石猴左手持瓢，右手持裙，尤精绝。桥北地广数亩，有古槐十八排列成荫，颇绕幽致（图4、图5）。

故宫殿宇众多，万户千门，目迷五色，执事者区为五路（图6）。自神武门入，南抵乾清门为中路（图7），依图入乾清门，门广五楹，中三陛三出各九级，周以石栏，列金狮二，凡御门听政，于门中间设宝座。

施闰章《召见乾清门》诗：

入直长趋丹凤楼，忽惊咫尺觐宸旒。未遮宫扇瞻天近，不散卿云绕日浮。帝德难名深气象，主恩蓄意待咨诹。心怀董贯才何有，奏对谁当第一流。

朱彝尊《十三日乾清宫赐宴》诗：

诏许宫门入，入随陛戟移。江梅低压帽，大树密交枝。既醉盈觞酒，无疆万寿诗。梦游真不到，今夕奉恩私。

部院以次奏事，内阁钦奉谕旨于此(门之东为内左门，西为内右门，左门不常启。凡内廷行走，各官均由右门出入)。内即奏事处。

《天咫偶闻》：

前清康雍以前，皆以乾清宫为寝殿。乾隆以后改御养心殿，在月华门外。凡召对办事皆于此。每日军机大臣先入，然后引见内廷。奏事之制，每日子正，部院各以一笔帖式，持摺至东华门外，少候，门启随奏事官以入，至景支门内九卿房，以折匣及本衙门印片一纸，同交奏事官，奏事官登之于簿。少顷，乾清门启，奉之以入，至内奏事处，交奏事太监，以达御览，时不过丑正也。乾清门石栏上，置白纱灯一，递事者以此灯为表缀，若灯移至阶上，则事下不久矣。少顷，奏事官徐捧折而出，高呼曰："接事。"则群集以俟。奏事官呼某衙门，则某衙门人前，奏事官手付口传，曰："依议"，曰："知道了"，曰："另有旨"。虽百十函无一舛误，不须开视也。然此亦有诀，以爪画痕，俗谓之横知竖议。后移西苑，则接事在西苑门外，侍卫处檐下。

门内左为上书房，右为南书房。

（图6）故宫全景

■（图7）乾清门

朱彝尊《蒙召入南书房供奉》诗：

　　本作渔樵侣，翻联侍从臣。迂疏人事减，出入主恩频。短
袂红尘少，晴窗绿字匀。愿为温室树，相映上林春。

蔡升元《蒙恩入直南书房》诗：

　　蓬壶方丈迥难攀，特诏趋陪供奉班。岂有寸长窥圣藻，常
教尺五近天颜。尚方给札云窗静，秘阁缥书画漏闲。从此朝
昏依日月，更无尘梦到家山。

　　左右陛中路，甬道相属，正中南向者，为乾清宫。宫广
九楹，深五楹，中设宝座，明永乐年建，正德九年毁于火。十
六年复建，万历二十四年复灾，二十五年重建（图8、图9）。

《武宗实录》：

　　上自即位以来，每岁张灯为乐，库贮黄白蜡不足，复令所司买
补之，及是宁王宸濠，别为奇巧以献，遂令所遣人入宫悬挂，皆附
着壁上。复于宫庭中，依旧设毡毯，而贮火药于中，偶勿慎遂延烧，
宫殿俱尽。上犹往豹房省视，回顾光焰烛天，戏谓左右曰："是好
一棚大烟火"。

《故宫图说》：

　　正德十六年十一月，乾清宫成，世宗自文华殿入居之。万历二
十四年丙申三月，乾清宫复灾。二十五年二月重建。阶墀取西山白
玉石为之，每一块长丈，阔一丈二尺，厚二丈五。又凿为五级，以
万人拽之，日凿一井，以饮拽夫，名曰万人愁。光宗崩，李选侍踞
乾清宫，群阉教选侍闭皇长子，不听，出度外廷，无可如何。杨公
涟首定大计，率群臣在乾清宫哭，临毕，即拥皇太子升文华殿，暂
御慈庆宫后。选侍移居一号殿，而太子复还乾清宫。

　　至清顺治十二年及康熙八年，两次重修。嘉庆二年灾，
复重建。凡临轩听政。于内廷受贺赐宴，召见臣工外藩，
御焉。殿上有"正大光明"匾额。殿前列铜龟、鹤各二，
日圭、嘉量各一。殿内左右，列图史玑衡彝器。

　　乾清之东为昭仁殿，原名弘德殿。万历十四年，改昭
仁。明思宗殉国前，手刃其女昭仁公主于此。

《北略》：

　　闯攻破城。周皇后返坤宁宫，自经死。上视曰："好、好"。至
昭仁殿视长公主。公主年十五矣，号泣不已。上叹曰："汝奈何生
我家！"左袖掩面，右手持刀，主以手格，断左臂，闷绝于地，未
死，上手栗而止。

■（图8）乾清宫

■（图9）乾清宫内景（正大光明殿）

清乾隆帝于此庋藏旧板书籍。御书额曰："天禄琳琅"（图10）。西为宏德殿，同治帝读书处。南之左为端凝殿，旧为贮冕弁之所。右为懋勤殿，康熙帝读书于此。光绪帝变法，诏开懋勤殿，亦即此处。

张英《懋勤殿古梅》诗：

秘阁寒香旧赋诗，春风又见上林枝。年华愈觉君恩重，常借梅花记岁时。

法海《侍直懋勤殿》诗：

每有微风到玉墀，九重广达四聪时。间阎莫谓君门隔，民隐深宫尽得知。

林旭《懋勤殿直夜》诗：

凤城六月微凉夜，省宿无眠思欲弹。月转觚棱成曙色，风摇烛影作清寒。依违难述平生好，寂寞差欣膏沃宽。身锁千门心万里，清辉为照倚栏杆。

又，乾清宫丹陛下，有老虎洞，洞中甃石成壁，可通往来。明天启帝，尝于月夕，率内侍赌迷藏，潜匿其内。

陈棕《天启宫词》：

石梁深处夜迷藏，雾露溟蒙护月光。捉得御衣旋放手，名花飞出袖中香。

■ （图11）交泰殿顶

■ （图10）天禄琳琅

乾清北为交泰殿，又北为坤宁殿。交泰在乾清、坤宁之间，内圆顶渗金，雕刻花纹，极精致（图11）。

坤宁官广九楹，左为东暖阁，右为西暖阁。后为坤宁门，门外即御花园（图12）。

御花园正中南向者为天一门，左曰琼苑东门，右曰琼

苑西门。天一门列金麟二。门内南向者为钦安殿（图13），殿顶镶渗金宝瓶，恭祀玄天大帝于殿中。殿前方亭二，后叠石为山，山有石洞，山巅有御景亭。山之东为摛藻堂，旧藏《四库荟要》于此。堂之东为凝香亭，其南为万春亭。又南而西向者，为绛雪轩，轩前有太平花（图14）。

殿西稍北为亭，为斗坛，延晖阁。阁相对为四神祠。阁西为位育斋，斋前有池。斋西有澄瑞亭，其南为千秋亭。又南为养性斋，东向，七楹。东北向，各三楹，皆有楼。斋南即琼苑西门。殿北为承光门，北向，外列金象二，左为廷和门，右为集福门，正中为顺贞门。

《宸垣识略》：

明宫室坤宁宫，北有围廊曰游艺斋与御花园相接，其钦安殿后顺贞门即坤宁门，今改围廊为坤宁门，而且界御花园于外则钦安之奉玄武更严肃矣。

其北即神武门（图15）。

■（图13）钦安殿

■（图14）太平花

由摘藻堂侧有门，往南转东，曰大成左门。入门有钟粹宫。

《故宫图说》：

钟粹宫原名咸阳宫，为皇太子居处。前殿曰兴龙宫，后殿曰圣哲殿。明隆庆间，始更名，清仍其旧。钟粹宫为东六宫之一，自德宗后居此，遂袭称为正宫。住所中有御书匾额："澄心正性"。东配厢额书："膺天庆"。西配厢额书："绥万邦"。与西路长春宫略似。至宣统后，始移住储秀宫。今改作陈列宫中珍藏历朝名人书画之处。

东为景阳宫，两宫中有夹道，向北有门，曰千婴门。北面群屋一排，曰如意馆、寿药房、敬事房、四执库、古董房。景阳宫后有御书房。东为玄穹宝殿，殿祀玉帝。景地清幽，为宫内道观之一。千婴门极南为麟趾门。西为景仁宫、承乾宫。

《故宫图说》：

景仁宫初名长宁宫，明末改名，清袭用之。为东六宫之一，在承乾宫之南，内有御书赞德宫帏匾额。迎门有汉白玉石屏一座，颇工细，相传为元代遗物。东西配殿，无额，为珍妃寝宫。逐渐颓废，经修理后，将正殿定为专陈列商周秦汉鼎彝古器之所。

承乾宫初称永宁宫，明末更名承乾，清未改名。为东六宫之一，渐沦为豢养鱼鸟之所。西配厢无额。迄宣统时，已满院榛芜，檐瓦圮侧，不堪入目，宫内亦无所存。今加修理，辟作陈列清代瓷器之用。

东为延禧宫。

《故宫图说》：

延禧宫在东二长街之东，为东六宫之一。康熙二十五年重建。

前殿恭悬仁宗御书，额曰："慎赞徽音"。道光三十年及咸丰五年，两遭回禄。厥后更名水晶宫。而殿庑未修，只建花洞数楹，作培植御用菜蔬之处。迨宣统时，拟改建一游息之地，适武昌革命军起，遂致停工。今院中未成之铁亭，犹当时物也。花洞现已破碎，闻系民国6年复辟时，为炸弹所毁云。本院添设防火险库房，即建于此。

永和宫原名永安，崇祯时改永和，清因之。为东六宫之一。德宗时，瑾妃居此。又东为缎库（东有祭神库）、茶库、果房。由麟趾门西，出咸和门南行，转东有门，为斋宫。北为诚肃殿，东为毓庆宫。

《故宫图说》：

毓庆宫系康熙年间建造，为皇太子所居之宫。雍正年间，清高宗及各亲王亦曾居此。嘉庆帝于五岁时即赐居此宫，至十五岁，始移住东二所。后殿为继德堂，堂内西间悬："宛委别藏"匾额。东间为味余书室，曲径重重。味余书室之内屋，为知不足斋。此宫内部状况或系乾嘉时之旧状。

惇本殿东为奉先殿。

《宸垣识略》：

明宫室，自奉先殿以东，则外东裕库、仁寿殿、哕鸾宫、喈凤宫等处。今宁寿宫，当即其址。又，文华殿后，有慈宁宫、奉宸宫、勖勤宫、承华宫、昭俭宫，皆无考，或即今文渊阁后之旷地欤？

南为奉先门。出诚寿门，达景运门，是为内东路。

■（图16）皇极殿

外东路

外东路旧统名宁寿宫。清乾隆三十七年始建，备归政尊养之用。宫垣南北一百二十丈，东西三十六丈有奇。所占之地，约当内廷宫殿四分一。规模俱仿内廷，各正宫正殿前，为皇极殿，制如乾清宫（图16）。

前为皇极门，门前有九龙壁，后为宁寿宫，制如坤宁宫。宫虽统名宁寿，仍特有一宫名此。北为养性殿，制如养心殿（图17）。（自乾隆三十七年兴工，至四十一年始落成。奉太后称庆，并贺金川奏凯。每逢佳节，均于是殿开宴。迨乾隆六十年归政后，永定此地为太上皇谦居之所。后越百余年，慈禧太后曾居此）。又北为乐寿堂（图18）。后为颐和轩、景祺阁。东有景福宫，西有符望阁。

后又贞顺门旁，有珍妃井（图19）。庚子之变，光绪帝宠妃珍妃，被西太后推堕此井。今井封禁，于慈禧、光绪殁后，其胞妹瑾贵妃悯其惨遇，于穿堂东供牌位，朔望拈香，并书"贞筠劲草"额，以彰之。

曾广钧《落叶词》：

甄官一夕沦秦玺，疏勒千年出汉泉。凤尾檀槽陪玉辇，龙香宝络殉金钿。文鸾去日红为泪，轻燕仙时紫化烟。十月帝城飞木叶，更于何处听哀蝉。

赤栏回合翠明漪，帝子精诚化鸟归。重壁招魂伤穆滢，渐台持节召真妃。清明寒食年年忆，城郭人民事事非。宝瑟流哀弹别凤，寒鱼哀雁尽惊飞。

银床玉露冷金铺，碧化长虹转辘轳。姑恶声声啼苦竹，子归夜夜叫苍梧。破家巨耐云昭训，殉国争怜李宝符。料得佩环归月下，满身星斗泣红葵。

横汾天子家何在，姑射仙人雪未消。恨海千龄应化石，柔乡三尺不通潮。青羊项下怜朱屋，白马涛头吊翠翘。八节四时佳丽夕，倩魂休上绣泖桥。

朱雀乌衣荠战场，白龙鱼服出边墙。鸥波亭下春光惨，鱼藻宫中秋夜长。水殿可怜珠转转，水绡赢得玉凄凉。君王莫问三生事，满驿梨花绕佛堂。

王母传筹拥挂旗，阊门宣敕肯教迟。汉家法度天难问，敌国文明佛不知。十宅少人藉白奈，六宫同日策青骊。昆明池上黏天草，只讬微波诉卷葹。

■ （图17）养性殿

■ （图18）乐寿堂

■ （图19）珍妃井

小海停波山罢舞，吴宫猎猎鲤鱼风。璇台战跂惊朱鹭，瑶席新香割绿熊。魂魄黯依秦凤辇，圣明终属晋鲛宫。景阳楼下胭脂水，神岳秋毫事不同。

帘外晓风吹碧桃，未央前殿咽秦箫。石华广袖谁曾揽，沉水奇香定未烧。荷露有情同粉泪，菱波无赖学纤腰。云袍枉绣留仙褶，碧海青天任寂寥。

天文东策王良马，地络西摧蜀后蛇。苔甃自来涵圣泽，桂纶今日网名家。蕙兰悼影伤琼树，河汉回心湿绛纱。狄女也怜人薄命，绕栏争挂像生花。

妹弟双飞入望仙，凤帏元自赐恩偏。赏花昔昔陪铜辇，斗草朝朝贳玉钱。秦苑绿芜悲夕照，梁园春雪忆华年。身名只合埋青史，何水何山认墓田？

鹤市山花蔓镜台，骊泉银海落妆梅。雕栏一失同车贵，玉艳凄同异路哀。福海生平愁似墨，昭陵回望绣成堆。如何齐女门前冢，惟有寒鸦琢冷灰。

蝀蝀灵风起绿莘，幽磷断续掩春星。白杨径断闻山鸟，红藕行疏度冷萤。关塞梦魂悲岁月，水天愁思接丹青。鸾舆纵返填桥鹊，咫尺黄姑隔画屏。

乐寿堂之东，为庆寿堂、阅是楼、畅音阁阁甚宏丽（图20）。西为萃赏亭、遂初堂、古华斋。此外，皇极门南，为戏衣库三所。更西南隅，为文渊阁（图21）。极西南隅，为清史馆。是为外东路。

■ （图20）畅音阁

由咸和右门入，转北为螽斯门，南为养心殿。

高士奇《元日养心殿侍宴》诗：

青阳淑景满乾坤，楼阁祥云捧至尊。鸳鹭两行依绣幄，笙箫一派引金樽。臣心愿比春冰洁，天语真同化日温。称祝华封歌既醉，还将斑管纪殊恩。

殿西旧有三希堂藏法贴处，后废。

沈德潜《奉敕恭赋三希堂歌》：

江左风流数王氏，司徒以后多闻人。羲献父子树清节，法护文学超常伦。勋名一代著史册，翰墨千载流精神。快雪时晴（羲之帖）询书圣，中秋（献之帖）姿媚中藏筋。伯达（珣帖）一帖推后劲，道逸自足轶前尘。东晋至今十六代，离合聚散同烟云。太清楼空几泯灭，秋壑堂废疑沉沦。至宝阅世永不坏，鬼神呵护留乾坤。从来法物聚所好，归诸秘府罗纷陈。圣皇勤政得清暇，披玩卷轴时讨论。一字品题物逾重，图球并作天家珍。三希名堂世希有，何啻朱凤兼白麟。吾皇寄托别有在，字同义异穷圣真。寓意于物匪留影，颐情养性常如春。游心理窟无止步，濂溪易通曾有云。唯士希贤贤希圣，圣人希天直欲探天根。万里虽远终可到，立志恢廓无涯垠。士人黾勉臻上达，而况上圣德性通高旻，法书珍重只简翰，游泳六艺缘依仁。小臣拜手敬瞻玩，摩挲那敢指掌扪。昔人笔墨贵凤髓，睿藻箴勖扬龙文。承命作歌识卷末，疑有荣光腾起，烂烂辉星辰。

养心门膳房大库北，为西二永巷。巷东永寿宫、翊坤宫、体和殿、储秀宫、丽景轩。巷西为太极殿。

内西路

《故宫图说》：

太极殿（即启祥宫），殿五楹，在启祥门内，即启祥宫。原名未央宫，嘉靖十四年五月，更名启祥宫，为明兴献帝诞生之所。兴献帝者，成化之子，嘉靖之父也。有石坊二，北曰"圣本肇初"，南曰"元德永衍"。今已不存，且遗址亦无从考矣。清乾隆时，西壁悬姜后脱簪图及张照书赞，亦改旧观。宣统未出宫时，为同治瑜太妃所居，中为宝座，前后廊有慈禧书联匾。殿内陈设悉仍原式。

体元殿、长春宫、咸福宫、同道堂。正北为崇敬堂、重华宫（图22）。

沈德潜《恭和御制正月十日小宴重华宫示大学士内廷诸臣元韵》诗：

重来瑶席从群仙，瑞雪初消景物鲜。歌诵唐虞真幸矣，班联风雅亦欣然。鱼鸰牧梦占丰岁，松鹤天书赐老年。林壑已安仍恋主，潞河归棹散云遄。日丽风和是令辰，赐来珍馔命重申。宸章记盛高唐律，乐府联吟见汉人(时演柏梁联句故事)。十叶萱还开旧荚，一枝梅已绽新春。银花火树逢元夕，又听千门笑语频。

东西配殿，左曰葆中，右曰浴德。东曰漱芳斋，前有戏台。又东为位育斋、澄瑞亭、千秋亭。东与御花园邻。是为内西路。

外西路

蠡斯门之西，为启祥门。门以西为春华门，门内为雨华阁。阁凡三层，供欢喜佛五尊，中层供康熙大成功德佛神位，下层供西天番佛，有脑骨灯、人骨笛等，均喇嘛教法物。后为宝华殿。再后为中正殿，于民国12年失慎后，修墙间之。殿内供欢喜佛多尊。后为西花园，火后改为球场。东为惠风亭，亭内有石化铜一方，为希见之物。有建福宫。

《故宫图说》：

建福宫，凡三楹。乾隆五年改建，屋瓦用蓝色，异他宫，原为宁制时所居，后未果，见乾隆御制《建福宫赋》及诗中。为宝座，有乾隆匾曰："不为物先"。嘉庆联曰："受益本于谦功崇业广，立诚贵以预言物行恒。"东间孝贞显皇后神位。孝贞者，咸丰后，同治初阶，孝钦垂帘听政，世称东太后者也。西间杂置佛龛甚多。

抚辰殿又南，为延庆殿。由春华门往西，为寿安门，入门为春禧殿、寿安宫。宫后，左为福宜宫，右为宜寿堂。北为英华殿，原名隆禧殿，隆庆元年，更名英华，以供西

番佛像。殿前菩提树两株（图23），六月开黄花，秋深子落，子不从花结，与花并发，而附叶之背，莹润圆整，可作佛珠，为前明李太后所植。后没，上尊号为九莲菩萨。树北别殿有慈容，四时祭奠，一如佛事。至清乾隆时，于两树之间，起筑碑亭，赞述黄教。此殿自明迄今，殆久为奉佛地也。由启祥门南行，为慈祥门，入门北有中宫殿、东宫殿、西宫殿。前为大佛堂，南为慈宁宫，清末，西太后居此，有花园。宫左有头所、二所、三所。右有寿康宫。转东往南，为长信门，左为造办处、冰库等。右为慈荫楼、咸若馆、临溪亭。转南出南天门，南为前内务府及银库、修书处、油木作、枪炮作等处。是为外西路。

以上五路全部宫殿具于此。

■（图22）重华阁

■ （图23）华英殿前菩提树

历史博物馆概略：

馆址在故宫前部之端门，以迄午门。屋宇宏大，地段适中。民国7年，教育部就前国子监官舍设立历史博物馆筹备处，7年迁入本址。以午门城楼及两观四亭为陈列室，午门外两廊房屋为储藏办公等室端门楼上存储粗重物品，历年采集上古、中古、近古物品共二十七万一千六百八十一件分二十六类，一金类，二石类；三玉类，四甲骨，五刻石，六砖瓦画壁，七陶器，八瓷器，九明器俑类，十木器，十一衣冠，十二图表，十三画像，十四碑帖，十五写经，十六宋元精椠，十七版片，十八明清诏令册、命题奏，十九印记关防二十前代御用品，二十一试卷，二十二武试用品，二十三兵器，二十四模型，二十五影片，二十六国外赠品。俱为考古学上仅见之品。自民国15年起，每年发行《历史博物馆丛刊》六册。

古物陈列所概略：

古物陈列所系就紫禁城南部外廷各殿设立。紫禁城内周六里，围墙一千六百八十三尺二寸，外廷约居其半。所属城门凡三，南曰午门，东曰东华门，西曰西华门。城之东南、西南二角，各有重楼，高矗云表。太和、中和、保和三殿，位居中央，文华殿位于东，武英殿位于西。各殿宇创于元，修于明，清朝因之，间有增饰。迄今数百年，固自饶有历史上之价值，而琳宫琼宇，极尽壮严，崇殿杰阁，备穷巍丽，尤足表现我国古代文化艺术之兴盛。自民国3年，内务部呈奉大总统令，移运辽热两处行宫宝物，庋藏于此，并于各殿内添制柜格，分类陈设。于是我民族数千年文化生活之结晶，数千年精神所系之史料，始得荟萃保存，以公诸国人。而古物陈列所于焉成立，其各殿阁掌故及所陈古物，该所另有专篇说明。

故宫博物院概略：

办公处在宫内西三所。民国14年10月正式成立。先是13年，逊帝出宫，政府组织"清室善后委员会"，点查故宫物品。迄迨本院成立，于内设古物、图书两馆。图书馆分图书、文献二部。

15年，由国务院移送资政院、方略馆、观海堂原藏之书，及前清军机处档案，分途整理。于是图书馆又设图籍、掌故二部，图籍部影印善本书，掌故部刊行《掌故丛编》。于16年双十节起，公开游览。

古物馆：在宫内东西路，各分为专门陈列室。坤宁宫迤东间，雕刻品陈列室；基化门迤南，陈设品陈列室；坤宁宫东暖阁，文具陈列室；坤宁宫迤西，玛瑙陈列室；景和门迤北，养心殿藏珍品陈列室；景和门北间，象牙陈列室，景和门南间，刀剑陈列室；龙光门迤北，第二陈设品陈列室；端凝殿迤北，珐琅器陈列室；日精门北间，烟壶陈列室；乾清门迤东，碑帖陈列室；月华门迤南，雕漆器陈列室；月华门南间，如意陈列室；月华门北间，古镜陈列室；月华门迤北，郎士宁画陈列室；坤宁宫西暖阁，为景泰蓝陈列室；坤宁门迤西，织绣品陈列室；坤宁门西间，第二雕刻品陈列室；咸福宫，乾隆珍赏物品陈列室；钟粹宫前殿，宋元明书画专门陈列室；钟粹宫后殿，扇面专门陈列室；景阳宫前殿，宋元明瓷器专门陈列室一；御书房，宋元明瓷器专门陈列室二；承乾宫，清瓷专门陈列室；景仁宫前殿，大铜器专门陈列室；斋宫前殿，玉器专门陈列室。

图书馆：设于寿安宫。据宫史所载，原为咸安宫旧址，乾隆辛巳，祝圣母七旬大庆，重加修葺，称觞于此。外院东西庑各五间。本馆即以东庑为善本书库，西庑为阅览室。内院南殿，为春禧殿，北殿为寿安宫。左右廷楼，回抱相属。今东楼上下，排列经史二部及志书。西楼上下，排列子集二部及丛书。北殿为殿本书库。南殿西屋，为满文书库，南殿东屋，庋杨氏"观海堂"藏书。东西后院之福宜斋、萱寿堂，则为重复书库。与寿安宫毗连之英华殿，则为善本书及佛经陈列室。

文献馆：设于宫中外东路，锡庆门之南三所。为乾隆时皇子所居，中曰撷芳殿，即嘉庆潜邸。本馆以西所，为办事处，中东两所，为存档库房。皇极殿、宁寿宫，陈列图像；养性殿，陈列礼器图；东暖阁，陈列印玺；西暖阁，陈列玉策；畅音阁，陈列戏衣切末；阅是楼，陈列剧本盔头等；乐寿堂，陈列档案；后殿，陈列钞币、符牌、勋章等；东暖阁，陈列图书；西暖阁，陈列慈禧日用品；颐和轩，陈列盔甲兵器；景祺阁，陈列朝服；景福阁，陈列有系统之史料；神武门楼，陈列銮舆仪仗；寿皇殿在景山后，寿皇门内南向，陈列清帝后像及乐器供具，仍当日岁朝奉祀形式；皇史宬在东华门内东南隅，藏清代各朝实录及圣训。

大高殿，在神武门西北。15年，移存军机处档案于内。后殿为本馆办公分处。

壇廟略

廊雍畦時，宅兆蜿蜒，洛阳伽蓝，迹留象马。故封土除地，法度古垂，天外人区，宗门弘辟。黄图崇郊埠之仪，绀宇饰只陀之相，莫不复殿留景，重陛结风。北平为畿甸旧京，范阳巨镇，承三都之典制，轶九市之繁荣。璧宫圜丘，式瞻皇极；石镫金铎，广护梵天。寿宫则丹艧维新，名刹则栝椿同古。灵星上接，溯西京五色之封；夕照远涵，数南朝八百之寺。作《坛庙略》，第三。

北平为九百余年旧都。旧时坛庙列入祀典者至夥，惟以时移世易，大半颓废荒没，兹取其建筑宏大、尚具规模、饶有历史价值者，著之于篇。

■ (图1) 斋宫

■ (图2) 无梁殿

天坛在正阳门外，天桥南迤东。明永乐十八年所建，初遵洪武合祀天地之制，称为天地坛。内外垣俱，前方后圆，老槐古柏，荫蔽参天，建筑雄伟，风景幽绝。门二，皆西向。凡斋宫、无梁殿、铜人、石亭、圜丘坛、皇穹宇、祈年殿、皇乾殿、长廊、燔柴炉、甘泉井、七星石、神乐署、牺牲所等处，均在内垣中。内垣当南北之中，南为圜丘坛，北为祈谷坛。入门首为斋宫（图1），在路南，明初建，清乾隆七年重修，为昔时皇帝祀天，先一夕宿此斋戒之处。

施闰章《陪祀郊坛》诗：

　　圜丘清晓露氤氲，拜舞冠裳鹓鹭分。碧殿朱旗列宿绕，黄钟清磬九霄闻。雪澄泰畤光连海，柴望天门气作云。肃穆祠官能备物，馨香还赖圣明君。

李之芳《陪祀郊坛》诗：

　　太乙瑶坛接露台，龙旌遥拂翠华来。仙韶细度云门奏，玉殿初明泰畤开。千尺炉烟天外转，九重藏佩月中回。祠官解有登封意，独向甘泉拥赋才。

宫东向。宫垣二重，外垣一百九十八丈二尺，内垣百二十三丈九尺九寸。垣外四周皆环以回廊，计一百六十三间，深池环绕。中三门，左右各一门，各有石桥一。中三门前跨石桥各三。入门为无梁殿即斋宫之正殿。殿东向，五楹，崇基石阑，三出陛。殿制特异，作瓮城形，不露栋梁榱桷痕迹，故俗称无梁殿（图2）。左右配殿三间，陛前左设斋戒铜人石亭（图3），右设计时碑亭一。铜人现尚存库，铜人高十尺五寸，凡皇帝入斋宫时，即取出，手执简，书斋戒二字，以示警告，大祀毕，仍置库中。正殿后亦五间，左右各殿三间。由此往南，为圜丘坛，明嘉靖九年建，清代因之，乾隆十四年重修。每逢阴历冬至日，为皇帝祀天之所。又，孟冬亦在此举行常雩祭。坛制圆形，以象天

（图4）。南向，三成。上成径九丈，高五尺七寸；二成径十有五丈，高五尺二寸；三成径二十一丈，高五尺。上重石面九重，自一九环甃递加至九九，二成自九十递加至百六十有三，三成自百七十有一递加至二百四十有二，合一、三、五、七、九阳数。每成四出陛，皆白石、九级。上成石栏七十有二，二成百有八，三成百八十，合三百六十周天之度，柱亦如之。内遗形圆，周百有六丈四尺，高五尺九寸。墙门四，皆六柱三门，柱及楣阈皆白石，扉皆朱棂。墙外东南内地，燔柴炉一（图7），高九尺，径七尺，甃以绿琉璃瘗坎一。东有燎炉四，分设于墙东西门之左右。西南隅有望灯台三，各树灯杆，高十四丈，现只存其一。外墙南门外路左，为设大次之所。外墙东门外，为神库厨，祭器、乐器、棕荐等库及宰牲亭。

圜丘之北为皇穹宇（图5、图6、图8）。明嘉靖十四年建，初名泰神殿，后改今名。

■ (图3) 铜人石亭

清代仍之尊藏皇天上帝及列圣配神之位。版制圆形，南向。环转八柱，圆檐上安金顶。基高九尺，径五丈九尺九寸，石栏四十有九。东西三出陛，陛各十四级。东西庑各五间，一出陛。殿庑覆瓦均青色琉璃。垣圆形，周围五十六丈六尺八寸，高丈八尺。南设三门，崇基石栏，前后三出陛，各五级。再北为祈谷坛、祈年殿（图9）。

坛圆形，三成，南向。上层径二十一丈五尺，二成径二十三丈二尺六寸，三成径二十五丈。面甃金砖，围以石栏版四百二十。南北三出陛，东西一出陛。上成、二成各九级，三成十级。坛上建殿，制圆，内外柱各十有二，中龙井柱四，檐三重，上安金顶，覆纯青琉璃瓦。殿为明之祀天殿，明永乐十八年建，清乾隆十六年，始改题祈年殿。殿为合祀天地神祇及春秋二季举行祈谷大享之所。

徐乾学《孟春从扈祈谷坛》诗：

鸾舆晓出凤城边，圣主勤民为祝年。苍辂初阳方布令，瑶台瑞气早占天。风和宛宛闻仙乐，日丽遥遥敞御筵。执简小臣随豹尾，欣逢盛事赋甘泉。

坛东砖门外，长廊共七十二间。为祭时执事者进俎豆避雨雪之所。东南角有陨石七，俗呼七星石（图10）。又有井名甘泉，为备太羹之用，传此井甚甘冽。

王士祯《竹枝词》：

京师土脉少甘泉，顾渚春芽枉贳煎。只有天坛石磴好，清波一勺买千钱。

祈年殿北为皇乾殿，明永乐十八年建。尊藏上帝神版，清代仍之。乾隆十八年，重加修茸。祀前一日，皇帝于南郊斋宿，先于此殿拈香行礼，再诣斋宫。殿制圆方，南向，五间。此外有神乐署、牺牲所等。计全天坛周一千九百八十七丈五尺，除坛殿外，其余隙地，树木众多，古柏有大至合抱者，皆数百年物（图11）。

■（图4）圜丘坛

■（图5）皇穹宇一（外景）

■（图6）皇穹宇二（内景）

■（图7）圜丘坛前之燔柴炉

■（图8）圜丘坛北望皇穹宇

■（图9）祈谷坛祈年殿

■（图10）七星石

■（图11）天坛风景

地坛

一曰方泽坛，在安定门外迤东。缭墙垣周五百四十九丈四尺，是为北郊昭事之礼，虽同南郊坛之制，则不及南郊远甚。坛形方，象地北向。二成，上成方六丈，下成方十丈六尺，均高六尺。上成正中，六六方甃，外八方均以八八积成，纵横各二十四路。二成倍上成八方八八之数，半径各八路，以合八六阴数。皆甃以黄色琉璃。每成四出陛，各八级，皆白石。二成上，南左右设五岳、五镇、五陵山，石座凿山形。北左右设四海、四渎，石座凿水形，均东西向。水形座下，凿池贮水以祭。坛南有皇祇室，北向，覆黄琉璃。西北为斋宫，东向，正殿七间，内官门三间，左右各一。此旧日形势如此。民国13年，改为京兆公园。于外坛辟农事试验场，划归河北省府管理。公园划归北平市政府，改为市民公园。嗣后因时局不靖，公园日就颓废。原有世界园、草亭等，以常时驻兵于内，不加爱护，公园仅存其名。22年，市府力图整顿，拟收回河北省有之农场，归市管辖，并拟加以扩充整理，点缀风物，以期造成完美之市民公园。卒以河北省府不允许变更管辖，驻军迁移亦感棘手，以致迁延未办。现在所谓市民公园，仅存其名而已。

社稷坛

（详《园囿略》）

朝日坛　夕月坛

朝日坛在朝阳门外，制方，西向。一成，方五丈，高五尺九寸，面甃金砖。四出陛，皆白石，九级。圆墙周七十六丈五尺，高八尺一寸，厚二尺三寸。墙正西三门六柱，东西北各一门二柱，柱阈皆白石，扉皆朱棍。东有神库、神厨、宰牲亭等。西北有具服殿，正殿三间，南向，左右配殿各三间，卫以宫墙，殿均绿色琉璃瓦。夕月坛在阜成门外，制方，东向。一成，方四丈，高四尺六寸。四出陛，皆白石，六级。墙周九十四丈七尺，高八尺，厚二尺二寸。其余具服殿制及神库、神厨，略同朝日。

先农坛

一名山川坛，在正阳门外西南，永定门之西，与天坛相对。缭以垣墙，周回六里。中有太岁坛、先农坛、耤田、旗纛庙、神仓，俱在内坛。正门北向，入门西南为先农坛。

制方，南向。一成，方四丈七尺，高四尺五寸。四出陛，各八级。坛北有殿五间，以藏神牌。有观耕台（图12），方广五丈，高五尺。面甃金砖，四围黄绿琉璃。南东西三出陛，各八级。绕以石阑柱。前为耤田，后为具服殿五间，民国6年，改为诵豳堂（图13）。南向，三出陛，南九级，东西各七级。每岁亲耕，于此更衣。

徐本《亲耕籍田恭纪诗》：

旭日旌旗辇路分，肇开东作迈思文。然萧默祝千村雨，秉耒深锄一片云。柳渐鸣鸠春意满，杏初飞燕午风薰。授衣成礼临黄幄，次第公卿致力勤。

凤城环绕绿畴多，群仰躬耕驻玉珂。兆姓尽知敦本意，老农齐唱得年歌。两岐定见新舒麦，同颖欣看长瑞禾。帝德天心相契合，丰登襄宇共诚和。

《大清会典事例》：

凡耕籍之礼，置籍田于先农坛之东南，中为帝籍。筑台于籍田北，为皇帝观耕之位。岁仲春或季春吉亥，皇帝躬耕帝籍。豫期由部奏请命，王三人卿九人同耕。择吉，皇帝于丰泽园先行演耕。是日，顺天府尹以龙亭、彩亭陈设耕具，皇帝躬耕耒耜及鞭，皆饰以黄布，嘉种以稻从耕，布种以麦谷菽黍，各盛青箱。由长安左门入，至午门外亭止。府属官奉入左门，至太和殿，陈于案。户部官举案入中和殿，陈于殿中。皇帝御中和殿阅，祝先农，祝版次，阅耕具毕，还宫。户部及顺天府官，奉籍具送籍耕田所。至日，皇帝礼服诣先农坛，致祭毕。御具服殿更龙袍。帝籍正中，陈躬耕黄耒，驾以黄犊。户部尚书一人立于右，东面。顺天府尹奉鞭立于左，西面。籍田东西，陈从耕朱耒，各六，驾以黝牛。歌禾辞、执叉帚、麾彩旗披蓑衣、戴笠执钱铺者，暨牵牛耆老、上农夫、中农夫、下农夫，均东西面序立。届时，礼部司官举红旗三麾如，执事齐赴耕所，礼部尚书奏时，皇帝出具服殿，恭导至耕位，南向立。从耕三王九卿暨各官以次就位。户部尚书进耒，皇帝左秉耒，右执鞭，耆老二人牵犊，上农夫二人挟犁，皇帝行耕籍礼，和声署署吏扬彩旗、鸣金鼓、歌禾辞、左右随行。顺天府丞奉青箱以从，户部侍郎播种，皇帝三推三返毕，歌止，户部尚书跪受鞭耒，礼部尚书奏请御观耕台。从耕三王九卿以次受耕耒，三王五推五返，九卿九推九返，顺天府两县官率耆老农夫，仍至籍田终亩。礼部尚书奏礼成，皇帝乘舆还宫。及秋，玉粒告成，择吉收存神仓，以供郊庙粢盛之用。

■（图13）诵豳堂

■（图14）神仓

神祇坛

在先农坛内垣外。东为天神坛（图15），制方，南向。一成，方五丈，高四尺五寸。四出陛，各九级。坛北设白石龛四，镂以云龙，分祀云雨风雷之神。墙方二十四丈，高五尺五寸。西为地祇坛（图16），北向。一成，广十丈，纵六尺，高四尺。四出陛，各六级。南设青石龛五：镂山形者三，分祭五岳、五镇、五山；镂水形者二，分祭四海、四渎，各高八尺二寸。坛东从位石龛，山水形各一，祭京畿名山大川。西从位石龛，山水形各一，祭天下名山大川之祇，各高七尺六寸。

上坛增建于明嘉靖十一年，清顺治时重修。旧时，皇帝亲耕，并祀风云雷雨、河岳山川之神于此。按，先农坛原为山川坛（即神祇坛）。清初就山川坛址，改建先农坛，而山川坛遂沦于附属，只于亲耕时一祭之耳。

■（图15）天神坛

■（图16）地祇坛

太岁殿在先农坛东北，正殿七间，南向。三出陛，陛各六级。东西庑各十有一间。前为拜殿七间。《宸垣识略》云，明初肇，祀太岁，礼官杂议，因及阴阳家说，十二时所值之神，太祖乃定祭于山川坛之正殿，而以春夏秋冬四月，将分祀两庑。嘉靖间，礼臣言，太岁之神，自唐宋以来，不在祀典，惟元有之，祭于太史院。国朝始有定祀。按《说文》："太岁，木星也，一岁行一次，十二辰而一周天。"其为天神明矣，亦宜设坛露祭。

又有旗纛庙，在太岁坛之东，明永乐中建。神曰旗头大将，曰六纛神，曰五方旗神，曰主宰战船之神，曰金鼓角镜炮之神，曰弓弩飞枪飞石之神，曰阵前阵后神祇五猖等众，皆南向。旗纛藏内府。仲春，遣旗手卫官祭于庙，霜降，祭于教场，岁暮，祭于承天门。后废为神仓（图14）。或云，今坛庙管理事务所，即其遗址，然未能确指也。按，坛占地甚广。神祇坛在坛外，以下另述。全坛于民国5年，开放为先农坛公园，旋改为城南公园，今仍称先农坛。18年，将外坛坛墙完全拆去。北一部，于民国之4年，租建城南游艺园。西一部，现改体育学校及公共体育场。中部接近内坛，亦多荒废。现所存者，不过四分之一耳。

先蚕坛

坛在北海东北隅，乾隆年建。垣周百六十丈，南面稍西，正门三楹，左右各一门。入门为坛，一成，方四丈，高四尺。陛四出。各十级（图17、图18）。旧时三面皆树桑柘，又有观桑台。雍正年建有亲蚕殿，有宰牲亭、神库等。殿后有浴蚕池。北为后殿，有木桥二。北之东为蚕所。浴蚕室水，自外垣之北流入，由南垣出，设闸启闭。今坛之大部为北平研究院借用。

王树枏《先蚕坛》诗：

雨后新茅鸦嘴新，桑园寂寂阒无人。绮华馆内春如海，闲煞西林浴茧神。

《大清会典事例》：

■（图17）蚕坛门

凡亲蚕之礼，置桑田于西苑，先蚕坛之东南，中为躬桑位。筑台于桑田北，为皇后观采桑之位。岁季春吉巳，皇后躬祀先蚕。如蚕已生，则于次日。如蚕未生，则内务府奏请另择吉日。于期，宫殿监督领侍奏请妃嫔二位，内务府奏以公主、福晋、夫人三位，命妇四人，从采桑。前期一日，宫殿监设案于交泰殿中，内务府奉宸苑堂官率所属，以龙亭、彩亭陈采桑具，皇后金钩、黄筐，各储亭内。由内务府入隆宗门，至内右门外亭止，宫殿监等奉入至交泰殿，陈于案。皇后吉服御交泰殿，阅采桑具毕，礼成还宫。内监奉出内右门，陈亭内，送采桑所。至期，内务府堂奏请。皇后率从采桑妃嫔，咸吉服乘舆出宫，至内壝东门外降舆，御茧馆。相仪女官奉钩筐于台前，掌仪司内监率歌采桑辞，司金鼓版笛笙箫、麾彩旗。各内监东西序立，典仪女官奏请行采桑礼。皇后出蚕馆，至采桑位。

从采桑妃嫔等，以次就位。相仪跪进钩筐，皇后又执钩，左执筐，蚕母二人恭助，皇后行采桑礼。内监扬彩旗、鸣金鼓、歌采桑辞。皇后于第一行，东西三采毕，歌止。相仪跪受钩筐，仍设龙亭内。典仪奏请御采桑台，皇后升座，妃嫔侍立。从采桑妃嫔、公主、福晋、夫人、命妇以次受钩筐，蚕妇二人助采。妃嫔于第二行各五采。福晋、夫人第三行，命妇于第四行，各九采毕，释钩筐入侍。传赞引蚕母升阶，至皇后前跪，相仪举筐授蚕母，蚕母祇受，至蚕室切之，授蚕妇洒于箔蚕，还告。典仪奏请御茧馆，妃嫔以下咸从。皇后升座，妃嫔以下，行六肃三跪三叩礼毕，礼成。至献茧日，蚕母率茧妇择佳茧，盛以筐，恭献皇后。皇后献皇帝、皇太后，以告蚕事之登。遂率妃嫔，亲临织室，行缫三盆手礼。妃嫔从缫，以五为节。既成丝，遂命染人朱绿玄黄以之，供郊庙黼黻之用。

■（图18）蚕坛

　　清太庙在天安门左，清顺治元年建。朱门黄瓦，卫以崇垣，周二百九十一丈六尺。大门三门内，东南为宰牲亭、井亭。戟门五间，崇基石阑。门外东、西井亭各一，前跨石桥五，下有引流。桥南，东为神库，西为神厨，各五间。中三门，前后均三出陛。前殿十有一楹，重檐脊四垂，下沉香柱。陛三成，缭以石栏。正南及右左，凡五出陛（图19）。凡岁暮大祫日，王公二人，各率宗室官，奉列祖及后神位合祀。

　　两庑各十五间（图20）。东庑祀配享王公，西庑祀配享功臣。燎炉各一。

　　东庑：

　　1．多罗通达郡王，名雅尔哈齐，清显祖第四子。

　　2．武功郡王，名礼敦，清景祖第一子。

　　3．多罗慧哲郡王，名额尔衮，清景祖第二子。

　　4．多罗宣献郡王，名斋堪，清景祖第三子。

　　5．和硕礼烈亲王，名代善，清太祖第二子。

　　6．和硕睿忠亲王，名多尔衮，太祖第十四子。

　　7．和硕郑贤亲王，名济尔哈朗，清显祖第三子。

　　8．和硕豫通亲王，名多铎，太祖第十五子。

　　9．和硕武肃亲王，名豪格，清太宗长子。

　　10．多罗克勤郡王，名岳托礼烈，亲王代善第一子。

　　11．忠敬诚直勤慎廉明和硕怡贤王，名允祥，清圣祖第十三子。

　　12．和硕恭忠亲王，名奕䜣，清宣宗第六子。

　　13．和硕超勇襄亲王，名策凌，蒙古喀尔喀部人。

　　西庑：

　　1．三等信勇公，直义费英东，清额驸，满洲镶黄旗人。

　　2．弘毅公，额亦都，清长白山人。

　　3．英诚武勋王，扬古利，清满洲正黄旗人。

　　4．三等果毅公，忠义图尔格，满洲镶白旗人。

　　5．一等雄勇公，昭勋图赖，清满洲正黄旗人。

　　6．一等忠达公，文襄图海，清满洲正黄旗人。

■（图19）前殿

7.太傅大学士三等伯,文端鄂尔泰,清满洲镶蓝旗人。

8.大学士,文和张廷玉,清安徽桐城人。

9.赠太保协办大学士户部尚书一等武毅谋勇公,谥文襄,兆惠,清满洲正黄旗人。

10.太保保和殿大学士一等忠勇公晋赠郡王衔,谥文忠,傅恒,清满洲镶黄旗人。

11.晋赠太保武英殿大学士一等诚谋英勇公,谥文成,阿桂,清满洲正白旗人。

12.太子太保武英殿大学士锐嘉男贝子晋封郡王衔,谥文襄,福康安,清满洲镶黄旗人。

13.科尔沁博多勒噶台忠亲王,僧格林沁,蒙古人。

中殿九间,同堂异室,内奉列圣、列后神龛,均南向(图21)。

中殿:

中室:

1.太祖承天广运圣德神功肇纪立极仁孝睿武端毅钦安弘文定业高皇帝。

2.孝慈昭宪敬顺仁徽懿德庆显承天辅圣高皇后。

东一室:

1.太宗应天兴国弘德彰武宽温仁圣睿孝敬敏昭定隆道显功文皇帝。

2.孝庄仁宣诚宪恭懿至德纯徽翼天启圣文皇后。

3.孝端正敬仁懿哲顺慈僖庄敏辅天协圣文皇后。

西一室:

1.世祖体天隆运定纯建极英睿钦文显武大德弘功至仁纯孝章皇帝。

2.孝康慈和庄懿恭惠温穆端清崇天育圣章皇后。

■ (图21) 中殿

■ (图20) 两庑

3.孝惠仁宪端懿慈淑恭安纯德顺天翼圣章皇后。

东二室:

1.圣祖合天弘运文武睿哲恭俭宽裕孝敬诚信中和功德大成仁皇帝。

2.孝懿温诚端仁宪穆和恪慈惠奉天佐圣仁皇后。

3.孝诚恭肃正惠安和淑懿恪敏俪天襄圣仁皇后。

4.孝昭静淑明惠正和安裕端穆钦天顺圣仁皇后。

5.孝恭宣惠温肃定裕慈纯钦穆赞天承圣仁皇后。

西二室:

1.世宗敬天昌运达中表正文武英明宽仁信毅睿圣大孝至诚宪皇帝。

2.孝圣慈宁康惠敦和诚徽仁穆敬天光圣宪皇后。

3.孝敬恭和懿顺昭惠庄肃安康佑天翊圣宪皇后。

东三室:

1.高宗德天降运至诚先觉体元立极敷文奋武钦明孝慈神圣纯皇帝。

2.孝仪恭顺康裕慈仁端恪敏哲翼天毓圣纯皇后。

3.孝贤诚正敦穆仁惠徽恭康顺辅天昌圣纯皇后。

西三室:

1.仁宗受天兴运敷化绥猷崇文经武光裕孝恭勤俭端敏英哲睿皇帝。

2.孝和恭慈康豫安成钦顺仁正应天熙圣睿皇后。

3.孝淑端和仁庄慈懿敦裕昭肃光天佑圣睿皇后。

东四室:

1.宣宗孝天符运立中体正至文圣武智勇仁慈俭勤孝敏宽定成皇帝。

2.孝全慈敬宽仁端慧安惠诚敏符天笃圣成皇后。

3.孝穆温厚庄肃端诚恪惠宽钦乎天裕圣成皇后。

■（图22）后殿寝宫之一部

4.孝慎敏肃哲顺和懿诚惠敦恪熙天诒圣成皇后。

5.孝静康慈懿昭端惠庄仁和慎弼天抚圣成皇后。

西四室：

1.文宗协天翊运执中垂谟懋德振武圣孝渊恭端仁宽敬庄俭显皇帝。

2.孝德温惠诚顺慈庄恪慎徽懿恭天赞圣显皇后。

3.孝钦慈禧端佑康颐昭豫庄诚寿恭钦宪崇熙配天兴圣显皇后。

4.孝贞慈安裕庆和致诚敬仪天祚圣显皇后。

东五室：

1.穆宗继天开运受中居正保大定功圣智诚孝信敏恭宽明肃毅皇帝。

2.孝哲嘉顺淑慎贤明恭端宪天彰圣毅皇后。

西五室：

1.德宗同天崇运大中至正经文纬武仁孝睿智端俭宽勤景皇帝。

2.孝定隆裕宽惠慎哲协天保圣景皇后。

后界朱垣，中三门，左右各一门。后殿制如中殿，奉祧庙、神龛均南向（图22）。阴历孟春于月之上旬卜日，孟夏与孟冬，各于朔日行礼，并每月荐新。又，每岁皇帝生辰及清明，孟秋望日，岁暮忌辰，均于太庙致祭。凡祭太庙，皇帝御礼轿出太和门，乘辇由阙左门入西北门，至铺设棕荐处。御礼轿入太庙北门，由后殿东旁门，至前殿山墙东，更衣幄次，降舆时享，太庙社稷坛例裕祭，及奉先殿后殿皆同仪。按，太庙，民国13年，曾改为和平公园。17年，仍由故宫博物院收回管理，作为分院，废除园名，但仍开放供游览。其东林木幽邃，有灰鹤巢其上者，千百成群，为他处所罕觏。

孔庙

孔庙在安定门内成贤街之北。元大德十年建。明宣德四年修大殿、两庑。万历二十八年，易琉璃瓦，清乾隆二年，殿易黄瓦。光绪三十二年，升孔子大祀，正殿改建，九楹、五进。至民国五年，改竣庙垣。制方，南向。大门曰棂星门。入门东，碑亭一，省牲亭三间，井亭一，神厨五间。西，碑亭二，致斋所三间。持敬门一，为旧时通国子监之门，今闭。神库五间。由棂星往北，为大成门，五间（图23）。门内左右列戟二十四。石鼓十，乾隆五十五年刻。其旧石鼓，已于22年移往南京。

查嗣瑮《杂咏》诗：

陈迹摩挲亦典型，岐阳石鼓晋兰亭。承平盛事差能记，两座公侯听五经。

门外又有进士题名碑，明七十座，清百一十八座。甬道直上为大成殿（图24），重檐黄瓦，崇基石阑，建筑极尽壮丽。甬道东有碑亭六，西碑亭五。井一，在甬道西。殿中正龛祀孔子，东西龛祀四配，东西序祀十二哲。殿后崇圣祠，原名启圣祠，祀孔子之五世祖。雍正元年，加封孔氏五代，并为王爵。殿左右为库房，东、西庑各十九间，配祀历代先儒。庙内松柏森森，风景绝佳，尤以大成殿前之古柏，为元祭酒许衡手植（图25），历时六百余年，郁茂蓊葱，最为著称。

■（图25）古柏

吴苑《古柏行》：

夫子庙柏数十株，托根自与寻常殊。霜实时时垂玉琲，风枝往往鸣笙竽。含贞挺节亭亭竦，俨如冠剑森相拱。小者犹留数十围，交柯屈铁烟涛涌。一株参天势更奇，郁蟠元气何淋漓。摩挲岁月犹可识，许公手植非传疑。蚊龙攫拏雷雨作，黛色翻从半空落。斑鳞点尽秋后霜，百片青铜光灼烁。新甫山头樵径封，武候祠堂碧草丛。西川东鲁远莫致，何由突兀撑晴空。当年元儒推第一，遗径辛苦穷编茸。嘉树栽培用意深，周模孔楷千秋则。至今偃盖拂云端，雍容子弟趋盘桓。岂徒材大资梁栋，直欲清香集凤鸾。君不见，上林崇台千尺高，青棠赤樟皆凌霄。若论岁寒坚卓骨，坐使万木惭丰标。雕宫管领真遭际，南荣岁岁涵葱翠。苍干临门映日寒，素华壁水萦波细。攀枝摘叶有所思，六馆三舍应京师。豫章七年人始知，不然丹漆将安施。

■ （图 23）大成门

■ （图 24）大成殿

■（图26）布袋尊者

雍和宫为北平名寺之一，在北新桥路东。系清康熙朝之雍亲王府，即雍正（时为雍亲王）之潜邸。即位后，乃赐于章嘉呼土克图，为喇嘛修净之灵场。正门曰雍和门，门外有精致铜狮二。东、西各有碑亭，东面之碑，系乾隆御笔，曰雍和宫碑。碑东有卖票处，游者购券入览，并为便利游人，标明下列十六处。

第一处：天王殿。殿门高处有布袋尊者像（图26），像之高处有额。曰"现妙明心"。四大天王塑像列两旁。院内有喇嘛说方碑，乾隆帝撰，长二千百五十字，书汉、蒙、满、藏四体文（详《金石略》）。

第二处：温度孙殿。有金属制圆筒，即著名之转轮是也。南面者，周围三尺五寸余。北面者，周四尺。此殿有楼，楼上有欢喜佛，穷极丑怪（图27）。有金刚护法、观音化身、马王各像。

第三处：雍和宫。正面有一高坛，供五尊佛像。中央尊一座像，曰当来下生佛，其背后雕刻极精巧。其东、西对面立者，为钦光、庆喜二佛（均译名）。佛前供七珍八宝，其中著名铜制之轮与檀城极乐世界之模型。殿之左右壁，有十八罗汉像。

第四处：额木哥殿。有檀城，有三体佛。像正中为黄教祖师宗哈巴像，左又有班禅佛。

第五处：永佑殿。有无量寿佛，狮吼药师佛。左右两壁，有绣佛二十余片。

第六处：东配殿。俗呼为鬼神殿，有五体欢喜佛。（图28），俱覆以布。堂扉只左右，有长大如犬之动物，高四尺，长一仗二尺，伸头对立，此谓之罗，蒙语谓窝托格。乾隆十九年八月二十日，上巡幸吉林之额林嘉摩，亲手射击熊两头，一重九百斤，一重千斤，此即其模型也。又有虎一、豹三。皆为乾隆捕获之物，左右持枪对立者即当日随行最勇敢之将军也。

第七处：法轮殿（图29）。全庙喇嘛全集于此诵经。殿中央设坛，供纯金佛像。其后宝座，无量寿佛一幅。又，檀香木造之罗汉山，下有达赖喇嘛法轮。左右各有殿三间，西为戒坛，东为药师，又曰班禅楼，乾隆年建。

第八处：佛照楼。有金镶玉无量寿佛，极名贵，乾隆帝有象赞，刻于龛。其右有佛绘像，长一丈六尺。东小室内，有六道轮回阁。

第九处：万福阁。亦名大佛楼（图30）。有著名之立像大佛，高五丈五尺余。为西藏进来之大旃檀木作成（图31）。与此阁相连者有永康、延绥二阁，但常关闭，不许参观（图32）。

第十处：绥成殿。有三面六手之佛，曰大白伞盖佛。

第十一处：雅木得光楼。楼有怪佛一尊，犬面人身，项悬多数人头，足踏数妇人。平时围之以布。

第十二处：武圣殿。塑关帝像，甚庄严。又有绘像一帧，亦佳。

第十三处：菩萨殿。殿中有乘象、乘虎、乘狮三大士像。东西两壁悬挂朱褶之罗汉像。

第十四处：西配殿。殿有九尊立像，其雕刻之精巧，在庙中为第一。佛名为弥勒除盖障、观音妙吉祥、旃檀大势至地藏王、虚空藏、普贤等。

第十五处：扎宁阿殿。此殿三殿堂，设喇嘛读经场。中央供黄教祖师。

第十六处：参呢特殿。内有兽面佛母像三尊，曰熊面佛母、虎面佛母、狮面佛母。

■（图30）大佛楼

■（图27）欢喜佛（一）

■（图28）欢喜佛（二）

■（图29）法轮殿

■（图32）永康阁大佛楼之一角

大高玄殿

大高玄殿在三座门大街，神武门之西。明嘉靖时建。原大高玄殿，清避讳，改称元。面临紫禁城，御河环绕，夏日荷芰盛开，馨芳远袭。殿内松柏参天，建筑精巧。此殿明世宗率修斋宫之一，以殿内设有三清像故，崇奉至今。内官官婢，习道教者，俱于其中演习科仪。

明夏言《雪夜召诣高玄殿》诗：

> 迎和门外据雕鞍，玉蛛桥西度石栏。琪树琼林春色满，瑶台银阙夜光寒。炉香缥缈高玄殿，宫烛辉煌太乙坛。白首岂期天上景，朱衣仍得雪中看。

■（图34）大高殿内景

殿门前有亭二，制极精妙，中官呼为九梁十八柱，与禁城角楼形式相仿佛（详《金石略》）。正门额曰"大高元殿"（图33）。门入后，左右各有钟鼓楼一。中为正殿（图34），殿七间，东西配殿各五间。过大高玄殿为雷坛殿，五间，两旁配殿各五间。过雷坛殿，有殿三间，制上圆下方，二层。悬匾二，上题"乾元阁"下题"坤贞宇"。全殿均为明时建造，清乾嘉间重加修饰。供奉玉皇，为祈雨之所。又，殿门外有牌楼三，东西各一，上书"孔绥皇祚"、"弘祐天民"等字，传为严嵩所书。其南向临河一牌楼，民国初年朽坏，经拆毁，现惟石础尚存。

■（图33）大高殿正门及牌楼

堂子

堂子旧在长安左门外，玉河桥东。光绪二十六年后，移建于皇城内东南隅，即古国社。清制与太庙并重，凡国家征讨大事，必亲祭告，谓之祓祭。堂内正中殿，为祭神殿。由大内恭请神位，安奉于殿内。殿南有亭，为拜天圜。殿中立石座，为致祭时立杆之用。两翼石座，分设六行，行各六层，为皇子郡王等致祭立杆之用（图35）。

■ （图35）堂子内景

帝王庙

在阜成门大街路北。庙门三间，左右门各一间。正殿曰景德崇圣殿，计九楹，重檐崇基，石栏，南向（图36）。三出陛，中十有三级，左右各十一级。东西一出陛，各十有二级。两庑各七间。殿覆绿琉璃瓦，门涂丹漆。庙建于嘉靖十年，清顺治、康熙两朝，迭奉增祀。雍正帝并亲诣行礼，并御制碑文。祀历代帝王一百四十三人，功臣四十人。今设简易题范学校于此，非复旧观矣。

■ （图36）帝王庙景德崇圣殿

关岳庙

在鼓楼西，民国初年建。祀关羽、岳飞。今为大成中学借用（图37）。

都城隍庙

庙在西城南闹市口，城隍庙街北（今改名成方街）。至元四年建，加封都城隍为护国保宁王。明永乐中重建。中为大威灵祠，后为寝祠。左右为斋，两庑为十八司。前为阐威门，门外左右为钟鼓楼。至清雍正、乾隆间，屡发帑兴修，恢宏壮丽，视昔有加。同治十年庙灾后，只正殿及仪门修复，余则一片瓦砾场而已。后殿前有元虞集撰碑，词甚美丽。庙前街道宽宏，想见昔日庙市繁盛，今则门前荒落，仅庙内警察分驻所借住。

■ （图37）关岳庙

黄寺

在安定门外西北四里。东西二区，同垣异构，土人称为双黄寺。(1) 东黄寺。正殿七间，额为"大乘宝殿"，名"普静禅林"。清顺治初年，为活佛恼木汗建。殿前碑亭二，东碑为顺治八年，大学士宁完我撰。西碑为康熙御制重修记文，碑阴系乾隆御制普静禅林瞻礼诗。(2) 西黄寺。在东黄寺西。顺治九年，以达赖喇嘛综理黄教，肇建兹寺，俗名达赖庙。寺门南门，进门殿三间，左右塑四大天王神像。东西钟鼓楼二间。再进为正殿五间，前东西有碑亭二。又有楼一座，仿乌斯藏式为之，凡八十一间，云窗雾阁，曲曲相通。相传班禅将入朝，诏仿西藏布达拉式建。今大致尚完好，惟阙一角。正殿后正中，矗立白石高塔 (图38)，四周卫以石栏。前后有白石碑坊各一座。塔制上圆下八方形，饰以金顶。又，塔之四角，配以小塔四座。诸塔之上，遍刻佛像，工极精，为北平各白塔之冠。中外研究艺术人士，莫不前往参观。塔后有楼，为藏经之处。寺西资福院，为康熙六十年建，殿凡五进，为喇嘛奉经之所。东西庑则为休息之所。

东岳庙

庙在朝阳门外二里，建于元初。规制宏丽 (图39)。入门有虞集赵孟頫撰书碑文，至可宝贵。庙前有绿琉璃牌坊一座 (图40)。庙内神像，相传为元时塑像名手刘元所塑。明正统中，益拓其宇。两庑设地狱七十二司，塑各种鬼物，须眉活现。清乾隆时，正殿被焚。鸠工重修，益加壮丽，神像至今犹庄严如新 (图41)。殿前廊右悬大铜钟一，名景阳钟，镌有极细花纹，传为清大内物移此。每年阴历三月二十日，云为东岳帝诞辰，都人陈鼓乐，结彩为亭，导帝出游，观者塞路。

■ (图38) 黄寺塔

■ (图39) 东岳庙正门

■ （图40）东岳庙琉璃坊

■ （图41）东岳庙大殿

園囿略

居五都繁市，十丈软尘，而欲洗眼水云，荡胸丘壑，则将寄退心于兰若，寻梦影于瑯嬛。别沼凫鱼，旧多史料；灵台雉兔，欣与民同。乐游故事，承明池籞，无烦假赐；名园依水，薜荔牵青；曲榭临风，莓苔坐绿。泛昆明千顷，雀舫轻航；近蓬岛三山，羊车徐引。固宜春秋佳日，裙屐来游；亦趁笔砚余间，梦华重纪。作《园囿略》，第四。

　　前代苑囿著者，在内为三海，在郊为畅春、圆明、清漪、静宜、静明、颐和诸园。今世易时移，畅春、圆明、清漪先后鞠为茂草。静宜、静明仅存外廓，劫余楼殿，只余二三。又自帝制倾覆，废皇徒居，旧日之三海、颐和诸园，均已次第开放。而社稷坛，自民初即经政府整理，点缀风景，改为公园，为旧都士民唯一走集之所。春花秋月，佳兴与同，甚盛事也。兹述园囿，首中山公园，次中南海，次北海，次景山，次颐和园，次玉泉山、静明园，次南苑。凡昔日帝后游幸场所，今咸为市民燕乐之地。爰述梗概，以资导游。

■（图1）社稷坛

原名中央公园，民国17年始改名中山，原为社稷坛。坛制正方，石阶三成，陛各四级，上成用五色土，随方筑之（图1），中埋社主石。坛甃以琉璃瓦，各如其方之色。四面建棂星门。北为拜殿，又北为祭殿。坛殿均为明初永乐八年所筑。环坛墙外，古柏森然罗列，最巨有围达丈八尺余者。

民国3年10月，内务总长朱启钤，建议政府改为公园，辟门于南金水桥畔。设董事会以次经营，规模大备。游人入园，门内巍然竖立为"公理战胜"石坊，纪念协约国战胜功绩（图2）。入门分三路行：

（1）东行。循走廊过"行健会"，为都人士习武术健身之所。其西为花圃，有青云片石，系自圆明园时赏斋中移来者，三字为清高宗所书。

刘景宸《青云片石》诗四首之三：

对此茫茫一赋诗，人间艮岳剩相思。谁知桑海无穷劫，留与嵯峨玉立时。

可惜珠题字字排，五云深处久沉埋。不然早识吾侪面，袍笏呼兄宝晋斋。

占得园林如许好，风流裙屐夕阳天。相逢莫问前朝事，点首兴亡石不言。

东为中国营造学社，为研究中国古代营造技术机关，朱启钤主之。

中国营造学社概略：

社址在中央公园内。初，紫江朱启钤氏，于民国6年，在江南图书馆发现《营造法式》钞本，惊为秘笈。始托商务印书馆以石印本印行。复在北平刊行仿宋本。并集师匠，注释清钦定《工部工程做法》一书。18年，受中华教育文化基金董事会补助，成立中国营造学社。社内设式、文献二组。其工作：①实地调查古物。②整理旧籍。③编著。关于结构或建筑之有历史价值者，按期印行，汇刊成册。于中国旧工程学术，多所发明。

过来今雨轩，东为董事会。转北为假山，山石玲珑，上有亭。金梁书"松柏交翠"四字（图3）。再往北直至后河，循路有山石（图4），夹道古柏（图5），直至格言亭。

（2）入门循走廊西行，经儿童运动场（图6），转西渡桥至水榭，构造极精致，前临水池，夏日荷花盛开，极饶雅韵（图7）。由水榭西行登山，此山全为人工构成，新栽树木已蔚然成林。山下有桥，可通两宜轩，轩旧名关帝

■（图2）中山公园内公理战胜纪念坊

■ （图3）松柏交翠亭

■ （图4）山石

■ （图5）夹道古柏

■ （图6）儿童体育馆

庙。北有桥，可通唐花坞。循大路往北，经绘影楼、碧纱舫、春明馆、长美轩、柏斯馨等处，再北经鹿圃，北有假石山。抵河至北门桥，通西华门。

（3）入门经"公理战胜"坊，往北转西，至习礼亭，左右植牡丹甚繁。北进社稷坛南门，入门有国花台，遍植芍药（图8）。坛后拜殿，今改为中山堂。祭殿今改为图书馆。殿后为坛北门，与东西两路会合。

■ （图7）水榭

■ （图8）芍药圃

朱启钤《中央公园建置记》：

　　民国肇兴与天下更始，中央政府即于西苑辟新华门，为敷布政令之地。两阙三殿，观光阗溢，而皇城宅中，宫墙障塞。乃开通南、北长街，南、北池子，为东、西两长衢。禁籞既除，熙攘弥便，遂不得不亟营公园，为都人士女游息之所。社稷坛位于端门右侧，地望清华，景物巨丽。乃于民国3年10月10日，开放为公园。以经营之事，委诸董事会。园规取则于清严偕乐，不谬于风雅。因地当九衢之中，名曰中央公园。设园门于天安门之右，绮交脉注，缩毂四达。架长桥于西北隅，俯瞰太液，直趋西华门，俾游三海及古物陈列所者，跬步可达。西拓缘垣，收织女桥。御河于园内南流东注，迤逦以出皇城。撤西南垣，引渠为池，累土为山，花坞水榭，映带左右，有水木明瑟之胜。更划端门外西庑旧朝房八楹，略事修葺，增建厅事，榜曰公园董事会。为董事治事之所。设"行健会"于外坛东门内驰道之南，为公共讲习体育之地。移建礼部习礼亭，与内坛南门相值。东有来今雨轩及投壶亭，西有绘影楼、春明馆、上林春诸胜。复建东西长廊以避暑雨。迁圆明园所遗兰亭刻石，及青云片、青莲朵、寒芝、绘月诸湖石，分置于林间水次，以供玩赏。其比岁，市民所增筑如"公理战胜"坊、药言亭、喷水池之属，更不遑枚举矣。北京自明初改建皇城，置社稷坛于阙右，与太庙相对。坛制正方，石阶三成，陛各四级，上成用五色土随方筑之，中埋社主。坛垣甃以琉璃，各如其方之色。四面开棂星门，门外北为祭殿，又北为拜殿，西南建神库、神厨。坛门四座，西门外为牲亭，有清因之。此实数千年来特重土地、人民之表征。今于坛址，力务保存，俾考古者有所征信焉。环坛古柏，井然森列，大都明初筑坛时所树。今围丈八尺者四株，丈五六尺者三株，斯为最巨；丈四尺至盈丈者百二十一株，不盈丈者六百三株，未及五尺者二百四十五株，又已枯者百余株。围径既殊，年纪可度。最巨七柏，皆在坛南，相传为金元古刹所遗。此外合抱槐榆杂生浅者，尚不在列。夫禁中，嘉树盘礴郁积，几经鼎革，无所毁伤，历数百年，吾人竟获栖息其下。一旦复睹明社之旧，故国兴亡，益感怀于乔木。继自今封殖之任，不在部寺，而在群众。枯菀之间，实自治精神强弱所系，惟愿邦人君子爱护扶持，勿俾后人有生意婆娑之感。斯尤启钤所不能已于言者，启钤于民国三四年间长内部，从政余暇，与僚友经始斯园，园中庶事决于董事会公议。凡百兴作及经常财用，由董事鸠集，不足则取给于游资及租息、官署所补助者盖鲜。岁月骎骎已逾十稔，董事会诸君砻石以待，谨述缘起及斯坛故实，以诒将来后之览者，庶有所考镜也。民国14年10月10日，紫江朱启钤。

■ （图9）流水音

略》）辟为新华门，又于金鳌玉蛛桥南，缭以短垣，于是中海、南海与北海截而为二。中南海自18年始，辟为公园，并拆去桥上短垣。自新华门入门起，内部约分为三。

（1）南海：循南海东岸行，过流水音，旧为流杯亭、千尺雪，亭阁高下嵌山石间（图9），有交芦馆、蕉雨轩、云绘楼诸胜。度桥转西，至勤政殿。经殿门正南，度木桥为瀛台（图10）。

《金鳌退食笔记》：

　　瀛台，旧曰南台，一曰趯台。林木深茂，有殿曰昭和。殿前有亭，曰澄渊。南有村舍水田，于此阅稼。李文达贤《赐游西苑记》云：南台林木阴森，过桥而南，有殿曰昭和。门外有亭，临岸沙鸥水禽，如在镜中。本朝顺治年间，别建宫室，为避暑之处。向南有亭，曰迎薰亭，后有九间，楼后有殿，制度质朴。康熙庚申，复加修葺，皆易黄瓦。复殿重房，交疏对溜，青台紫阁，浮道相通。今香扆殿旧址，昔本为涵元殿，而今之香扆殿，即明之含和殿。今之迎薰亭，乃明之澄渊亭也。

《三海见闻志》：

　　自西苑门迤西南行，有一板桥，夹以朱栏。圣祖时悬设置网，许诸臣于奏对之暇，举网为欢，有得鱼者，即携以归。光绪戊戌以后，清德宗被幽于此。民国初元，袁世凯俾黎黄陂居之，亦即其意。桥之北，东西各有室五楹。相传德宗幽居时，孝钦显皇后派亲信太监在此守护。

　　平堤石栏，拾级而登，正中北向者，为翔鸾阁，左右延楼环抱。阁后有楼二，东曰祥辉，西曰瑞耀。又南为涵元门，门内东向为庆云殿，西向景星殿，正中南向为涵元殿。殿之东为藻韵楼，西曰绮思楼。正中北向相对者为香扆殿（图11）。

闵尔昌《香扆殿》诗：

　　遗恨房州在，山陵空复崇。潜龙悉碧海，杜宇泣春风。三月新规建，九朝天禄终。沈沈香扆殿，御榻尚尘蒙。

□（图11）香房殿

施闰章《西苑晓行》诗：

　　新蒲古柏晓阴阴，太液昆明接上林。翡翠层楼浮树杪，芙蓉小殿出波心。人歌凫藻衣冠会，水奏箫韶鼓吹音。欲望天颜真咫尺，露台回合彩云深。

查慎行《西苑上已》诗：

　　上已接清明，韶光满苑城。晓烟和柳重，夜雨为花晴。节物春长好，年芳老自惊。两三修禊伴，闲话水边行。

海旧名太液池。《宸垣识略》云：太液池在西苑中，南北亘四里，东西阔二百余步，旧名西海子。上跨石梁，约广二寻，修数百步。两旁栏楯皆白石镂镂。中流驾木，贯铁索掣之，可通巨舟。东西峙华表，东曰玉蛛，西曰金鳌，其别一梁。自承光殿达琼华岛，制差小。南北亦峙华表，曰积翠，曰堆云。瀛台在其南，五龙亭在其北，蕉园、紫光阁东西对峙。夹岸榆柳古槐，多数百年物。禁中人呼瀛台为南海，蕉园为中海，五龙亭为北海。盛夏荷香满苑，冬则八旗禁旅习冰嬉于此。金时名西华潭，明又称金海。民国初元，袁世凯迁居中南海。于南之宝月楼（详《坊巷

□（图10）南海全景

叔季逢多难，西巡万里归。江湖思退傅，环佩悼灵妃。荏苒医方误，纷纭国事非。金轮同运尽，不见彩鸾飞。

殿左右各有室三楹，西曰虚舟，东曰兰室。《三海见闻志》云：清德宗即崩于此室。殿后崇基，下临一望，绿水清漪。由藻韵而东，有补桐书屋，清高宗读书于此。南有海神祠，又东为春明楼，西为湛虚楼。中庭有木变石（图12）。

清高宗《瀛台木变石》诗：

异质传何代，天然挺一峰。谁知三径石，本是六朝松。苔点犹疑叶，云生欲化龙。当年吟赏处，借尔抚遐踪。

南临水为迎薰亭。由绮思楼西上，有八音克谐台，有长春书屋。自翔鸾至此，统名瀛台。瀛台三面环水，蓼渚芦湾，参差掩映，即南海也。

（2）中海：由勤政殿而西，有结秀亭。西为丰泽园，为清代演耕之所。

沈涵《丰泽园》诗：

名国高敞隔尘凡，竹径逶迤度碧岩。别馆清阴迟玉珮，平畴翠色上朝衫。柔桑雨润经初剪，香稻云连侯载芟。谁识九重霄汉上，桠锄长得睹民岩。

翁文恭《日记》：

戊子二月二十七日，上诣丰泽园演耕。巳正一刻，驾至黄幄少坐，脱褂摄衽。户部郎中嵩申进犁，顺天府尹高万鹏进鞭，和及孙诒经播种，孙贻经执筐，臣和实播之。府丞何桂芳执青箱，汉戈什从御前侍卫扶犁，老农二人牵牛。凡四推四返，毕至幄次，进茶还宫。

旧有稻田数亩，今无。内有颐年堂，后为澄怀堂，北为退瞩楼，前后有大海棠数株。楼之西苑为崇雅殿，殿前有连理树一株。殿后有台，北面临水，其南临水相对者，曰纯一斋。由勤政殿后折而西，有门东向，入门循山径行，东为春藕斋。《三海见闻志》：春藕斋，相传为宫中秘戏处。

■（图12）木变石

■（图13）听鸿楼（一）

■（图14）听鸿楼（二）

民国8~9年，为总统办公处。斋北为居仁堂，旧名海晏堂，为燕享外宾处。斋后相对者为听鸿楼，上下五十四楹（图13、图14）。楼南山石峭蒨，多岩洞，路径盘旋，亭榭间出。

居仁堂西有八所。大辞典编纂处在焉。

《中国大辞典》编纂处概略：

处址在中南海居仁堂之西四所。国语运动自前清戊戌以后，即有动机。最近民国8年，前教育部成立国语统一筹备会。12年，乃有《国语辞典》之编纂。又嫌"国语"流于狭义，于是拓其名称曰《中国大辞典》。自15年以至19年，并力进行，材料搜集既多，规模扩张愈大。于语文学上作根本之整理，改进本处工作。分搜集、调查、整理、纂著、统计为五部。每部又分二、三组，共十五组，曰字典组，曰书报组，曰方言组，曰语音组，曰专名组，曰字母组，曰部首组，曰义类组，曰音典组，曰普通辞典组，曰中外对照组，曰专科辞典组，曰百科大辞书组，曰词汇组，曰图表组。又，本处于编纂《中国大辞典》外，关于语言文字出版书籍，有三十余种。

西北有小竹亭，南折而东向，为植秀轩。又折而西，为石池，穿过石洞，为虚白室。南有竹汀亭，亭南为爱翠楼（图15），楼下有佛宇一所。北向临池，曰大圆镜中。往西经小门，有卍字廊，四面环水，缭绕如带。其南有双亭（图16）。又南为石室，为袁大总统金匮函名之处（图17）。又南为芳萃楼，循廊而北，曰飞轩引凤，再北为锡福、永福、增来福等堂。又北曰宝光门，即中海之西门。门之北为迎春堂，有景福门。西为怀仁堂，即清之仪鸾殿，殿为光绪十三年所建，二十六年，德师瓦德西居此。北有福昌殿、延庆楼。楼后有福禄居、延寿斋。西行有清华堂、含秀轩。南曰涵祉斋、庆云堂。由宝光门迤东，折而北行，曰嘉禾轩，公共游泳池即建于此。再北为紫光阁（图18），阁为明之平台，清初改建为阁，仲秋，尝于此较射。乾隆中，十全纪胜图功臣像于阁。

明文征明《平台》诗：

日上宫墙飞紫埃，先皇阅武有层台。下方驰道依城尽，东面飞轩映水开。云傍绮疏常不散，鸟窥仙仗去还来。金华待诏多头白，欲赋长杨愧不才。

清庄有恭《紫光阁侍宴恭纪》：

巍峨紫阁接天开，上将功成锡宴来。共仰神谟收绝域，还忻伟绩出伟才。封侯不让班超笔，市骏应羞郭隗台。从此玉门闲斥堠，西戎即叙咏康哉。

并陈列所获兵器，以志武功。阁后为武成殿，又北为时应宫。宫之东为福华门，即中海之北门也。

（3）万善殿：殿为中海之一部，以其在中海东，自为一部落。明时为崇智殿。殿后药阑花圃，有牡丹数十株。世宗于此设醮，凡"先朝实录"告成，于此焚草。七夕，宫中于此乞巧。十五日，作法事，放河灯。清改万善殿，供佛像，选老成内监披剃为僧。木陈、玉林两老衲，奉召至京，曾居此。入西苑门，有琉璃门，转北旧为蕉园。

明廖道南《芭蕉园》诗：

猗旎芭蕉色，缤纷满御园。半阴便鹿梦，春雨罢蜂喧。绿借芙蓉润，青交薜荔翻。词林曾献颂，此日重承恩。

清成德《蕉园》诗：

见说斋坛密，前朝太乙词。莺边花树树，燕外柳丝丝。官籞人稀到，词臣例许窥。今朝陪豹尾，新长万年枝。

北为万善，后有千圣殿，圆盖穹窿（图19），殿中奉千佛塔一，高七级，雕刻极精。再后临海，有北固山。万

善殿之旁，有亭立水中，曰水云榭（图20），内有"液太秋风"石碑。

朱彝尊《早秋水云榭》诗：

> 残暑秋逾炽，凉风午乍催。微波莲叶卷，新雨豆花开。宛转通桥影，清冷傍水隈。夕阳山更好，金碧涌楼台。

于此登舟，西可至居仁堂，南可至勤政殿，北可至金鳌玉蛛桥，夏日池荷盛开，为西苑唯一胜境。

严嵩《金海赐乘凉诗序》：

> 供事西苑，直宿无逸殿。时溽暑薰燠，上命中官导引，每日于未申前，在金海边乘凉。是日，出迎和门，乘舟泊水云榭，观临漪亭，入蕉园，至崇智殿。画栋雕甍，金碧辉焕，苍松翠柏，盘郁垂荫，不复知有暑气。

> 按，此地久废，荆榛遍地。上年，袁市长命陈宝书加意整理，始复旧观。其地较其他公园幽静，外报盛称，至深冬严寒时，尤不少外人游踪云。

■（图17）石室

■（图16）ⅹ字廊双亭全景

■（图18）紫光阁

■（图19）万善殿

■（图20）水云榭

北海（附团城）

北海肇自辽金，风景佳胜，殿宇崇闳，为历代帝王之别苑，盛于明清。入民国后，交还政府管理。民国5年，内务总长许世英始建议开放，由市政公所拨二万元整理。正筹备间，时局倏变，不果行。6年、8年，均经议及，卒不得当。至14年，内务总长兼市政督办朱深，始实行开放，定名为北海公园，组织董事会。春秋佳日，游人蚁集，而内部一切，亦逐渐整理完好。游览有水、陆二路。入园门，略转西向，北经堆云积翠桥（图21）。桥北为琼华岛，有永安寺。南向在琼岛山麓，北为法轮殿，旁有意远楼（图22）。再上为正觉殿（图23）。普安殿上有白塔，为琼岛最高处（图24）。

《春明梦余录》：

琼华岛在禁城西北，太液池之阳。当蒙古初起时，臣服于金。其境内有一山，石皆玲珑，势甚秀峭。金人望气者，谓此地有王气，谋欲压胜，使人言欲得此山，以镇压我土。蒙古许之，金人乃大发卒，凿掘辇运至幽州城北，积累成山，因开挑海子，栽植花木，营构宫殿，以为游幸之所。元人灭金，建都于燕，至元四年，兴筑宫城，山适在禁中，遂赐名万岁山。山上有广寒殿七间。仁智殿则在山半，为屋三间。山前有白玉石桥，长二百尺，直抵仪天殿后殿，在太液池中圆坻上，十一楹，正对万岁山。山之东为灵囿，奇兽珍禽在焉。车驾幸上都，先宴百官于此。

乾隆《御制白塔山总记》：

京都于唐为范阳，于北宋为燕山，辽始称京，元、明因之。虽城郭宫室建置沿革，时或不同，而居天下之上游，俯寰中之北拱，诚万载不易之金汤也。宫殿屏扆，则曰景山。西苑作镇，则曰。白塔山者，金之琼华岛也。《北平图经》载，辽时名曰瑶屿，或即其地。元至元时，改为万岁山，或曰万岁山。至明时则互称之，或又谓之大山子。本朝以白塔山者，以顺治年间建白塔于山顶。然考燕京而咏八景者，无不曰琼岛之春阴，故予于辛未年题碣山左，亦仍其旧。所为数典不忘之意耳。山四面皆有景，惜《春明梦余录》及《日下旧闻》所载，广寒、仁智之殿，玉虹、金露之亭，其方隅曲折，未能尽高下窈窕之致，使人一览若身步其地而目睹其概。盖地既博而境既幽，且禁苑森严，外人或偶一窥视，或得之传闻，其不能睹之切而记之详也亦宜。兹特界为四面，面各有记，如柳宗元之钻鉧、石城诸作，俾因文问景者，若亲历其间，尝鼎一脔，并知全味云尔。

白塔山四面碑记：

塔山东面记：因旧置而修饰之谓之沿，易新建而创为之谓之革。山之南，沿者多而建者少；山之北，革者夥而置者稀。然东北泐"琼岛春阴"之石幢，虽出于新建，亦实述其旧置。由石幢登山，迤为看画廊，其上则交翠亭。庭之下，廊之侧，攀援石洞以出，为古遗堂，对之者，峦影亭，自堂蹑梯以下，仍依洞以出，为见春亭。遂循东岸，可至半月城前。而自交翠亭步岭路至智珠殿者，分左右阶而下，亦达半月殿前。盖殿原据城上，堁坭即平殿基也。过石桥则陟山门。而白塔山四面之事备矣。白塔建自顺治八年辛卯，至于今盖百有二十年矣。夫士民之家，尚以肯构为言，况兹三朝遗迹，地居禁苑，听其荒废榛蔽为弗当。然予自辛酉、壬戌之间，始稍稍

■（图21）北海堆云积翠桥

■ （图22）意远楼

■ （图23）正觉殿

有所葺建，至于今凡三十年，而四面之景始毕而成为之记。虽云发内帑以徐为之，然而视《春明梦余录》、《日下旧间》所载，有过之无不及矣。知我罪我，吾岂能辞哉。乾隆癸巳仲冬中浣御笔。

塔山南面记：

承光殿之北，跨太液为桥，南北各有坊，南曰积翠，北曰堆云。过堆云坊，即永安寺，殿曰法轮。殿后石磴，拾级而升，得稍平道。左右二亭，曰引胜，曰滌霭。复因回迭石中，仍拾级左右各为洞，玲珑窈窕，刻峭崔嵬，各极其致，盖即所谓移民岳者也。穿洞而上，适与拾级而上者平。洞之上，左右各有亭覆之，曰云依，曰意远。平处为佛殿，前曰正觉，后曰普安。两厢各有殿，东曰至果，西曰宗镜。又自永安寺墙之东，缘山而升，路中有振芳亭，再升为慧日亭。稍西则顺治年间建塔碑记，及雍正年间重修碑记。复略升则进普安殿之东庑矣。其寺墙之西，亦缘山而登，半山有亭，匾曰"蓬壶挹胜"。再登西为悦心殿。偶临塔山，理事引见恒于此。其后为庆霄楼，每逢腊日，奉皇太后观冰嬉之所也。悦心殿东侧书室，为静憩轩。转石屏入墙门，则仍为普安殿。自殿后陟石阶将百磴，即山顶，白塔建于此。塔前琉璃佛殿，曰善因。考《日下旧闻》，山顶为广寒殿，盖即建塔之所。山中为仁智殿，则今普安佛殿是。塔后列刹竿五，或谓之转梵经，或谓之资瞭远。其下为藏信炮之所，八旗军校轮流守之。盖国初始定燕京，设以防急变者。雍正年间，复申明其令，载在史策。其发信炮金牌，则藏之大内。予因思之，比及借此知守，其失守已多矣，然而睹此知惧，懔天命，畏民岩，戒盛满之志，系包桑之固，则信炮之制，岂非祖宗之良法美意，万世所当慎守者乎。乾隆癸巳仲冬中浣御笔。

塔山西面记：

室之有高下，犹山之有曲折，水之有波澜。故水无波澜不致清，山无曲折不致灵，室无高下不致情，然室不能自为高下，故因山以构室者，其趣恒佳。庆霄楼即据山之高楼，西缘廊而降，有二道，其一向南，不数武为一房山，盖房中覆湖石成山云。历蹬以下，为蟠青室，回廊环其外。缘廊北降，达山之西。凭廊向南，俯睇有深渊。东则山之西角。西山半腰有亭，曰揖山，乃从悦心殿西角门而出者。其下峭壁插入，淏然靓然，若龙湫之有神物也。波与太液通，石桥锁其口。桥之南，步堤东转，可通悦心殿及永安寺前。桥之北则琳光殿前，为山西总路矣。又其一转而北，有亭焉，曰妙鬘云峰。历石磴而下，则水精域。其下有古井，古井向有记，辟诸家记载，谓引金水河转机运斡之非，及掔土厌胜之谬。此山之阴，山之麓，所为屈注飞流，线溪亩池，皆汲此井，以成其势。水精域之下为甘露殿，又下为琳光殿。则就平路，为山西之路。转而北，为阅古楼，楼壁砌三希堂法帖碑版。攀梯而登，与地平，稍北则宙鉴室，窗临清池，即凿山溪引古井之水也。阅古楼有楹，平临山溪，石桥驾其上，度桥有小石亭，梁柱皆泐诗。过亭，唅呀岞崿，径只容人，摄齐而上，出岩墙门，与庆霄楼后门相望。而山西之景略毕。乾隆癸巳仲冬中浣御笔。

塔山北面记：

自阅古楼岩墙门出，转而东，则邀山亭，又东北则酣古室。堂之东室倚石洞，循洞而东，则为写妙石室。堂与室之南，皆塔山之阴，或石壁，或茂林，森崎不可上。而室之东间，乃楼也。蹈梯以降，复为洞。窊窏眢暎，若陶穴，若嵌岜，施转光怪，不可殚极。若是者行数百步向东，忽得洞门，出则豁然开朗，小厂三间，曰盘岚精舍。而其南则仍石岩陡立，然羊肠之径，可以跻而上达看画廊。廊属山东景，兹不复缀。自精舍转而北，至环碧楼，缘飞廊而下，则嵌岩室。折西小山亭，额曰"一壶天地"。西扇面房额曰"延南薰"。其盘岚精舍之西，由洞门北行数十武，亦达扇面房。自房而西，为小昆邱。盖宙鉴室水盈池则伏流不见，至邱东始劈岩而出为瀑布，沿溪赴壑，而归墟于太液之波。又西为铜灵盘，铜仙辣双手承之，高可寻尺。此不过缀景，取露实不若荷叶之易，则汉武之事率可知矣。又西为得性楼，为延佳精舍，为抱冲室，为邻山书屋。名虽殊而因高以降，或一间，或两架，皆随其宛转高下之趣，而各与题额。又自宙鉴室北墙而出，缘山溪亦可达此。至邻山书屋，则就平地，廊接道宁斋矣。其东乃漪澜堂。盖山之北，以堂与斋为主室，而围堂与斋北临太液。延楼六十楹，东尽倚晴楼，西尽分凉阁，有碧照楼、远帆阁分峙其间，各对堂与斋之中。南瞻窣睹，北烦沧波，颇具金山江天之概。故登楼与阁，偶有吟泳，无不以是为言。自漪澜堂而东，则莲华室以奉大士与妙法莲华经得名。出墙门而南，则为塔山东面之境矣。若夫各室内，或题额，或联语，率铭意寄兴，无关于景概之全，斯则不悉载。乾隆癸巳仲冬中浣御笔。

《大清会典事例》：

白塔山及内九门，各设炮五位，树旗五杆，遇有警声炮为号。旗杆上昼则悬旗夜则悬灯，一处放炮别处炮声接应。官兵闻炮即备器械，各大臣各旗官兵各按原定地点齐集候旨。其白塔鸣炮或奉上谕遣人或部中遣人持有金牌，至则举炮金牌昼奉旨放炮，字样藏于禁中，如有急，不及报闻则各于有急之处举炮。守白塔炮台用汉军，两翼信炮官兵各二人。

白塔之西为静憩轩、悦心殿、庆霄楼。下为水精域，再下为甘露殿、琳光殿，再转而北，长廊二十五楹。左右环抱相合者，曰阅古楼，壁嵌三希堂法帖（详《金石略》）。

楼后有亭，曰烟云尽态。稍北有宙鉴室，乾隆时，掘地得古井一，构室覆之。御制《古井记》，以记其事。北面沿海回廊百丈，东起倚晴楼，西止分凉阁，有漪澜堂、道宁斋、远帆楼、碧照楼、晴栏花韵。上为延南薰、妙石室。室之上为楼，缘梯而降，为石洞。循石洞东行数百步，再步石洞而出，有盘岚精舍。转北为环碧楼（图25）。山上有亭，曰一壶天地。又西有房，为折扇形，曰延南薰。循洞门北行，有小昆邱亭。亭西有平台石柱，为铜仙承露台。东面为交翠庭、看画廊、古遗堂。再东为峦影亭、见春亭。上为般若香台，下为琼岛春阴碑（图26）。由此度桥，循海岸行，通濠濮间（图27）、画舫斋（图28），回廊四面，临瞰方池。左为古柯庭斋，现为董事会。古柯庭，清德宗曾读书于此。北为蚕坛。渡桥转西，通静心斋（图29），为清时备德太子来游居所。傍有水池七。又西为天

■（图25）环碧楼之游廊

■（图27）濠濮间

■（图28）画舫斋

■（图26）琼岛春阴碑

■（图29）静心斋

王殿，殿极宏敞。前有琉璃坊（图30），佛殿供铜佛，有铜塔、木塔各二。殿后有大琉璃宝殿。西越土山，为九龙壁（详《技艺略》），为稀世珍物。西有澄观堂、浴兰轩。后为快雪堂，清高宗阅《快雪时晴帖》处（详《金石略》）。今为松坡图书馆。西为阐福寺，又西为震旦香林，俗名小西天，中塑大山，千岩万壑，供佛无算。入门为万佛楼，凡三层，罗列龛供小铜佛万尊。庚子后，佛像无存者。阐福寺前有五龙亭（图31），中曰龙泽，左曰澄祥、滋香，右曰拥瑞、浮翠，为明天顺间所建，植立水中，石桥连贯，夏天游人甚多。

王源瀚诗：

　　液池西北五龙亭，小艇穿花月满汀。酒渴正思吞碧海，闲寻陆羽话茶经。

　　其由水路者，由堆金积翠桥或漪澜堂，均可登舟，直抵五龙亭。其有轻舟一叶，泛乎中流者，南可至金鳌玉蛛桥（图32）。其在公园正门外者，有团城，下有承光殿（图33），内有玉佛（图34），殿前有玉瓮（图35），皆宝物也。

玉树枬《杂感》：

　　碧藓连蕃上玉墀，城头不住夜鸟啼。伤心寂寞承光殿，玉瓮摩挲认旧题。

■ （图30）天王殿前琉璃坊

《金鳌退食笔记》：

　　广寒殿中有小玉佛。殿内设金嵌玉龙御榻，左右列从臣坐床。前架黑玉酒瓮一，玉有白章，从其形，刻为鱼兽出没于波涛之状。其大可贮酒三十余石。今在西华门真武庙中，道人作菜瓮。《旧闻考》：元代，玉钵置真武庙中，后移置于承光殿真武庙中，改造石钵以代之。又云，承光殿南有石亭，以置元代玉瓮，瓮径四尺五寸，高二尺，周围一丈五尺。恭镌皇上御制玉瓮歌于上，并刻词臣四十人咏玉瓮诗于柱间。乾隆十年，御制玉瓮歌并序云，瓮在真武庙中，命以千金易之，置于承光殿中。

■ （图31）五龙亭

■（图34）玉佛　　　　　　　　　　　　■（图35）玉瓮

■（图33）团城承光殿

■（图36）景山绮望楼

景山亦名万岁山，俗呼煤山。山周二里许，循坡遍植松柏，翠色参天，层阴匝地，景物极幽。清时改称景山。山上依地望高下，分建亭阁。入门南向为绮望楼（图36），内供孔子牌位。山有五峰，峰各建亭，最高主峰，曰万春亭。登此亭远望，全城在目。有铜佛一座，为人截去左臂。左二亭，曰观妙，曰周赏。右二亭，曰辑芳，曰富览（图37）。东麓道旁，有古槐一株，为明崇祯帝殉国处，现有碑（图38），山北为寿皇殿，东西各有配殿，系仿太庙制而约之。其旁旧有永思殿、观德殿、兴庆阁，今多朽坏，无足观矣。按，《野获编》：万岁山下相传其下皆积石炭，以备闭城不虞之用，故俗又名煤山。

景 山

明顾景星《万岁山》诗并序：

辽始，筑土山。宣和中，汴京筑艮岳。每驾幸，群鸟飞鸣，主山者唱：万岁山鸟雀迎驾。金主移艮岳花石于此，亦号万岁山，历代为游幸之所。

禁城朝日散瞳朦，玄武门前望郁葱。种就虬龙皆绕殿，教成鸟雀解呼嵩。萧条云气来天寿，鸣咽流泉出御宫。历代相传行乐地，更无杜宇敢啼红。

清成德《景山》诗：

雪里琼华岛，云端白玉京。削成千仞势，高出九重城。绣陌回环绕，红楼宛转迎。近天多雨露，草木每先荣。

■ （图37）景山全景

■ （图38）明思宗殉国处

颐 和 园

颐和园在旧都城西北，距西直门二十余里。原名好山园，清乾隆十五年，更名清漪园。咸丰庚申，与圆明园同毁于火。光绪十四年重建，更今名（图39）。

王树枬《题颐和园图》：

太行西来山郁盘，万峰拱立群朝天。烟岑迤逦落平地，崛起万寿之孤山。蒸云高护长生殿，小住园林侍清宴。垂帘万国祝升平，何事穷兵夸海战。别馆离宫次第开，排云大殿高崔巍。诸天莲座奉王母（《元始内传》：诸天各奉莲华座），旷如翠水环瑶台。春晖烂照通阳观（《灵书经》云，素微上宫有通阳之观），十绝灵幡花片片（《列仙传》，华幡一名十绝灵幡）。九重高拱镜香堂，翠柏苍松天稳现。明湖风细平无波，长桥十里胭脂河。早朝宣罢千官静，子夜传来四季歌。玉澜堂外春无价，鸥仙鹧馆多清暇。可怜寂寞兔儿山（山为德宗幽居之地，岑寂无聊，以养兔排闷），恨紫愁红坐狼藉，一朝翠辇出仓皇，千队黄巾列啸张。天外九门司虎豹，梦中万瓦飞鸳鸯。景舆重返迎仓院，十载流光去如电。乌号夜泣鼎湖龙，碧海黄埃惊世变。眼闻荡荡天门开，时有穷窗方朔来。湖山不解兴亡恨，偶向昆明话劫灰。我观此园长太息，石舫铜亭心历历。更闻宫监说开元，手挥老泪青衫湿。

园北部为万寿山，南部为昆明湖。万寿山原名瓮山。明弘治七年，助圣夫人罗氏，建圆静寺于山之阳。乾隆十五年，以孝圣太后六旬万寿，改建大报恩延寿寺。因改山名为万寿山。昆明湖原名西湖。

明王直《西湖》诗：

玉泉东汇浸平沙，八月芙蓉尚有花。曲岛下通蛟友室，晴波深映梵王家。常时兔雁开清呗，旧日鱼龙识翠华。堤上连云粳稻熟，江南风物未宜夸。

明马汝骥《西湖》诗：

珠林翠阁倚长湖，倒映西山入画图。若得轻舟泛明月，风流还似剡溪无。

王士祯《西堤》诗：

堤外春流界稻田，堤边鸥鹭净娟娟。风烟里畔千条柳，十里清阴到玉泉。
万树垂杨扫绿苔，桃花深映槿篱开。游人尽说西堤好，须及清明上巳来。

■ （图39）颐和园全景

沈德潜《西湖堤散步》诗：

左带平田右带湖，晴虹一路绕菰蒲。波间柳影疏间密，云际山谷有忽无。遗臭丰碑旧阁坚，煎茶古寺老浮屠。闲游宛似苏堤畔，欲向桥边问酒垆。

土名大泊湖，亦于乾隆十五年重加疏浚，更今名。水源发于玉泉山，东由二龙闸入圆明园，西北由后湖闸达青龙桥，北由眺远斋闸达宿村，南由绣漪桥水关出长河达北平。园为清慈禧太后所建。辛亥革命后，议定清帝退位后移居兹园。故民国初元，仍由清室管理。民国3年，由清室设管理处，开放任人游览。17年，由市政府接收，始设事务所管理。园内宫殿建筑，伟大精巧，风景明丽，实能代表东方美。全园山占五之一，水占五之四。以山为中心，约可分为四部：

（1）山之东部：入园门（图40）西行，南有仁寿殿（图41），殿原名勤政殿，清高宗听政于此，内榜曰“大圆宝镜”。北有德和园，园内有戏台。颐乐殿（图42）为帝后观剧之所。稍西为玉澜堂（图43）、宜芸馆。濒湖有藕香榭、夕佳楼。稍西为乐寿堂，慈禧太后居此（图44）。庭前大石为屏，承以石座，遍雕海水，明米万钟遗物（图45），乾隆帝有御制诗镌其上。东北隅为景福阁，旧名昙花阁。南向周以回廊。阁之东为谐趣园，原园引水为池（图46），周建堂轩楼亭，为涵远堂、知春堂、瞩新楼。楼名就云，光绪间改建易名。楼北有小瀑布，石上镌“泉流不息”等字，慈禧后所书。又有澄爽斋、饮渌亭、洗秋亭、知鱼桥、霁清轩、清琴峡诸胜。自谐趣园通德和园之路，有赤城霞起、紫气东来等处，均为城阙式。

（2）园之南部：自乐寿堂往西循长廊（图47），廊东起邀月门，西止石丈亭，凡二百七十三间。排云殿居中。东有留佳亭、对鸥舫、寄澜亭。西有秋水亭、鱼藻轩等。山半有含新亭。西为养云轩、福荫轩、意迟云在、无尽意轩、圆朗斋、写秋轩、重翠亭。介寿堂，原为慈福楼改建，庭中有连理柏、紫玉兰各一株。由此往西为排云殿（图48），殿为全园最胜处，前有牌楼，甚宏严（图49）。

■ （图41）仁寿殿

■ （图43）玉澜堂

■（图42）颐乐殿

■（图44）乐寿堂

■ （图47）长 廊

■ （图45）乐寿堂之山石

《颐和园简明图说》：

排云殿在万寿山之中麓，明代为圆静寺。乾隆中，就其基建大报恩延寿寺，寺前为天王殿，钟、鼓楼。寺内为大雄宝殿，殿后为多宝殿，为佛香阁，为智慧海。下为宝云阁，咸丰庚申毁于火。其仅存者，惟智慧海与宝云阁。光绪十八年，就其基改建，易今名，为慈禧庆典朝贺之所。进排云门内，东殿曰玉华，西殿曰云锦。中有小池，通以石桥，以达重门。两殿后各有朝房十三间。其西十三间，之北有碑亭，内贮高宗书题五百罗汉宝记，并平定准噶尔碑文。二重门内，东殿曰芳辉，西曰紫霄，正殿额曰排云殿。内外各五楹，内殿又横列复道，以联左右。夹室凡二十有二楹。殿前平台丹陛，绕以石栏，上列铜龙、铜凤、铜炉鼎、香熏等。殿内有地平，床中设围屏、宝座、御案、宫扇，旁列珐琅狮犼、宝塔、香熏，床下列仙鹤烛台，仪饰略如仁寿殿。殿旁四面长廊，北为德辉殿。

为圆静寺遗址。殿后拾级而登为佛香阁（图50、图51），为全园最高处。阁之东，稍下为转轮藏。西稍下为宝云阁，内有铜铸佛像，昔为朔望喇嘛唪经之所。后有众香界。

（3）山之西部：有清华轩、邵窝、云松巢、贵寿无极。又西为听鹂馆，内有戏台二层馆，昔为妃嫔住所。北为画中游（图52）、湖山真意。又西，临湖为石丈亭。亭外屹立水中者为石舫（图53），游船集于此处（图54）。寄澜堂、临河殿、延赏楼、小有天等。又西行，通荇桥（图55），度桥为迎旭楼、澄怀阁。

（4）山之北部：最高者为智慧海，在佛香阁上。右为云会寺，左为香岩宗印阁、须弥灵境、苏州街（图56）、善现寺。东为花承阁，有琉璃多宝塔（图57）。西为香岩堂、清

■（图46）谐趣园全景

■（图48）排云殿

可轩、赅春园、味间斋。临河为绮望轩，轩下有石洞，乾隆时建。以上山之四周景物尽于此。

其以昆明湖为主，亦可分为二部。湖之东部，自耶律楚材墓起，沿堤通文昌阁（图58）。阁三层，中层有文昌像。傍湖水中，有知春亭，有板桥可通。南行有铜牛（图59），峙于堤畔，通十七孔桥（图60）。渡桥至涵虚堂、月波楼、鉴远堂三处，均在湖心。再南为凤凰墩、绣漪桥（图61），是为东南部。湖之西北部，迤西傍湖为畅观堂。西湖心有治镜阁，阁旧为三层，下为圆城，今已颓，址只余圆城旧基。渡湖为玉带桥（图62）。

北沿堤曰齧风桥，昔名桑苎。界湖桥南为镜桥，上有敞亭。练桥、柳桥、凡桥制各异，绣漪、玉带俱作穹形，十七孔桥尤为美观。综计全园周长十六里又四八，即八点二四公里。其大略如此。

■（图50）佛香阁（局部）

■（图49）排云殿前牌楼

■（图51）由排云门前望佛香阁　　　　　　　　■（图52）画中游

■（图53）石舫

■（图54）游船

■（图55）荇桥

■ （图56）后湖苏州街附近之风景

■ （图57）多宝塔

■ （图58）文昌阁

■（图59）铜牛

■（图60）十七孔桥

■（图61）绣漪桥

■（图62）玉带桥

玉泉山静明园

　　玉泉山在万寿山之西。金章宗于山麓建泉水苑行宫。元世祖建昭化寺。明英宗建上、下华严寺。清康熙十九年，改建澄心园，三十一年，改名静明。乾隆增建馆阁多处，五十七年，重加修葺。旧志载静明园十六景：(1) 廓然大公，(2) 芙蓉晴照，(3) 玉泉趵突，(4) 竹垆山房，(5) 圣因综绘，(6) 绣壁诗态，(7) 溪田课耕，(8) 清凉禅窟，(9) 采香云径，(10) 峡雪琴音，(11) 玉泉塔影，(12) 风篁清听，(13) 镜影涵虚，(14) 裂帛湖光，(15) 云外钟声，(16) 翠云嘉荫。每处均有殿阁，高下隐依，多至数十处。自咸丰庚申毁于火，光绪间略加修葺，庚子复毁。现所存者，园门为昔日之小东门。入门北进，为五孔闸，闸西为试墨泉。再北进西，为镜影涵虚旧址，东为风篁清听旧址。园门内正院为含晖堂，北为尊坚固林泉，南为裂帛湖 (图63)。泉东有清音斋。由裂帛湖西南进，为翠云堂、华滋馆。其东为甄心斋、开锦斋旧址。由华滋馆西南进，为第一泉 (图64)，上有龙王庙。再南为观音洞、真武庙、吕祖洞。西南有白石塔，即华藏海旧址。由华滋馆北进，为水月洞、云外钟声。再上华岩旧址，再北为滋生洞，东有华严洞 (图65)、罗汉洞，明下华岩旧址、伏魔洞。由华严洞北进，为香严寺，寺今圮。再上为玉峰塔 (图66)。玉峰塔北进，为峡雪琴音。峡雪琴音北进，有妙高塔，俗名锥子塔，即妙高寺旧址 (图67)。塔之东南山下，宝珠、涌玉两泉。南

岩下有洞，刻天龙八部石像。东山腰有楞伽洞。由华滋馆西进，经承诏门，西北为琉璃塔 (图68)，即圣缘寺旧址。由琉璃塔北进，为挹清芬。由仁育宫西南进，经半壁桥，为迸珠泉。

■ (图64) 玉泉山第一泉

（图65）华严洞

南 苑

南苑在旧都永定门外二十里。志称，缭垣一万九千二百八十丈。为九门：正南曰南红门，东南回城门，西南黄村门，正北曰大红门，稍东小红门，正东东红门，东北双桥门，正西西红门，西北镇国寺门。内有海子五，故又名南海子。元时为下马飞放泊。有晾鹰台，高六丈，径十九丈有奇。园径百二十七丈。本元仁虞院，明清两代，大阅于晾鹰台举行。

张英《南苑讲武恭纪》：

时平讲武近岐阳，甲胄搜春出建章。洛水旌旗周甫草，西京词赋汉长杨。御园云气成龙虎，天廐星精本骕骦。画戟雕弓森羽卫，射生群与奉君王。

金德瑛南《南苑大阅恭纪》：

组练飞驰捷羽翰，凤城草净列营宽。六师尽识尊尊谊，万乘亲升将将坛。鼓角涛喧惊野外，旌旗云合映林端。正当雪积霜凝候，挟纩恩深士不寒。

齐召南《南苑大阅恭记》：

祃牙金甲照南山，军令重申晓自颁。三阵指挥天地合，百年清晏虎貔闲。茹风羽箭十雕落，苑雪桃花万马还。共说至尊雄略盛，御园亲取大弓弯。

（图66）玉峰塔

（图67）妙高塔

旧时有新旧衙门行宫，今多摧毁。惟团河行宫，尚略具规模，清康熙时，尝驻跸于此。纳兰成德所为《南苑杂咏》，所述风景妍丽，江南无此景也。

清成德《南苑杂咏》：

宫花半落雨初停，早是新凉彻画屏。何必醒泉堪避暑，藕丝风好水西亭。离宫近绕绿苹洲，冰簟银床到处幽。好是万几清暇日，亲持玉勒奉宸游。太液东头散直迟，一双水鸟掠杨枝。从臣献罢平滇颂，坐听中涓报午时。进来瓜果每承恩，豹尾前头拜至尊。正是日斜花雨散，传呼声在望春门。慢展青罗一色裁，璇窗深映拂云槐。重帘那得微风入，叶叶荷声急雨来。黄幄临池白鸟飞，金盘初进脍鱼肥。太平时节多欢赏，丝络雕鞍半醉归。射生才罢晚开筵，十部笙茄动暝烟。月上南湖波似练，几星灯火是龙船。轻丝蜀锦扩银塘，谁许延秋报早凉。缥缈蓬山应似此，不知何处白云乡。才翻急雨暗金河，曲罢催陈杂技多。一自花竿身手绝，那将妙舞说阳阿。玉映窗扉静不开，借花深处绝尘埃。三更露坐清无暑，共待蕉

园彩鹝回。香引轻飔散玉除，下帘声彻退朝初。马曹日日承恩处，也逐清班许钓鱼。烟柳千行宿鸟多，虹梁曲曲水萤过。新凉却爱中元节，万点荷灯散玉河。夜深帘幕卷银泥，十二楼高望欲迷。莲漏滴残闻动锁，一钩斜月碧河西。轻云欲傍最高楼，重露看垂白玉流。处处红芳零落尽，众香国里不曾秋。时攀玉柳拂华簪，水槛行开玉一函。几日乌龙江上去，回看北斗是天南。玲珑朱阁拟三山，上驷门依御柳间。倦听月中歌吹杳，晨兔秣罢夜飞还。制胜由来仗德威，夜郎何物敢轻违。河清欲颂惭才尽，空美儒臣赐宴归。讲帏迟日记花砖，下直归来一惘然。有梦不离香案侧，侍臣那得日高眠。不须惆怅忆江湖，身入金门待漏图。中夜擎来仙掌露，苑羹风味得如无？花映初阳霞绮察，玉珂双引望中遥。凭君莫作烟波梦，曾是烟波梦早朝。

按，南苑于清末即开放为农地，又为飞机降落场所及练兵场。故各要地多禁止游览，仅略记旧时风物于此，以见当年太平之盛云。

■（图68）琉璃塔

■ （图50）佛香阁

坊巷略

度地居民，辨方表道，分躔画卦，经纬四通。纵衡望垄市之中，负戴均往来之路。况夫国庠林立，弦歌相同。采风谣于斐蓑，观雅化于梅朴。曲里有择仁之美，通衢崇非礼之防。铜马图勋，金鱼表绩。明时弼教，识宗学之尊；春暮修文，问诗人所宅。绿杨夹道，或认新题；乔木当门，已非旧馆。夕阳芳草，看燕子之登堂；东陌西阡，任骅骝之开道。作《坊巷略》，第五。

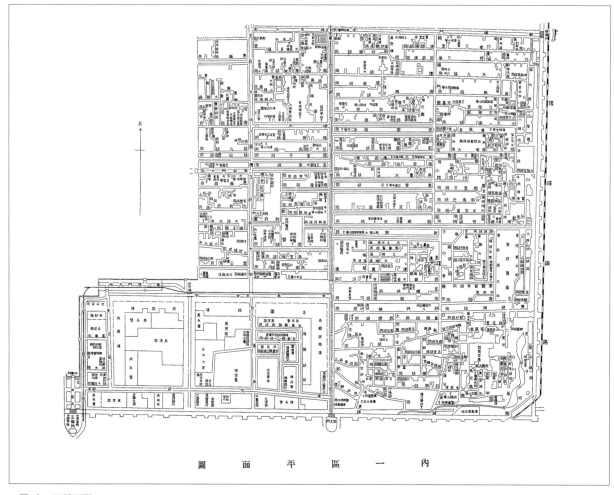

内一区平面图

平市街衢坊巷，大者率承明旧。清制析五城为八坊。隶中城曰中西坊、中东坊；隶东城曰朝阳坊、崇南坊；隶南城曰东南坊、正东坊；隶西城曰关外坊、宣南坊；隶北城曰灵椿坊，曰日南坊。五城各设正、副指挥，以巡城御史统之，而皇城禁内不与焉。又内城兼属于步军统领。清朝入关，于内城分列八旗：镶黄居安定门内，正黄居德胜门内，并在北方；正白居东直门内，镶白居朝阳门内，并在东方；正红居西直门内，镶红居阜成门内，并在西方；正蓝居崇文门内，镶蓝居宣武门内，并在南方。取八旗方位相胜之义。各设都统，属以参领、佐领管辖。至清末警厅成立，前制悉废。警厅下分划若干区。民国17年重行划定，内城为六区，外城为五区，各设警署。街衢之大者，内城自南至北，曰崇内大街，宣内大街，大市街，王府井大街，北新华街，府右街，地安门街，安定门街，德胜门街，南小街，北小街，锦什坊街。自东至西，曰东、西交民巷，东、西长安街，十字街，马市街，朝阳门街，东直门街，文津街，阜成门街，西直门街，鼓楼东大街，鼓楼西斜街；外城为正阳门大街，永定门街，宣外大街，崇外大街，东便门街，西便门街，和平门街，南新华街，是为南北经路。曰东、西珠市口，曰骡马市大街，彰仪门大街，三里河大街，广渠门大街，曰南横街，曰打磨厂，曰西河沿，是为东西纬路。今记坊巷，仍依现行区制，分析述之。

内 一 区

全市坊巷，以内一区变动最大。旧日自前内千步廊以东，至崇内大街以西，南极城垣，北抵东长安街。西向者宗人府、吏部、户部、礼部各衙署。东为兵部、工部、鸿胪寺、钦天监、太医院各处。又东北向者为翰林院，北向者会同四译馆。东为御河，南为江米巷。巷之南为怡贤亲王祠，为庶常馆。御河以东，南为詹事府、太仆寺，北为堂子，有豫亲王、安郡王府。台基厂有头条、二条、三条胡同。《顺天府志》云，台基厂为堆积柴薪芦苇之所，合神木、大木、琉璃、黑窑为五大厂。

今均为使馆所在地，仅台基厂之名尚存在，余则名实俱亡矣。

内一区所管，如上图除使馆保卫界形势变迁具如上述外。东长安街（图1），中自南而北干路为王府井大街（图2），亦曰王府大街。明永乐十五年，建十王邸于此，故名。大街以西各胡同，大者为霞公府、大、小纱帽胡同，康家胡同，大、小甜水井，大、小阮府胡同，菜厂胡同。北抵东安门外大街，各胡同之西为东安门外南夹道。王府大街北为丁字街，再北为八面槽，以达灯市口。其东甘雨胡同，

■（图1）东长安街

西口有福音堂一。又北为马市大街，路东有救世军教堂一，俱极崇伟。自丁字街以东西干路，曰东安门外大街，迤北各胡同，其大者曰锡拉胡同。内有福山王文敏公懿荣故宅，庚子，联军入城，阖家殉国。曰韶九胡同，原名烧酒。迤兹府原名奶子，为明代官选奶子之处。北为大、小草厂胡同。东厂胡同东口，旧为荣禄府第。

王闿运《饮故相荣仲华宅感旧》：

> 丞相新居近御垣，当年枥马夜当喧。宫衣一品三朝贵，门客长裾四海尊。调护无惭狄仁杰，池亭今似奉诚园。只应遗憾持矛仗，重对茶瓜感梦痕。

为袁世凯购以赠黎元洪者，今已售诸中日文化事业总委员会作会址。在明时为东厂外署，魏忠贤时，东厂四出捕人，缇骑载道，是为历史上至有关系之地。又北为翠花胡同。王府街以东，东单大街以西，其间胡同之可记者，曰头、二、三条胡同。曰帅府园，旧为神机营衙门，选为卫戍司令部、警备司令部，今仍驻军。有协和医院，系清豫亲王府改建。北为煤渣胡同、金鱼胡同，有那桐花园。北为西堂子胡同、甘雨胡同、椿树胡同。又北为灯市口，明时为闹市。

明石昆玉《灯市口》诗：

> 灯市百货聚，穹窿象山谷，波斯细举名，最下亦珠玉，满

城恣意观，履舄时交触，侧肩趁友朋，转盼遗童仆，楼上楼下人，徙倚自相瞩。佻佻白面郎，囊里金如粟，访古探瑰奇，十仅偿其六，为君话所从，原出巨家椟，向购此场中，而今在此鬻。仁看世道间，何事无翻覆。

有盐务学校，现停办。

盐务学校略史：

民国2年，善后借款成立，中央设立盐务专署。9年，督办李思浩，署长张弧，呈准政府设立盐务学校，以钟世铭为校长。初在大纱帽胡同成立，14年迁入新校。23年部令，俟24年该校学生完全毕业，即便停办。

入崇文门，迤北为崇文门大街。其西仅有同仁医院及利亚药房。北面均系空地，各国操场在焉。其东则店肆林立，以达于东单牌楼（牌楼已废）。北为米市大街。又北至金鱼胡同口，青年会建筑颇壮伟。又北至东四牌楼，有坊四，今并存。崇内大街之东，胡同之大者，曰东城根、曰孝顺胡同、船板胡同。有汇文学校，占地极广。北为镇江胡同、苏州胡同、麻线胡同、喜鹊胡同。裱褙胡同内有于忠肃祠。又北为羊肉胡同、官帽胡同、观音寺胡同、栖凤楼胡同、黄兽医胡同、大土地庙胡同、新开路、总布胡同。北为石大人胡同，以明尚书石亨居此得名，今日外交部街。有迎宾馆、极崇伟。前清宣统时建，以招待外宾者

■ （图2）王府井大街

也（旧为宝源局地）。其后外交部即移于是。北为东堂子胡同，旧外交部所在地，清为赛尚阿第，后为外交部官舍。北为无量大人胡同，有女子西洋画校。

女子西洋画学社略史：

为贵州熊唐守一女士所创办。社址在东城无量大人胡同。并于民国14年，以蔡子民先生之提倡，开办学校一区，专收女子学习西洋油画。迄今10年，成就人才甚众。

遂安伯胡同。干面胡同，有私立铁路学院。

铁路学院略史：

铁路学院创办之始，在民国13年夏秋之间。由交通界同人筹备设立，定名畿辅大学，呈部立案。17年国都南迁，改名北平铁路大学，呈铁道部批准立案。21年，遵部令改名铁路学院。院设董事会，由会聘任院长，全权处理院务。

史家胡同。内务部街，原名勾栏胡同。本司胡同。演乐胡同。

《析津日记》：

京师黄华坊，有东院，有本司胡同。本司者，教坊司也。又有勾栏胡同、演乐胡同。相近复有马姑娘胡同、宋姑娘胡同、粉子胡同。出城则有南院，皆旧日之北里也。

《燕京访古录》：

东四牌楼南，勾栏胡同庙内，有一铜铸女像。坐式，高四尺八寸，美姿容，头向左偏，项盘一髻，插花二枝，身着短袄，盘右腿，露莲钩，右臂直舒作点手式，扬左腿，左手握莲钩，情态妖冶，楚楚动人。按此地应是勾栏故址，此像当为妓女崇奉之神矣。

又北曰礼士胡同。再北为朝阳门大街。自灯市口以北，至马市大街，其间胡同之最大者，为报房胡同。南有佟府夹道，清初国舅佟国维居此。大、小鹁鸽市，北有多福巷，均有名。自崇内东城根中间，直达于观音寺之小街，在南曰南沟沿，稍北曰闹市口，东为泡子河，东为观象台。又北为旧日大贡院。

《天咫偶闻》：

贡院在城东南隅，明因元礼部基为之，有张居正重修贡院记。内至公堂榜，相传为明严嵩书。又旧贡院有文昌槐，在明远楼前，始自前明，发根于东龙字号，蜿蜒而西，过甬道覆及西号舍，天矫如龙，下仅注一人。相传此树为文运所关。士子有病，祷于树下，摘槐角服之辄愈。戊戌秋忽枯，有司遂伐而薪之。又明年贡院废，及乙巳，科举遂停罢。

民国10年，辟为模范商场，至今仍多旷废。总布胡同北之南北直街，曰南小街。其东有大、小羊仪宾胡同，赵

堂子胡同，什方院，至禄米仓为清仓储，民国改为陆军被服厂。其北直抵朝阳门大街，有方家园、新鲜胡同、八大人胡同、老君堂等。

内 二 区

本区坊巷自和平门开辟及填铺大明濠后，亦略有变动。东起西皮市，西抵新华街。东西经路：（1）东顺城街，自来水、电灯公司在焉。西顺城街，有化石桥、尚志学会在焉。

尚志学会略史：

地址在和平门化石桥，由发起人范静生等所组织，以谋学术及社会事业之改进。清宣统二年成立，历办法政、职业、普通各学校、医院及文化事业。编译各种科学书籍，共四十余种。

西口有天主堂，明利玛窦东来始居此，平市教堂此为最古。（2）西交民巷，为本市银行麕集之地。现市府拆除半壁街一部凸出房屋，与西交民巷相连，修柏油路直达北新华街，为一直干路。（3）为大四眼井，双沟沿，绒线胡同，有国剧学会。

国剧学会略史：

会址在宣内绒线胡同四十五号，于民国20年，经会员公选齐如山、梅兰芳等五人为常务理事，组织各部。以研究国剧学术，辅助社会教育为其工作目的。进行以来：（一）搜集内务府档案、升平署剧本、文物、普通戏班文物及图表、乐器、像片、唱片等，共二千二百五十九种，一万四千五百二十二件，设陈列馆。（二）征聚历代曲律、曲品丛编，杂剧及昆弋、秦腔、皮簧、横歧、鲁、豫、苏、浙、汉、蜀、粤、滇各剧本，暨梨园掌故，音乐原理，古今韵书诸著录，共二千三百二十一种，六千八百九十二册，为图书馆。编纂一部方致力于《剧学大辞典》，尚待脱稿。其已发行刊物凡十八种，皆于历史、音乐、声韵、舞态、美术与国中文学、风俗进化改良之关系，均极密切。参观陈列、图书两馆，实足引起一般甚深兴味。

北为西长安街（图3）。南北纬路：（1）司法部街，今名省党部街。街西旧有大理寺、刑部、都察院、太常寺、銮仪卫诸署。宣统末以都察院改建大理院，崇楼杰出，今为地方法院。刑部改建司法部，今改省党部。

《骨董琐记》：

刑部北监，乃前明镇抚司旧址，有老槐直干参天，相传椒山先生手植（详《名迹略》）。《香雪巢诗钞》：刑部有云楼、露井，又有重栽北监阿公祠竹诗。注：道光间，合肥李封君著有《贯垣纪事诗》，有《阿祠绿竹》一首。阿公讳世图，雍正时司狱，多惠政，值除夕，公遣死囚三十人回家度岁，皆如期归狱。

（2）为旗手卫。（3）为石碑胡同，南接兵部窪。其胡同之较大者，南为旧帘子胡同、松树胡同、细瓦厂、辇儿胡同。东有前府胡同、左府胡同。北有回子营。

《旧京琐记》：

> 香妃。乾隆中，兆惠平回部归，进之宫中。近人笔记，纪载纷歧，要其事为实有也。南海宝月楼（今之新华门），俗称回妃望家楼。其街南，旧有对峙一小楼，楼下地名回子营，为回部归诚仕族所居，今尚有一二家存者。故老相传，香妃入宫，其家族亦随入都。香妃思家，而限于体制，上特于南海建宝月楼，而于其对面回子营亦建一小楼。香妃登楼眺望，其家亦登楼以瞻颜色云。

> 安福胡同。新华街之西，在绒线胡同以南者，为旧帘子胡同之西头，又南东为新帘子胡同。西为箭杆胡同。其南北直达者为翠花街。西为未英胡同，又西为拴马桩，为油房胡同、嘎哩胡同、糖房胡同、象牙胡同，再南为东城根。其在绒线胡同以北者，其南北较大之胡同，曰六部口。其北有新干路，自此出西长安街，亦曰府前街。迤西路北为昔之财政部，西为交通部，皆当日仪亲王府第，今均为军分会办公处。又西为双塔庆寿寺。由府前街北出，为府

右街，系民国5年新辟之干路。北段则属内六区。其南段街西，有交通博物馆。李阁老胡同，为明大学士李东阳故居。

《帝京景物略》：

> 李文正祠近皇城迤西，孝宗赐第也。第久析为民居。嘉靖乙酉，麻城耿定向首议赎还为公祠。梧门先生《西涯考》，谓西涯之居在李广桥。其在李阁老胡同者，乃李贤之赐第，未知孰是？

现为交通大学。

交通大学北平铁道管理学院略史：

> 北平学院为前清邮传部所创办，于鼎革前三年七月成立，现以5月2日为成立纪念日。旨在训练铁道管理人才。始名曰铁道管理传习所。其毕业期限，或为一年，或为三年，视学生所有之学科而定。民国5年，交通部令改组专门学校，原设之铁道、邮电两班，乃分为邮电及铁道管理两校，各置校长分掌校务，同时提高程度，并建设无线电台以为实习之资。民国10年，与上海、唐山合并，改为交通大学北京分校，设铁道管理科。18年，命名为交通大学北京铁道管理学院。

> 又西为堂子胡同，有法学分院，又为北平大学办公处。又西转南为石虎胡同，旧有衰日修赐第在路北，衰之先为

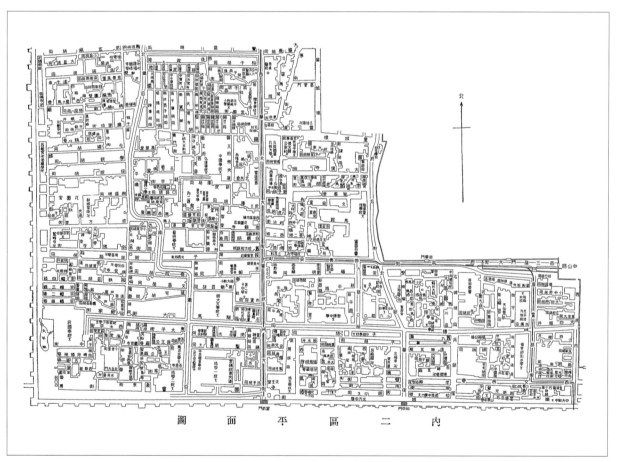

■ 内二区平面图

吴三桂宅，今为蒙藏学校，武功卫。自李阁老以北为太仆寺街，衍圣公府在焉。西接缴子胡同，今改称槐里胡同。南为西单商场。太仆寺以北转西，为背阴胡同，有张文襄祠，门榜曰"楚学精庐"。直北为皇城根。顺皇城根而西为灵境宫，明之灵济宫。内有井儿胡同。西为东斜街。东口口内，旧有礼亲王府，今为华北学院。

华北学院略史：

民国10年间，蔡元培鉴于当时国立大学往往感受政潮影响及制度拘束，不能推行最新式教育和理想的育才方法，乃集合在平名流，建立华北大学。蔡自任校长，定校址于西安门大街。14年迁顺城街。16年因校舍仍感不敷，乃迁入现址，故礼亲王府旧址也。

东即东安门外南皇城根。北为大、小酱房胡同，缸瓦市。再北抵东安门外大街。入宣武门而北，为宣内大街。北为甘石桥、缸瓦市大街。路东有沙锅居，相传清初即有之，日以一豚饷客，不涉他味，日晌午则闭市矣。

郑孝柽诗：

花猪肥美谢珍羞，风尚原来自满洲。但使微臣知卜昼，未须肉食诮无谋。

西曰宣内西城根。东曰象坊桥，旧日参众两院在焉，今为北平大学法商学院。

北平大学法商学院略史：

法商学院，前清为进士馆，旋改法政学堂，校址均在太仆寺街。民国元年，合并法政、法律、财政三校为北京法政专门学校。邵章、周兆沅、饶孟任、吴家驹继续任校长。12年，改组国立北京法政大学，江庸为校长。14年，拨参政两院旧址为校舍，原址设预科。15年，解散中俄大学，收编该校学生为俄文法政系。17年，北平大学成立，改为法学院，谢瀛洲、白鹏飞继续任院长，设法律、政治、经济三系。23年合并商学院，改组为法商学院。

众院西为大明濠，自宣武门外入水关，南北直贯阜成门大街，以达于西直门大街，今已平为马路，曰沟沿大街。象房之南为抄手胡同，小市昔颇繁盛。北为头发胡同、授水河、石驸马大街。熊希龄居此，师范大学文学院在此。自沟沿大街以西，象房桥以北，为象来街。又北为前王公厂，又北为永宁胡同，为后王公厂。又北为东太平街，又北即石驸马大街之西头。西南直达之大街，曰南闹市口。宣武门西城根之西，与象房桥相接者，为国会街，西为槐抱椿树庵，前、后老莱子。再北为西太平街。再北为鲍家街。其西为太平湖，旧醇亲王府，祠堂在焉，今为民国学院租用（详《名迹略》）。

自石驸马大街以北、沟沿大街以东，为教育部街，今改市党部街。其西转弯处，曰参政胡同，王揖唐参政时之旧名。东为东铁匠胡同，北为手帕胡同、报子街。自沟

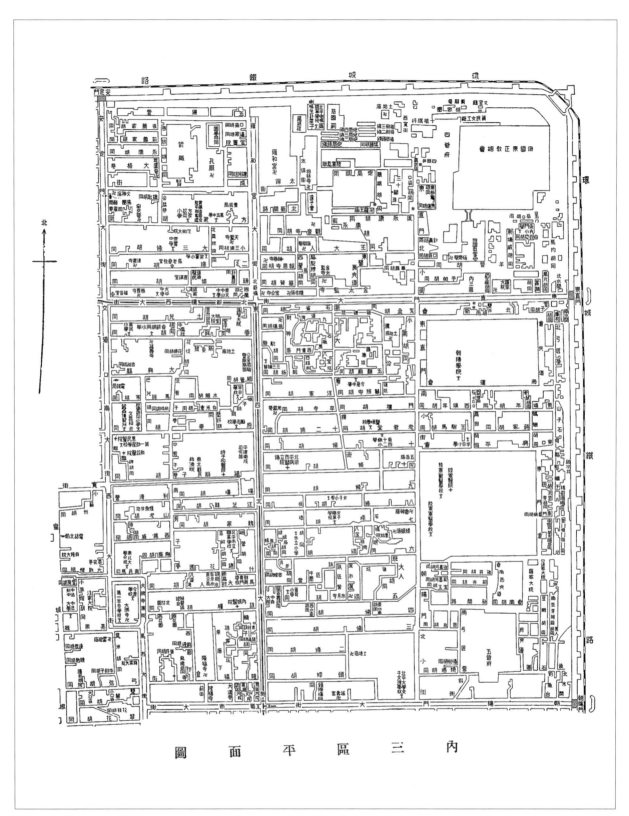

■ 内三区平面图

沿大街以西者，曰后宅，亦名后闸。又北曰中铁匠胡同、察院胡同。自鲍家街以西，曰宗帽头、二、三、四条胡同，《顺天府志》作粽帽。北为邱祖胡同。自鲍家街以北，曰前百户庙、后百户庙、西铁匠胡同。报子街以北，为旧刑部街、白庙胡同，旧宝竹坡侍郎故宅在此，舍饭寺、皮库胡同、大木仓、郑王府在焉，今为中国大学，大门在二龙路。

中国学院略史：

中国学院创办于民国元年冬季，租前门内原学堂为校址，初名国民大学，宋教仁、黄兴继续任校长。4年，与吴淞中国公学合并，称中国公学大学部。5年，改名中国大学。10年，校长姚憾辞职，王正廷继任。11年，设募集基金委员会。14年，购得郑王府为新校址。18年，呈准国民政府，按月补助万元，王校长更向中比庚款，委员会及各方募款以为扩充校舍建图书馆之用。

又北为辟才胡同。自是而西之东西胡同，曰磨盘院，曰京畿道。又北为二龙坑，今为二龙路。又西为北闹市口。北为王爷佛堂。又北曰太平桥。有贵人关，旧名鬼门关。有高义拉，今改称高华里。自辟才胡同以北，为红庙。其斜出者为西斜街，体育研究社在焉。

北平体育研究社略史：

社址在西单牌楼北，西斜街五号。于民国元年成立，其教授国术，分徒手、器械两种。于社外附设体育学校及体育讲习所。出版有《体育丛刊》、《体育季刊》。

内三区

又北为前、后英子胡同。再北为粉子胡同，旧农商部所在地。再北为丰盛胡同，旧平政院所在地，实业部地质调查所在此。

实业部地质调查所略史：

本所位于平市丰盛胡同及兵马司，一方为实业部直属机关，一方与北平研究院合作者也。先是民国元年，实业部置地质科。2年，工商部置地质研究所，而地质科则改为地质调查所。3年，工商部并入农商部，二所规模如旧。5年，研究所裁撤，调查所则改为局，未几仍改为所。中间以经费不足，几经停顿。17年后，直辖农矿部，复与北平研究院地质学研究所共同进行。19年，因农矿、工商二部合并，乃改为实业部地质调查所。

本所办事分总务、地质、矿产三股，而馆室陈列则各设主办员管理之。(一)图书馆；(二)地质矿产陈列馆；(三)古生物研究室；(四)燃料研究室；(五)土壤研究室；(六)地震研究室。调查所得

结果，则择要为中西文刊行。计图志、报告、相片有二十余种。

丰盛胡同，旧名奉圣，传因明客氏私第所在得名。但《骨董琐记》、《梼杌闲评》均谓非是。按，辟才、红庙、西斜街以西胡同，最为复杂。较著者为沈篦子、榆钱、跨车、十八半截诸胡同，北连丰盛胡同，西头与沟沿大街相接。自邱祖胡同以北，为卧佛寺，旧称鹫峰寺，即唐淤泥寺。又北为都城隍庙街，庙为元代遗址，有虞集撰碑(详《金石略》)，今名成方街。又北为按院胡同、学院胡同、屯绢胡同、广宁伯街、机织街。中有东、西养马营。又北为孟端胡同。又北武定侯胡同。东为扁担胡同。中有南北直接之大街，曰锦什坊街，南接沟沿大街，北达阜成门大街。

如图自翠花胡同而北，为双辇胡同。又北为弓弦胡同，有半亩园，为李笠翁所创，后为麟见亭宅。内有库司胡同、牛排子胡同、黄米胡同。又北曰亮果厂，志称晾果。其东为大佛寺街，亦曰西大街，路西有大公主府。又北为大、小取灯胡同，国立北平研究院在此。

国立北平研究院略史：

北平研究院于民国16年建议筹备，至18年始择定中海怀仁堂西四所为总办事处。而分设"理化部"于东皇城根取灯胡同，"生物部"于西直门外天然博物院内，"人地部"于西城丰盛胡同及兵马司。其始为北平大学之一部，继有为中央研究院分院之议，终乃为国立北平研究院之独立机关，惨淡经营，刊有成立五周年报告书。本院于学术方面已成立之各项研究所，为图公共事务之便利，乃将物理、镭学、化学、药物各所联合而成"理化部"；生物、动物、植物各所联合而成"生物部"；至"人地部"现仅有地质研究所及测绘组。按五周以来研究成绩，有刊物二十余种外，工作报告一大册，言之甚详。

其西曰八棵槐，旧蒙藏院在焉。其西南北街称东皇城根，今中法大学所在地。

中法大学略史：

中法大学之名称成于民国9年，但其渊源，则远在纪元前6年世界社之组织，因此有民国6年留法俭学会之组织，为介绍留学法国机关之一。同时又创设法文预备学校及孔德学校。前者为中法大学文学院之脉胎，后者为中法大学计画初、中等教育之始基。中法大学乃该社教育事业中之一个学校，但在彼时尚无中法大学之名称。民国9年，就西山碧云寺原有法文预备学校，扩充为文理两科，改称中法大学西山学院，斯时中法大学始正式成立。民国10年，在法国初立里昂学院。民国13年，在阜成门外，成立孔德学校，即中法大学之社会科学院也。民国14年，移文科于北平东皇城根，改为服尔德学院。同时理科改称居礼学院，生物研究所改称陆谟克学院，斯院扩充为甲乙两部，甲部设于城内，乙部设于西山。18年，药学专修科成立。19年，部令备案。20年，

成立镭学研究所。同年成立医学院。又以服尔德院改称文学院，居礼学院称理学院，陆谟克称医学院，孔德称社会科学院。23年，部令社会科学院并入文学院。

又北为大公主府，门在西大街，清宣宗大公主，璠、珣二妃出官后，亦居于此。又北曰苏州胡同，曰宽街。自马市大街路北，旧有那王府右翼官署。再北为隆福寺街，隆福寺对门有饮肆，署曰"灶温"，相传清康熙中，有设灶于此者，附近贫民均就此取暖，因而得名，今以善制面称。

郑孝桴诗：

> 可是成都挟鼻浑，过门时复驻高轩。伯鸾风概何人会，二百年来爱灶温。

寺南为神路街，今改为寺前街。寺之左右有小胡同多处，不悉载。北为钱粮胡同，中国画学研究会在焉。

中国画学研究会略史：

> 会为吴兴金拱北氏于民国9年鸠合同志创办，会址即设北平钱粮胡同。当时会员集二百余人，颇极一时之盛。经前总统徐世昌提倡，日本诸画家均来华造访，爰组中日绘画联合展览会，曾四届展览。金氏邀集京沪同志，连袂游日，载荣誉而归。今金已近世，该会为绍兴周肇祥继续办理，出有月刊。而金氏子开藩组设湖社，继续进行，月出刊物，于艺术仍发扬未已也。

有市立官医院。又北为马大人胡同。又北为什锦花园，为明成国公遗景园故址。中间南北胡同曰南剪子巷。北曰魏家胡同、汪芝麻胡同、嘎嘎胡同。又北为铁狮子胡同。

《增旧园记》：

> 增旧园原名天春园，在安定门街东铁狮子胡同，乃康熙间靖逆侯张勇之故宅也。当明季，为田贵妃母家。名姬陈圆圆者，曾歌舞于此。见吴梅村歌词及名人记载。道光末年，先考竹溪公，由鸦儿胡同析居后，购以万金，因其基而修葺之，故更名增旧园云。

旧海陆军部在其东，顾维钧宅在其西，曾为中山行馆。自大佛寺大街而北，直达于安定门者，曰安定门大街。自铁狮子胡同而北，安定门大街以东，曰府学胡同，文文山祠在焉（事详《名迹略》）。其直贯南北胡同，曰中剪子巷。北曰梯子胡同、白米仓胡同、桃条胡同、细管胡同。又北为大兴县署。其中南北胡同，曰北剪子巷，旧大兴县署，北有花枝胡同、香饵胡同，又北为交道口、吉兆胡同、明堂子大院、澡堂子大院胡同、喇嘛大院。

自交道口而北，曰安定门大街。其东为北新桥大街。北为头条、二条、三条胡同，方家胡同，再北为成贤街，孔庙、国学在焉（详《坛庙名迹略》）。北为大格巷，极乐寺，前、后萧家胡同，牛角湾，五道营。在国子监以东者，砖儿胡同，官书院，汤家胡同，国家胡同。再北为安定门东城根。自东四牌楼而北，为东四大街。其东为北小街，有孚王府，今为文理学院。

北平大学女子文理学院略史：

> 女子文理学院前身，为女子大学及女师范合并而成，在石驸马大街。民国18年，始租定朝阳门内民房（俗称九爷府）为校舍。20年，改称女子文理学院，院设学系，迭有变更。22年，奉令将原有十系并为五学系及两专修科，即哲学教育系、经济系、数理系、化学系及音乐专修、体育专修二科。

其西曰头条胡同、二条胡同。又北为三条、四条、五条、六条、七条、八条、九条、十条、十一条、十二条胡同。又北为辛寺胡同。汪家胡同，汪由敦"时晴齐"在此。船板胡同、石雀胡同、瓦岔胡同。其中南北直达之胡同，在西曰财神庙。在东曰新太仓。又东即北小街，北达东直门大街。自北新桥以东，东直门大街以北，大小胡同甚多，最著者有王大人胡同、永康胡同。北为雍和宫，又东为柏林寺，直达安定门东城根。朝阳门大街中间直达之街，曰北小街。在北小街以东，朝阳街以北，曰烧酒胡同、弓箭营、吉兆胡同，东为五爷府，为空防大院，段执政住宅在焉。以北为旧太仓。其西为富新仓。北为兴平仓，东为南新仓。今已俱废，改为陆军医院、医校、卫生材料厂、陆军兽医学校、病马厂等。东直至仓北夹道。再北为王驸马胡同、蒋家胡同。又北曰东、西宋姑娘胡同。其东有扇子市。北为海运仓、北新仓。朝阳大学居其西。

朝阳学院略史：

> 朝阳学院由前校长汪有龄暨现任校长江庸，纠合同志捐资创设，于民国2年7月正式成立。设法科、商科各系，定名朝阳大学。同年九月，教育部核准立案。民17年，汪校长辞职，以江庸继任，照部令改称朝阳学院。19年，重新立案，同时停办预科，遵部令附设高中，亦于21年，呈准市政府教育局转请立案。

陆军被服厂居其北。仓之东曰弓匠营、库司胡同、堂子胡同。东为南水关。又北即东直门大街。自东直门大街东头以北，北小街以东，中间南北小街，曰药王庙胡同。北为东、西手帕胡同。再北曰羊管胡同。其东有俄国教堂，连延甚广，北至安定门东城根，东北一方亦至东直门城根。在教堂以西以东，小胡同均以十数，不悉载。按，俄国教堂占地三百余亩，有房二百三十七间。其成立历史，据东正总教会发行《二百五十年纪念册》叙述綦详，兹节译于下。

俄国东正教总会在中华北京创设之历史：

　　缘在1685年，有俄国猎户、营业人、喀萨哥兵、偷渡黑龙江，移住中国边界，就地设城，名阿拉巴金。清康熙皇帝，拟定派兵驱逐俄人。后阿拉巴金驻军三百五十名被迫投降。有恋故土返国者，有受俘虏者，余者四十五人入华籍。凡入华籍之俄人，偕同神父马克锡木·烈翁提夫，携眷来北京，于馆中圣母堂中。蒙康熙皇帝编入模范团。拨予北京东北隅地一所，庙宇一座，改建礼拜堂，即今之（北馆）东正教总会是也。此礼拜堂，今已建为两层，上层为行奇迹尼适来乙圣堂，下层为庚子华教众致命殉难之圣墓。神父玛克锡木于西历1712年故去，继其任者为大神父依拉烈翁，奉俄皇大彼得命令，于1715年来北京，为教会之领袖，并兼馆外交，遇事汇齐报告。后有俄国商队来华贸易，此项商队系由俄政府组织遣派，继经中国政府指定玉河桥西为俄商队寓所（即今之南馆俄公使馆是也）。并蒙康熙帝资助，建筑圣堂一座于寓所。惟后来华之阿拉巴金俄人居华日久，率与华妇女婚姻，越数代，除宗教以外，生活习俗及面貌，悉受同化而改变。盖当时中华宗教之信仰有极大之自由，故彼等仍能保其旧时宗教，以及于今日也。其后俄国锡诺德教务公署，规定来华传教神父，每十年一任，其职务专理东正教会堂务及作礼拜堂事宜。俄教士每有暇时，辄习中华言语文学，并从事译著，以广传教。如教士伊沃乞夫，大神你葩拉提，各有著作。1864年，俄国派遣专员掌理外交，从此教会屏去办理外交之事宜，得专力教务。1900年，值大神父英诺肯提乙斐古罗夫斯乞乙，奉令为教会之领袖，适逢中国拳匪变乱之际，教会圣堂悉被毁尽无遗，于此患难中，因合利斯托斯之各殉难，致命中国教众凡二百二十二位。1902年变乱之善后，大神父英诺肯提乙斐古罗斯乞乙升任主教，竭力经营教会，教会亦渐见扩充。（下略）。

内四区

　　自甘石桥大街以北，曰缸瓦市。又北曰丁字街。又北为西四牌楼。又北曰新街口南街、北街。其东有德贝子府，以达于德胜门西城根。自此以东曰大酱房胡同。北为东斜街、西安门大街。又北为马市大街。北为西安市场。又北为大、小红罗厂。曰中毛家湾，曰太平仓，原有庄王府，面积甚广，李纯购之，造太平里。又北即护国寺街，西头旧有张廷玉赐第。稍北曰百花深处，曰太平胡同。又北曰嘎嘎胡同，清名禁卫军街，民国改航空署街，今复原名。又北曰正觉寺，蒋养房胡同，又北为大半截胡同。大、小火药局，大、小铜井，以达于德胜门城根。自缸瓦市直达新街口大街以西，昔日之大明濠以东，丰盛胡同以北，曰兵马司胡同、大阮胡同、小阮胡同。砖塔胡同，旧为内城歌妓所在地。又北曰羊肉胡同。又北即阜城门大街。大街中驾于大明濠上者，曰马市桥，今已平。其东为中央医院，系绅商酿资公建，颇壮伟。又东为

帝王庙，殿宇崇宏。又东广济寺，前毁于火，今重建（均详《名迹略》）。北曰礼路胡同。帅府胡同，因明武宗威武大将军府设此得名，清为鄂尔泰府第。又北报子胡同、受壁胡同、石老娘胡同、南魏儿胡同、大安侯胡同、武王侯胡同、石碑胡同、宝禅寺街。公用库，旧名官衣库。又北为八道湾、金丝沟，直抵西直门大街。大明濠以西，南北直达之大街，曰锦什坊街，有东顺承王府。北曰丁章胡同、锡拉胡同、武衣库、大乘寺。西曰大喜鹊胡同。北曰牛八宝胡同、王府仓胡同。又北曰巡捕厅胡同。又北即阜成门大街之西头。其西即阜成门南顺城街。大明濠西，阜成门大街路北，有白塔寺。寺之东有葡萄馆等胡同。西有老虎洞、官门口等胡同。又西为阜北顺城街。白塔寺后，在东曰回子营。稍西曰火神庙。又西曰葡萄园。回子营之北有翠花街。中间南北胡同，曰翠花横街，高义伯胡同。又北曰祖家街，街以清初祖大寿故居得名。清有端王府，今改工学院及北师学校。

北平大学工学院略史：

　　工学院筹设于光绪二十九年，名京师高等实业学堂，就祖家街神机营军械分所建筑校舍。以绍英为监督。分机械、电气、矿学、化学四科，各科修业年限三年，先设补习科，修业期限二年。民国元年，改称高等工业学校，聘洪镕为校长，另订章制，先设机械、电气、化学三科，增设机织科。12年改建大学。13年正式开学，聘俞同奎为校长。14年马君武继，17年改工学院，改隶北平大学。

　　又北为翊教寺，拣果厂。又为大、小陈线胡同，东观音寺，北魏儿胡同，大仓胡同。又北即西直门大街。由翠花横街以西，火神庙以北，南北胡同曰观音庵，曰东廊下，中廊下，西廊下，福绥境。其西曰东弓匠营，曰太平街，官园。又北曰前、后库胡同。又北曰小后仓，半壁街，老虎庙。又北即西直门大街。自东弓匠营以连于西直门大街之北胡同，曰南小街，曰冰窖胡同。黑塔寺在焉。又北曰宗帽胡同，前、中、后秀才胡同。又北曰井儿胡同，鱼雁胡同。又北小胡同以十数，北抵西直门大街，有靖逆侯张勇故宅。其西为西直门南顺城街。自新街口西达于西直门，曰西直门大街。其中有桥，曰横桥。自此以北，胡同极为复杂。由新街口北街之西，西入之东西胡同，南抵新开路，北抵东校场，其中胡同以十数，今东北大学在焉。其西胡同二十余，俱由北草厂入，西抵火药局。又西为西北顺府街。

内五区

　　内五区。有什刹海，前、后海，积水潭，约占全面积五分一。其余坊巷颇整齐，在海西以德胜大街为经，西为铁匠营，护国寺街。西头麻花胡同，三不老胡同，蒋养房

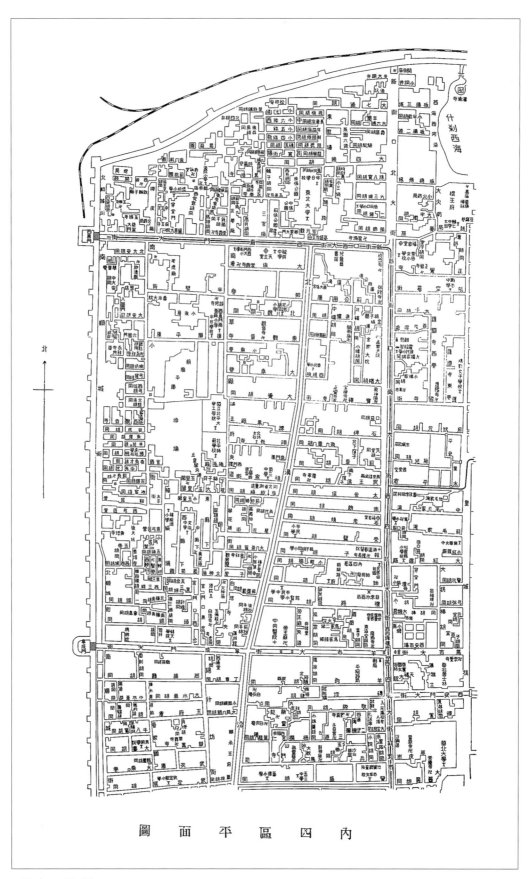

内四区平面图

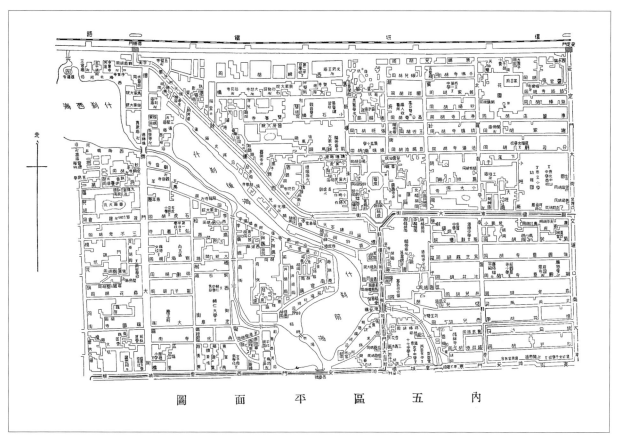

■ 内五区平面图

胡同，铁香炉。北抵德胜桥，高庙止。街东为厂桥，兴化寺街，定王府大街，云趾胡同，缯子胡同，张皇亲胡同，刘海胡同，石虎胡同，羊房胡同，以东为松树街。东头为小西涯，法梧门祭酒诗龛在焉。金家大坑，药王庙街止。前后什刹海之间有三座桥，毡子房，东、西煤厂，恭王府。府为和珅旧第。李广桥南为辅仁大学。

辅仁大学略史：

　　辅仁大学为天主教本笃会所创办，于民国18年创办。同年，购得涛贝勒府，改建校舍。分文、理、教育三院，共分九学系。第一任校长陈垣，中间一度由沈兼士代理，现仍为陈垣。

　　北为大、小翔凤胡同，井儿胡同，南河沿，南、北官坊。银锭桥为前、后海相通之处。其后海与积水潭相通之处，曰德胜桥。桥北有水车胡同。德胜门傍有西水关。以地安门大街为经，街西为白米斜街、烟袋胡同。东为兵将局，有河北第十七中学。东为步驾桥，俗呼东不压桥。宪兵司令部，方砖厂。北为鼓楼。又东以南锣鼓巷为经，巷东为炒豆胡同，旧有僧格林沁府第。板厂胡同，棉花胡同，北兵马司，秦老胡同，前、后圆恩寺，菊儿胡同。肃宁府，明巨珰魏良卿故宅在焉。巷西为福祥寺，襄衣、雨儿、帽儿、井儿、沙井、

黑芝麻胡同，前、后鼓楼院，抵鼓楼东大街。其以北锣鼓巷为经，巷西为小大佛寺，扁担厂，法通寺，琉璃寺，净土寺，纱络胡同，郎家胡同。旧八旗书院在此，今改市立第一中学。千佛寺，东绦儿胡同，巷东为大、小经厂，分司厅胡同，谢家胡同，车辇儿胡同，柴棒胡同，达子庙，灵官庙。其以旧鼓楼大街为经者，东为草厂，宝钞胡同，豆腐池胡同，娘娘庙胡同，王佐胡同，张旺胡同，酒醋局，赵府街，高公庵，玉皇阁，国祥胡同，碾儿胡同。街西为黑虎胡同，前、后马厂，小石桥。北药王庙，迤西为铸钟厂，锡拉胡同，果子观，酱房大院，大石桥，西绦儿胡同，八里沟，醇王祠堂，八步口。入果子市，斜过甘水桥，出鼓楼西大街。

内六区

　　本区所管限于旧皇城以内。其面积旧禁城大内、景山、三海、稷园、太庙约占二分一以上，俱详《宫殿、苑囿、坛庙略》，不重述。兹述西自府右街北段，东达文津街，西至西安门。北平市政府在街东，即旧日集灵囿，清末建摄政王府于此。迤西有光明殿，为明万寿宫，世宗与陶真人讲内丹于此。

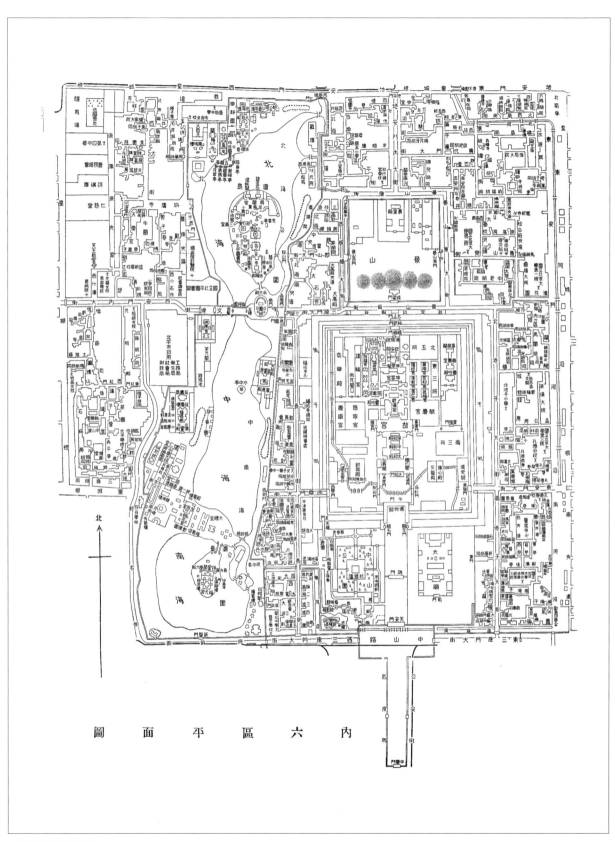

■ 内六区平面图

明王世贞《西苑宫词》：

新传牌子赐昭容，第一仙班雨露浓。袖里相公书疏在，莫教香汗湿泥封。五雷坛上雷一声，海子闸口两纵横。祈灵验后传催赏，马上朱提玉手擎。色色罗衫称体裁，铺宫新例一齐开。菱花小样黄金盒，昨夜真人进药来。两角鸦青双筯红，灵犀一点未曾通。自缘身作延年药，憔悴春风雨露中。

明张元凯《宫词》：

灵药金壶百和珍，仙家玉液字长春。朱衣擎出高元殿，先赐分宜白发臣。

清朝为拜斗殿，高士奇、汤金钊均居此。

清高士奇《赐居光明殿，自城北移家》诗：

客中陋巷为家久，忽讶恩光住苑西。牛背驮书千卷重，担头挑树两株齐。门前金碧瞻天阙，屋内鸾龙有御题。仲蔚蓬蒿十年事，一枝偏借上林栖。

有图样山，为兔儿山之转音。有后大坑，今名厚达里。有石板房头、二、三条，以达于皇城之南面。厚达里之东，有达子营，小菜园，东、西椅子胡同。再东为府右街。西有灰头作、妞妞房、三眼井、饽饽房、转马台、观音堂诸小胡同。

西安门大街路北各胡同，其东为酒醋局。又东曰养蜂夹道。又东各处为明玉熙宫旧址。

玉熙宫《宸垣识略》：

谓在阳泽门内。明世宗嘉靖四十四年，万寿宫灾，暂御于此。万历时，选近侍三百余名，于玉熙宫学习宫戏。崇祯帝每宴玉熙宫，作过锦水嬉之戏。一日宴次，报汴京失守，亲藩被害，遂大恸而罢。自是不复幸玉熙宫矣。

明曹静照《玉熙宫宫词》：

口敕传宣幸玉熙，乐工先候九龙池。妆成傀儡新番戏，尽日开帘看水嬉。

今为国立图书馆（图4），崇楼碧瓦，建筑伟丽。馆前易名文津街。

北平图书馆概略：

清末推行新政，大学士张之洞奏设京师图书馆，就什刹海广化寺为馆址，取南学典籍及内阁残卷为基础。更由江督采进南陵徐氏及归安姚氏藏书若干种，甘藩采进敦煌石室唐人写经八千余卷，是为开馆之始，时宣统二年八月也。学部复奏请拨文津阁四库全书移藏弆，未及实行而鼎革。中华民国建元，继续筹备，8月开馆，供人阅览。2年，设分馆于前青厂。时部议以广化寺卑湿僻远，不便发展。4年6月，以方家胡同成均旧舍为馆址，筹备改组经营两载有余，规模粗立，援据学部前案，由部咨内务部，移取文津阁四库全书来馆。6年1月，复开始阅览。15年，更名

■（图4）北平市图书馆

为国立京师图书馆。17年，易名为国立北平图书馆，电请政府拨中海居仁堂全部为馆址。18年与北海图书馆合组。

北平北海图书馆为中华教育文化基金董事会所设立，经教育部提议合组两馆，由部会订立国立北平图书馆合组办法及委员会组织大纲，于是年8月，接收两馆实行合组。20年，新馆建筑落成，乃合两馆之藏萃于一处，于7月开始阅览。馆址为御马圈旧地及公府操场，共占地七十六亩有余，门阁壮丽，室楼轩敞。馆内组织设八部两会，余分各组：（1）总务部，（2）采访部，（3）编纂部，（4）阅览部，（5）善本部，（6）金石部，（7）舆图部，（8）期刊部，（甲）购书委员会，（乙）编纂委员会。藏书分"旧藏"、"新增"、"寄存"三类。旧藏普通书籍：（1）中文书籍万四千四百三十一部，二十一万二千五百九十五册；（2）满蒙文书籍七十六万三千七百十三册；（3）西文书籍二万七千六百七十二册，小册三万三千零八十二册；（4）日文书籍五千七百余册。旧藏善本书籍：（1）宋金元明清刊本，共一千六百零一部，共一万七千六百九十册；（2）宋元明写本，共一百十二部，共一千五百四十六册；（3）旧钞本四百二十五部，九千五百六十八册。旧藏文津阁四库全书，六千一百四十四函，三万六千三百册。旧藏晋魏唐人写经八千六百五十一卷。旧藏地图绢绫钞纸本六千三百七十八帧，一百四十七册。旧藏金石拓本唐开成石经一百七十八卷。近代金石拓本三千三百余种。新增书籍：（1）中文书籍七千九百零八种，五万九千六百四十七册；（2）西文书籍三万一千四百八十九册；（3）日文书籍七千余册；（4）舆图一千零四十五种，六百六十五册，八千三百八十七幅；（5）金石拓本一千零十五种，一千三百零一册三百零一册，三千九百二十九幅。寄存书籍六千零五十九种，三万二千七百九十二册。藏文甘珠尔经全部乐谱六百余件。版片五百余块。殷墟龟甲兽骨、秦汉瓦当、汉唐铜鼓铜镜，共八百余件。本馆编纂部刊有目录及馆刊等发行。

有静生生物调查所（图5）。

有静生生物调查所概略：

本所为尚志学会与中华教育文化基金会合办。地址：民国17年，在石驸马大街范静生氏故宅。嗣以屋舍不敷应用，由教育文化基金会议，定于西安门内，北平图书馆西首，建筑三层楼房为所址。20年4月落成，迁入办公。而石驸马大街旧址，改设通俗博物馆。陈列宏富，开放任人阅览。自成立八年来，由研究员至各地调查生物状况，并采生物标本，辄远至山西、河北、山东、热河、察哈尔、四川、陕西、河南、湖北、辽宁、吉林、江西、湖南、贵州、福建、浙江、江苏、广东、西康，更由云南深入大、小凉山猡猡居住地。又如海南岛五指岭，皆有会员足迹。历年辛苦成绩，所集标本计十四万八千余件，植物八万余号。其出版之志说图谱，在学术上极有价值。

■ （图5）静生生物调查所

北为栴檀寺。文津街西为旧参谋本部。西为刘兰塑胡同，传为刘銮故居。再西为西什库，天主教堂在其北。又北曰仁慈堂。又北曰第四中学。教堂东曰西什库夹道，有十数小胡同。稍东为赃罚库，今改永祥里。南北炭厂，中有操场，为旧日模范团操场。神武门北为景山。环景山三面各胡同，西曰小石作、大石作、雪池、陟山门。景山西门，雪池东，有魏家胡同，高卧胡同。再北有桥二，曰白石桥。东为景山后大街。有恭俭胡同，原名内官监。南北直达地安门西皇城根。由此西为太平街。东为地安门大街。东西列屋数十楹，曰雁翅楼。又北为地安门。在景山东面，曰景山东大街，间以红墙。东为马神庙，北京大学第一院，沙滩汉花园第二院。

北京大学略史：

前清光绪二十二年，侍郎李端棻请于京师设大学，未果行。戊戌变政，始拨马神庙八公主府（清高宗女额驸福康安）为大学校舍。以孙家鼐为管学，许景澄为总教，丁韪良为西总教。二十六年，改许景澄为管学大臣。拳匪乱作（指义和团起义——本书责编注）景澄奏请停办，旋以直谏被戮。联军入京，俄兵驻校，房舍多毁。二十七年冬复兴大学，派张百熙为管学大臣，吴汝纶为总教。百熙以复兴大学，非徒整顿所能见功，实赖开拓为要务。因设预备、速成二科。预备科分政、艺二种；速成科分仕学、师范二馆；另设外国语言专科为译学馆。二十九年开学，加派荣庆为管学。旋科举废。设进士馆，又设医学馆、实业馆，设大学总监督。宣统元年，改设分科大学，以师范科、预备科、译学馆及各省高等专门生，保送升学。设经、文、法政、格致、农、医、工、商八科。宣统二年二月正式开学，于沙滩建造宿舍。民国元年，改称北京大学，改总监督为校长，各科为学长，严复为校长。2年，译学馆停办。3年，农科改农业专门学校。5年，蔡元培为校长。8年，废除学长，改设教务长。9年，蔡元培赴法，蒋梦麟代理校务。17年，改北平大学，设文、理、法三院。18年，仍

改称北京大学，至今仍之。

有老虎洞。西老、东老胡同。东为嵩祝寺，松公府。北为吉安所，内府库，纳福胡同，蜡库，酒醋局，织染局胡同。再北至河沿，有桥三，曰头道、二道、三道。桥再北，有头、二、三、四、五、六条胡同。再北为箭亭，为旧皇城之东北隅。景山东街，西有黄花门，原为黄瓦门。内有司礼监，碾儿胡同。北有帘子库，西妞妞房，吉祥胡同。其西有慈慧殿，南北月牙。北曰安乐堂。

《彤史拾遗》：

明孝穆纪太后者，宪宗妃，孝宗母也，广西贺县人，本蛮土官女。上尝行内藏，后应对称旨，悦之，一幸有身。万贵妃知而患甚，乃谪居安乐堂。久之生孝宗。（下略）。

又，天安门街东北进为南、北池子（图6）。南池子有石门三。入门东有菖蒲河循河，北转为南河沿、北河沿，堂子，石达子庙。北大第三院，孟公府在焉。南池子大街东为皇史宬，俗称表章库。南湾子，缎库前、后巷，普渡寺胡同，葡萄园。又东为磁器库。临街有箭厂胡同，羊圈胡同等。南池子大街西，有飞龙桥。自南池子大街，均明时南内清初摄政王所居地（详《城垣、名迹略》）。北为门神库，灯笼库。今通故宫博物分院（即太庙）。北抵东华门大街。东有孔德学校。对子圈，有桥名望恩桥。桥上旧有小庙，曰施茶庵，今移建于桥西路北，崇祯帝殡于此。东华门外转北，曰北池子大街，左文襄寓此。街东旧为武备院，今为民居。东有头、二、三条胡同。北为骑河楼。又北有云神庙，风神庙。东有银闸等胡同，直达沙滩。天安门转北有石门三，为南长街。有织女桥。西有升平署，今为华北中学，艺文中学。迤北有律师公会，有中美文化基金委员会办事处。再北，西达西苑门，东达西华门，北为长街。街东旧为都虞司署，营造司署，房租库，今俱改民居。北为福佑寺，清康熙帝幼时，曾居此，内设宝座。今为班禅驻平办公处。

《癸巳类稿》：

伏读圣祖御制文集。康熙六十年，谕令王大臣等，为朕御极六十年，奏请庆贺行礼，钦维世祖章皇帝，因朕幼年时未出痘，令保姆护视于紫禁城外。父母膝下，未能一日承欢，此朕六十年抱歉之处。故正月初七日及二十一日，因念忌辰，庆贺皆不敢承。今西华门福佑寺后殿，奉圣祖大成功德佛九字牌，实当日保姆护御之邸。

街西为奉宸苑，会计司胡同，静默寺，乔道士庙，雷神庙。今为教育会。又北为前宅、后宅胡同，庆丰司。今改三时学会。

三时学会概略：

民国10年，由哲学家韩清静、朱芾煌等，组织法相研究会。以研究印度哲学，明办笃行，自利得他为宗旨。嗣在北长街十五号建置会舍，更名三时学会。会员分修学会员、维持会员为二组，而聘请哲学深邃者一人为学长，其事务则由董事会中推选教务主任、事务主任。"教务"主办讲演、研究、编纂、校勘等事；"事务"主办文牍、收发、会计、庶务等事。学会事业：（一）讲演经论；（二）研究教义；（三）修习心学；（四）流布瑜伽经典；（五）刊行本会述说；（六）提倡唯识法相及因明学；（七）量力成办利他事业。出版书籍：（一）唯识部九种；（二）法相部十种；（三）般若部六种；（四）因明部六种；（五）杂纂部六种；（六）图像部五种。

又北，兴隆胡同，关家胡同，慎刑司。北即三座门。转东为大高殿。西为团城，有中央古物保存会、中国地学会。

■ （图6）北池子

■ （图7）金鳌玉蛛前与三座门

中央古物保管委员会北平办事处概略：

　　办事处在北海之团城。先是前教育部设古物保管委员会暨北平分会，本年1月，依据各地办事处组织通则成立，前后一贯，经营迄未停顿：（一）设备方面，储藏参考书籍反拓片等。（二）保管方面，调查登记华北各地古迹及贵重古物。（三）研究方面，与各学校及中外考古团体合组搜集材料。本处工作编有汇刊发行。

中国地学会概略：

　　桃源张相文所发起，会址在团城内，实地研究舆地。出有杂志。

　　过金鳌玉蛛桥，与文津街接。（图7）

外一区

　　自正阳门而南，至于东、西珠市口，曰正阳门大街。北为东车站，南越城壕为东河沿。又南为打磨厂，为横贯正阳、崇文两大街之孔道。其南为肉市，有广和楼，即昔日之查楼也。其南为鲜鱼口。由此斜出而西者，曰大席儿胡同，冰窖胡同。南达珠市口，斜出而东者，有南、北孝顺胡同，蒋家胡同，豆腐巷，长巷胡同。迤南者为长巷下头、二、三、四条胡同。迤北者为上头、二、三、四条胡同。又东北曰銮庆胡同，高井胡同。东为南深沟，通打磨厂。迤北斜出有施兴胡同。深沟以东为兴隆街。街北为宏福寺，衙门胡同。再东曰贾家花园。再东曰新开路，北官园，细米胡同，大沟沿，板井胡同。有祝姓居此，人呼米祝，明代巨族，至今不替。再东则为东西胡同，曰喜鹊，巾帽胡同，豆腐、莲子、北粉酱胡同，以达于崇文门大街。　自兴隆街而南，庆云巷而东，曰草厂头条，二条上，三条下，三条上，四条下，四条上，五条下，五条上，六条下，六条上，七条下，七条上，八条下，八条上，九条下，九条上，十条胡同。

《天问阁集·甲申贼者传》：

　　顾懋，北京芦草园四条胡同妓也。贼破城掠去，一日乘贼醉，解已红丝带缢贼死，即自缢，不得即死。他贼至，执之见巨贼刘宗敏。宗敏曰："系何如此"？顾氏曰："本不过妓。只是见京师忽改变，不见旧时朝廷，甚愤不能平，故死耳"。又问："欲死，死耳，何杀我人？"曰："实欲取快，不思后矣。"宗敏怒，命支解之。按：芦草园无四条胡同，当是草厂四条胡同，与芦草园相近耳。

　　又自草厂二条而南，曰北、中、南芦草园。再南曰靠山胡同，南抵东柳树井。自芦草园以东，曰北桥湾，曰关帝境，曰八角胡同，南抵三里河大街。为元之船埠，由此达通惠河。自草厂十条而有湖南会馆，有铁香炉，奋章大院，南官园，阎王庙前、後街，打鼓巷，北五老，牛角、鸟枪等胡同。苗家大院，广兴园大院，东至崇文门大街。在此以南各胡同较著者，薛家湾，河泊厂，平乐园，东茶食胡

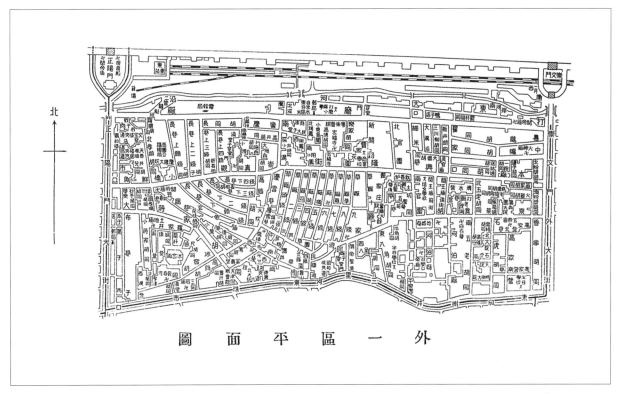

圖　面　平　區　一　外

同，地藏庵，南五老，白衣庵，黄雀胡同，北大院，槐树大院，石虎胡同，高家营。再南亦抵三里河。

外二区

自正阳门而西为西车站。越城壕而南为西河沿。由西口而南曰珠宝市。再南曰粮食店，南达西珠市口。由珠宝市而西，曰廊房头、二、三条胡同。再南为大栅栏，大商店集中于此。又南为大、小齐家胡同，王皮胡同，蔡家、施家胡同，掌扇胡同，云居寺胡同，湿井胡同，甘井胡同，南达西珠市口。西河沿往西南，有排子胡同。又西曰大耳胡同，石侯胡同。又西曰五斗斋，花枝胡同，延寿寺街，辽宋时寺宇极大，附近均为庙基。廊房头条以西，曰协资庙，原名蝎子庙。北火扇、羊肉、茶儿、笤帚、炭儿胡同、南火扇。又南为取灯胡同，再南为杨梅竹斜街。自延寿寺街而西，西河沿而南，有佘家胡同，百花园。再西即新华街，即昔年之琉璃窑厂，师范大学在焉。

师范大学略史：

师范大学校创始于前清光绪二十八年之师范馆，旋改为优级师范科及京师优级师范学堂。民国元年改为北京高等师范学校。12年改为北京师范大学。16至18年，政局递嬗，本校隶属屡更，名称迭易。至20年7月，教育部训令改组，以本校与国立北平大学女子师范院合组为国立北平师范大学，分设教育、文、理三学院。并将前女子师范学堂附设之研究所，改为研究院。附属中、小学及蒙养园，分别改名，直隶本校，基础于此确立。

再西曰前、后铁厂，香儿胡同，北柳巷。又西曰香炉营头条，上、下二条，上、下三条，上、下四条，上、下五条，六条。其南曰海北寺街，朱竹垞故居，"古藤书屋"在此。

张朝墉诗：

鸳鸯湖畔擢歌声，朱十天才得未曾。惆怅城南海波寺，春风吹老百年藤。

旧名海波寺。又南为前、后青厂。又西曰方壶斋。永光寺中街、西街。又西曰赶驴市，北极庵。曰茶食胡同，

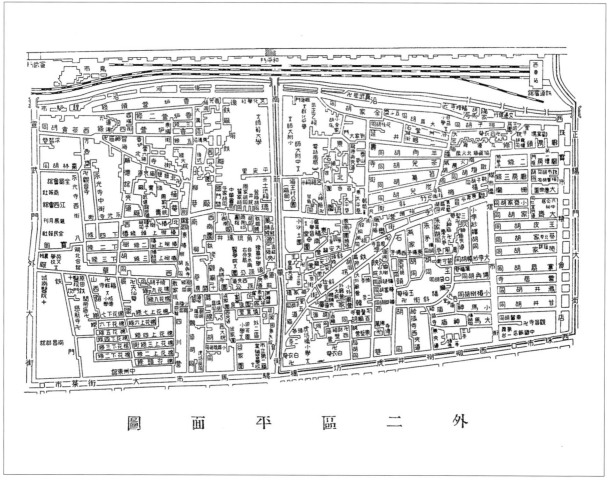

■ 外二区平面图

以达于宣武大街。自廊房西口以南，曰煤市桥，南接煤市街。西为杨梅竹斜街，樱桃斜街，观音寺，李铁拐斜街。其南之南北胡同，曰小李纱帽胡同。火神庙夹道，王士祯故居"得树堂"在此。

张朝墉诗：

　　一代扶舆老斫轮，虚堂得树净无尘。两家门巷春如许，难得愚山是近邻。

　　朱家、朱茅、杨茅胡同，燕家胡同，石头胡同。再南为大李纱帽胡同，留守卫，博兴胡同，王广福斜街，大马神庙。南为给孤寺，昔为粥厂，今为驻军之所。有东西夹道，以连于西柳树井。自石头胡同以西，曰陕西巷，大、小外廊营。稍南为韩家潭，相传清朝韩元少尚书曾寓此。百顺胡同，胭脂胡同，南即虎坊桥大街，纪晓岚故居"阅微草堂"在此。

张朝墉诗

　　鬼魅狐魅佐清谈，绝世聪明纪晓岚。为问草堂在何处，虎坊桥北与桥南。

　　西为五道庙。自杨梅竹斜街而西，曰一尺大街。西为琉璃厂。西为厂甸，今建海王村公园。东有火神庙，今为文化商场。厂甸东南有桐梓胡同，东南园，大安澜营，沙土园，小安澜营。南为臧家桥。厂西头，南为八角琉璃井，西南园。西为南柳巷，西南园。南曰铁老鹳庙。再南为十间房。东为孙公园，退谷孙承泽故居，今为皖会馆，有北平大学医学院。

北平大学医学院略史：

　　医学院，原于民国元年，就前清医学实业馆改医学专门学校。次第设立解剖实验室，化学实习室，病理组织实习室，内科检查室，助产练习所等。4年改正门于后孙公园，以八角琉璃井原大门为后门。民12年，筹设大学招收学生。13年1月，任洪式辟为大学校长，专设本科、预科两级。17年，改隶北平大学，称医学院，以徐诵明为院长。18年，接收背阴胡同审计院旧址，为附属医院。21年，举办二十周年纪念，对于创办之汤尔和及任职二年之周北声、吴光鎬，表扬劳绩。

　　再东为孙公园夹道，以达于新华街。十间房以南为梁家园，旧为水泊，明刘定之有"梁家园泛舟记"。南达大街。西有麻线胡同，魏染胡同，均连骡马市大街。旧时死活骡马，均于此买卖，见《燕京访古录》。南柳巷西为东椿树胡同，有椿树上头条，下头条，上二、下二条，上三、下三条。中曰西椿树。再南往西，曰西草厂，达宣武门大街。魏染胡同西，西草厂以南，南北胡同有敷家坑。南为四川营，秦良玉驻兵处。西为裘家街，山西街，铁门。四

川营西有棉花九条、八条、七条、下七条、六条、下六条、五条、下五条、四条、下四条、三条、下三条、二条、下二条、头条，以达骡马市大街。

外三区

　　自崇文门大街路东，有上头条、上二条、上三条、上四条胡同。再南为崇恩观。又南为花市大街。其东之南北胡同，为北羊市口、南羊市口。北羊市口以东，为中头条，中二、三、四条。再东南北胡同为小市口、南小市口。东为下头条、二、三、四条。又北为蟠桃宫。又东为铁路，经行处旷野无居民，直抵城垣矣。其花市以南，为手帕胡同。自北至南为汪太乙胡同，英子胡同。北河槽。其南为榄杆市。北河槽以东稍著者，为上、下堂子胡同，上、下銮庆胡同，上、下唐刀胡同。东为旷地，极东卧佛寺、天龙寺在焉。由此以南为广渠门大街。大街东南直抵天坛之东，多空旷，只三数庵寺点缀而已。其西南与榄杆市相对者，曰马尾胡同，东马尾胡同，东、西利市营。南为电车停车厂。南河槽以东为半壁街，厅儿胡同，火神庙大街，米市口，细米巷。南抵法藏寺。再南为铁路入城处。

张朝墉诗：

　　左持尊酒右持螯，使倚山堂夜月高。燕子不来春又暮，红尘十丈浣征袍。

外四区

　　自下斜街而西其间多义冢，再西曰观音寺，又西即西便门大街，街之西曰染房胡同，稍南曰太平街，曰前、中、后兴隆街，再南曰西北、东北、东南、西南。出宣武门而南，曰宣武门大街。再南曰菜市口，为昔日刑人地。自宣武门西城濠绕之濠曰头庙。再南曰上斜街，顾侠君"小秀野堂"在此。

张朝墉诗：

　　小顾风流天下稀，日游燕市醉忘归。安排老作京尘客，秀野堂开柳十围。

　　南为达智桥，原名炸子桥，松筠庵在焉。稍西曰储库营。又南曰校场头条，二条，上、下三条，上、下四条，上、下五条，小五条，六、七条。再南为校场胡同，南为校场口。自此而西为老墙根，辽金城遗址。西大道口，下斜街，有赵恒夫"寄园"，今为浙江会馆。

张朝墉诗：

　　月张园里水平堤，月张园外晓烟迷。春老斜街人不觉，卖花声过板桥西。

■ 外三区平面图

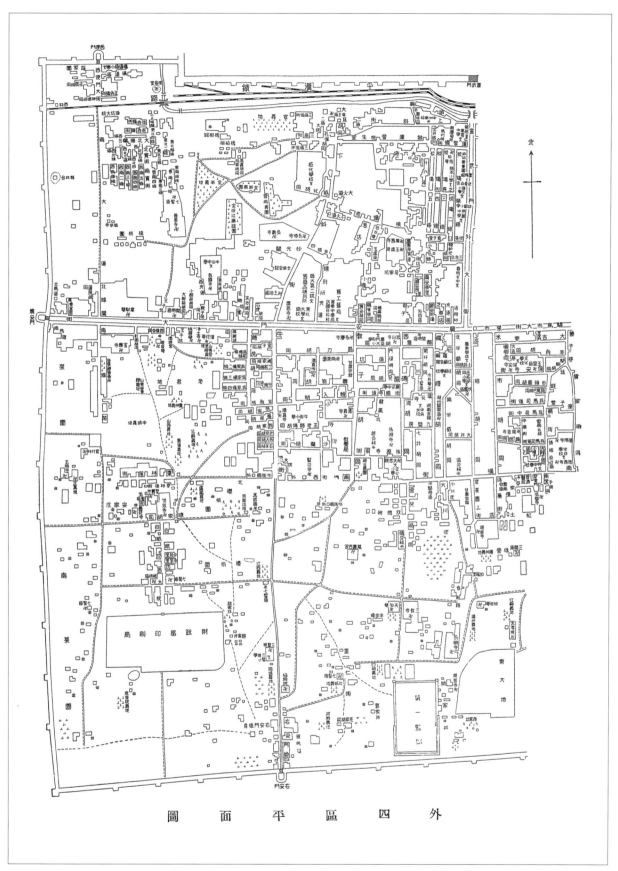

■ 外四区平面图

四眼井再南为旧日工艺局，今废。东有广安市场，门临广安门大街，徐健庵"碧山堂"在此，今为扬州会馆。

头二、三、四、五条胡同。中间有南、北宽街。东南头条之南，曰善果寺，为西便门大街之南头。其西曰莲房胡同等。其西有大、小锥把胡同等。再东为贡善堂，平安巷。再东即下斜街南口。广安门大街以南，地多空旷，稍东为宝应寺，糖房胡同，人烟稍稠密。南至道士观，东达牛街。街为回教徒萃居之所，有清真寺，有门楼甚华丽（图8）（详《名迹略》）。有一、二、三、四、五、六、七巷，惟一巷在西，余均在东。有胡同十余。再东，东达教子胡同，王文简"熙怡园"在此。

张朝墉诗：

> 小山丛桂帐斜晖，弦管嘈嘈花乱飞。玉殿归来此高卧，更无剥啄到林扉。

王兰泉"蒲褐山房"亦在此。

张朝墉诗：

> 一领褐衣坐晚风，诗传湖海气如虹。若从世界夸金石，两汉三唐指顾中。

自此以东，曰西砖儿胡同，醋章胡同，门楼胡同，法源寺后街。西为白帽胡同，桑园街。自此以东，曰烂缦胡同，原名烂面胡同，一作懒眠。汤右曾"接叶亭"在此。

张朝墉诗：

> 丝纶阁下拜天章，诏许随鸾避暑庄。赢得王郎图画在，荒亭接叶看莺藏。

南曰九间房，七井胡同。南横街之西，烂缦胡同以东，曰北半截胡同，南半截胡同。旧有广和居饭庄，为清季文人走集之所。

张之洞诗：

> 都官留鲫为佳宾，作鲙传方洗洛尘。今日街南逢柳嫂，只缘曾识旧京人。（原注：陶凫香宗伯以西湖五柳居烹鱼法授酒家，名陶菜。按，所谓酒家，即指广和居也。）

夏孙桐诗：

> 画壁旗亭结习存，赵行秦草各专门。周髯竟欲移尊避，抹杀颜家屋漏痕。（原注：壁上多赵㧑叔、秦谊横所书，屏联秦书尤多。周少朴前辈与持论不合，每觅座必择室无秦书者。文人结习，亦可留一谈柄。）

郑沅诗：

> 历历清游似眼前，黄公垆下太凄然。高阳徒侣今何在，难忘璘斑碧血年。（原注：往时京朝小集，多就城南广和居。三十年来，知旧零落，追思昔游，何可复得。小诗意指戊戌之杨叔峤、谭复生二君及庚子之刘葆真前辈，皆与余同饮此肆也。）

■（图8）牛街清真寺门楼

丞相胡同原名绳匠，有陈元龙故宅"爱日堂"。米市胡同，有南海会馆。戊戌政变，康有为、谭嗣同均寓此，谭即于此被捕。中间有大、小井儿胡同。自此以东，在北曰果子巷。在南曰贾家胡同。于此中间胡同颇错杂，东西相贯者，北曰大吉巷，保安寺街。同光间，李莼客居此。兵马司后街，达子营，兵马司前街。东有羊肉胡同，包头章胡同。其东由北达南者，曰驴驹胡同，延旺庙街，张相公庙街，以达于南横街。清初徐健庵尚书"南园"在此。南横街与骡马市、广安门大街为平行。其西头南曰盆儿胡同，大川淀，小川淀。东为珠巢街。其南为土地庙，为南堂子胡同。自牛街以南，直达于右安门，为右安门大街，两旁多田园、墓。西有白纸坊，昔为制纸作坊所集，故民居成聚，财政部印刷局在焉。稍东北为崇效寺。再东为南下洼。

外五区

自正阳门大街过东、西珠市口而南，以达于永定门，曰天桥。桥之东西，商贩云集。南为天坛，先农坛（俱详《坛庙略》）。坛西有体育学校，并国术馆亦拟坛内广成官设立。

体育专科学校成立史：

体育学校系胎胚于体育社与国术馆。先是民国17年，成立国术馆。其组织分总务、教务、编审三科，教授与体育研究社大致相同。设进习、训练、专修各班，及国术观摩会联合会。其出版物有《太极拳图解》及《太极拳运动顺序》等，并发行体育月刊。23年，择先农坛西偏，设立体育专门学校，任许霭厚为校长，内分必修科、选修科二种，修业期限三年，备小学体育师资之用。

自东珠市街至天桥，东曰草市街，狗尾巴胡同，王大院，十五间房，老虎洞。东曰精忠庙街，半壁街，扁担胡同。南曰东大市。东曰苏家坡，井儿胡同，一尺胡同，卧牛胡同，金鱼胡同，再南即金鱼池。自卧牛胡同以东，曰南桥湾，鞭子巷，及头、二、三、四条胡同。东为金台书院旧址。南为东极官，明因寺，清化寺。东为东晓市。南为红桥，前桥。东即磁器口大街，南达于天坛之北墙。自

西珠市以南，其南北经路曰铺陈市。东西之经路，北曰校尉营。南曰九道湾。再南曰鹁儿胡同，沙园胡同，四圣庙，赵锥子胡同。其西曰莲花河，花枝胡同，斗姆宫。西曰岳王庙大街。往西转南，为留学路，原名牛血胡同。曰养羊胡同，板章路，王家大院。南曰香厂。又西曰万明路，为民国以来，新辟之通衢。自此以西，曰阡儿路。西有太平巷。南有五圣庵。南为虎坊路。其西曰下洼子，亦曰南下洼。三圣庵。再西曰铜法寺。又西曰粉房琉璃街。又西潘家河沿。再西北，果子巷南，即贾家胡同。南横街东头之南，有黑窑厂。北有三圣庵。南有窑台。西有火神庙，又西龙泉寺。稍南龙爪槐，即龙树寺。又南为陶然亭，有鹦鹉冢，香冢，醉郭冢墓等。南达右安门城根。

附郊图二幅（东南郊图、西北郊图）

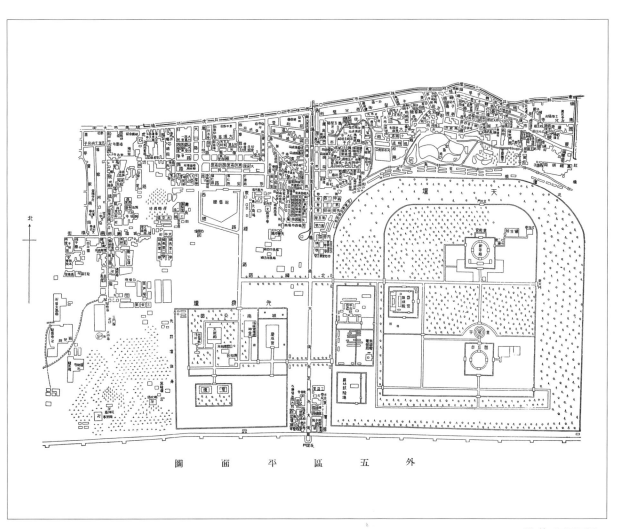

■ 外五区平面图

圖 郊 南 東　（一）

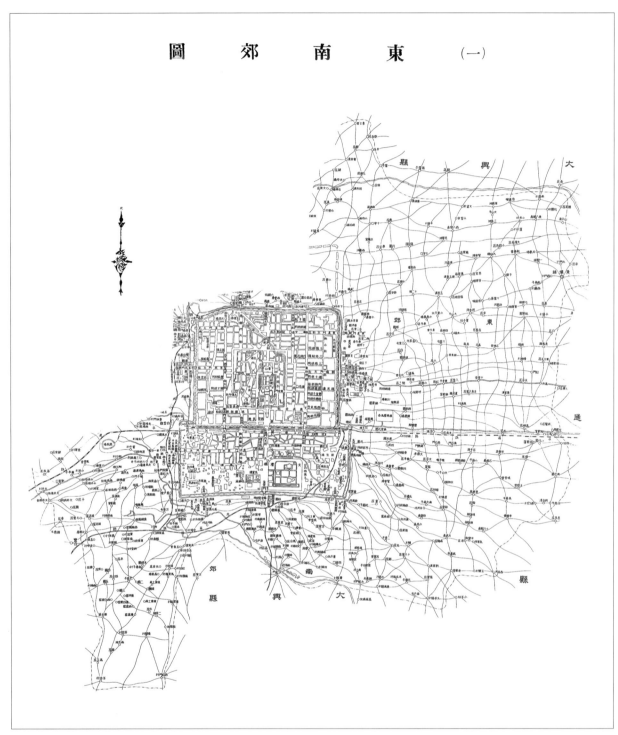

■（一）东南郊图

（二）　圖　郊　北　西

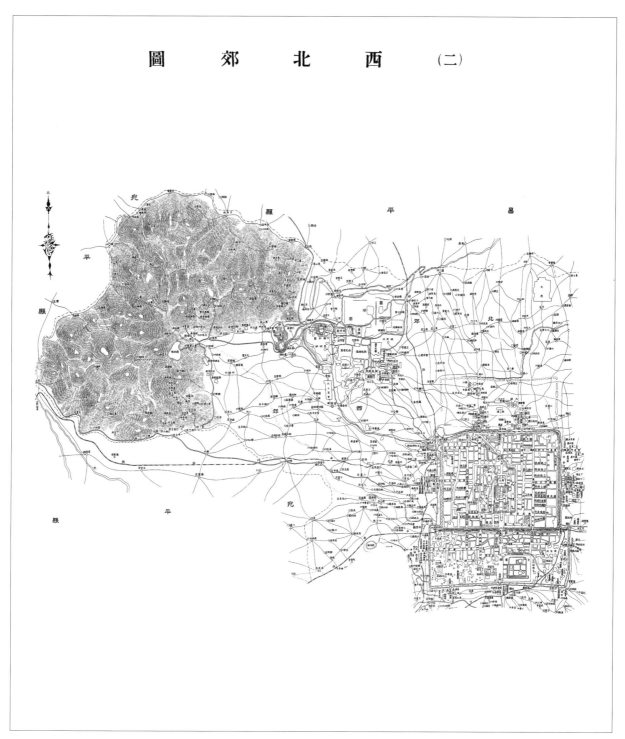

■（二）西北郊图

陵墓略

华表龙藏,红箫牛领;凭霄千古,封雨一坯。顾囊括河山,所得不过片土;剑悬梅棘,相期无渝生平。兴败两忘,今昔同瘗。夫中都木拱,平坡草青,闵汉族之衣冠,篮天永寿;数园邱之树蘽,拓地长灵。况夫云日阴翳,川原回合;神与古会,意共境迁。流连则风景未殊,凭吊则室人不远。仰瞻熄迹,旁阐幽芬。作《陵墓略》,第六。

历辽、金、元五朝,宅都帝王陵寝宜若众多,然本编但纪明陵。其清东、西陵,以远在数百里外。金诸陵虽近在房山云峰山之下(《畿辅通志》),但半已荒芜,石碑、石马、翁仲无一存者,亦无可纪述。至若元代起辇之制万马践踏,不成陵形,更无可推求。又若名人墓地,亦但取卓荦忠义之士或与历史兴亡有关者。其达官贵人,声施不闻于后世者,无传焉。

■ (图1) 长陵石牌坊

明世祖陵 日长陵，在昌平县之黄土山，改封曰天寿。其山脉自昆仑积石蜿蜒，东接太行、玉带、神岭诸山，若拱若抱至西山，而灵秀会结于此。阴阳开阖，沙岸回环，加以林树封植，郁葱佳气中，翠瓦金铺，盖增邱壑之美。未至山跌，遥睹白石碑一座（图1），镌刻精巧。稍北过石桥二里，至大红门，入门里许，则崇亭矗立。中有穹碑，高三仗，龙头龟趺，题曰"大明长陵神功圣德之碑"。亭外四隅，有汉白玉石柱四，刻蛟龙环之。又北二里，为棂星门。门之南，立石人十二，俱高丈许（图2）。石兽二十四，各二立二蹲（图3）。石柱二，刻云气，夹峙神道之旁（图4）。过棂星门里许。名武坡。坡北一里。大溪横之，架大石桥二。过石桥二里，至长陵殿门。神道门内，东神厨五间，西神库五间。重门三道，曰祾恩门。门内有神帛炉。其上为享殿，曰祾恩殿（图5），九间，重檐，高三丈，面宽十丈，内连五层四十五间。殿内楠木明柱四十余根，高三丈，大二人合抱。中间楠木大龛一，供皇帝牌。殿后为门三道。又进为白石坊门一座，再进为石台，台上有朱砂石碑，书"成祖文皇帝之陵"（图6）。又进为宝城，周围二里（图7）。城内有穹顶。土山上植松柏，下有水沟，内有金井石床，即皇帝金棺所在也。

按，十三陵惟长陵最为壮丽，以年久失修，大半颓废。民国24年，拨款重修，浸复旧观。泉唐黄郛为文纪其事：

重修明长陵"碑"：

所谓民族精神者，曷寄乎？必有人焉，于非常之时，以非常之力，成非常之功。其余威远略，足以垂曜千百年，俾后之人瞻仰遗迹，而顽廉懦立。若黄帝之桥山、汉武帝之茂陵、唐太宗之昭陵、明太祖之孝陵，其庶几哉。明成祖经略朔漠，兵力远及胪朐、斡难、顾大宁三卫，旋设即废。长城内外恒为角逐之场，燕都有逼近边墙，首当其冲，宜若非所以妥至尊者，成祖独毅然建北京而定鼎焉。且就天寿山起长陵，以示世子孙永奄穸于兹土。盖岩疆也，而视为全国首要之地，竭全力以赴必守之决心。故终明之世二百七十有七年，燕云十六州，不致蹈晋汉周宋之覆辙者，实成祖之毅力使之然。遗迹所存，畴不肃然以起敬。长陵规制，崇闳壮丽，近古无其匹。后此献、景、裕、茂、泰、康、永、昭、定、庆、德诸陵，降杀有差。景德崇祯，益复不侔。然顾亭林记昌平山水时，长陵松柏行宫与感恩殿、工部厂内监署均毁失矣。又二百六十余年，而入民国，又越二十三年，而迄于今。风雨冰雪所摧残，雉兔乌菟所残贼，朝市迁贸，宜非旧观，而游览者犹愕眙叹息不能去。乃者，国民政府普颁明令，保护古物，先朝建筑，凡具有历史价值者，一体缮完封守。郭适奉命来驻北平，秉承中央意旨，以见诸行事。燕蓟故都，绵历五朝史迹所遗，举加维护，缅怀遗烈。首葺长陵，爰命司匠鸠工庀材，凡修整大红门、长陵碑亭、棂星门、殿门、祾恩门、神帛炉、祾恩殿、宝城甬道、明楼前黄琉璃屏，以至御道陛阶等十余处。北平特别市市长袁良，实董其役，以中华民国24年5月30日竣事。呜呼！成祖之伟略琼哉邈矣，来者其毋忘此一长陵，实为吾民族在精神上之一大长城也。中华民国国民政府行政院驻平政务整理委员会委员长兼内政部部长泉唐黄郛记。

■（图3）长陵石兽（一）
　石马

■（图2）长陵石翁仲之一

■（图2）长陵石翁仲之二

■（图3）长陵石兽（二）石象

■（图3）长陵石兽（三）石驼骆

■（图4）石柱

■（图5）祾恩殿

仁宗陵 曰献陵。洪熙遗诏："朕临御日浅，恩泽未洽于民，不忍重劳。山陵制度，务崇俭约。"故献陵规模，于诸陵中为最狭小。陵在天寿山西峰之下，距长陵西少北一里。自北五空桥北三十余步，往西为献陵神路碑亭，内竖碑，如长陵，无字。进棱恩门。无角门。殿五间，单檐，柱皆朱漆，直椽皆三道，平刻为云花。殿后有门，为短檐属之垣。垣门后土山，曰玉案山。辟神路于玉案山之右。小桥跨沟水，水自陵东来，过桥下，会于北五空桥。山后桥三道。又进为门三道，并如长陵，而高广杀之。甬道平填宝城小冢。榜曰献陵。

杨士奇《谒献陵》诗：

去年侍从谒长陵，此日重来怆倍增。春柳春花浑似昔，献陵陵树复层层。君恩追忆不胜哀，老泪干枯病骨摧。陵下一来肠一断，余生知复几回来。

宣宗陵 曰景陵。天寿七陵，惟景陵规制独小。嘉靖十五年，稍廓大之。陵在东峰下，距长陵东少北一里半。自北五空桥南数步分，东为景陵神路，至殿门三里。碑亭门庑如献陵，殿五间，重檐。阶三道，其上平刻为龙形。宝城长而狭，榜曰景陵。

英宗陵 曰裕陵。在石门山，距献陵西三里。自献陵碑亭前分，为裕陵神路。其制，金井宝山，城池一座，照壁一座，明楼、花明楼各一座，俱三间。香殿一座。五间，云龙五彩贴金。朱红油石碑一。余如诸陵制。明自高庙至宣庙，皆以人殉葬。英宗大渐，时召宪宗至榻前，谓之曰："用人殉葬，吾不忍也。此事宜自我止，后世子孙，勿复为之"。后遂为定制。

宪宗陵 曰茂陵。在聚宝山，陵裕陵西北一里。自碑亭前分，西为茂距神路。有石桥一，空制如裕陵，榜曰茂陵。十二陵惟茂陵今独完好，它陵或仅存御榻，茂陵则簠簋之属犹有存者。

程敏政《望茂陵》诗：

茂陵宫殿郁参差，已近先皇发引时。上界莺声应载道，北山龙脉又分支。递迁九室藏新主，会遣千官奉节祠。惭愧十年叨讲幄，一言无补鬓如丝。

孝宗陵 曰泰陵。在史家山，距茂陵西少北二里。自茂陵碑亭前分，西为泰陵神路。路有石桥，五空。贤庄、灰岭二水迳焉。碑亭北有桥三道，皆一空。制如茂陵，榜曰泰陵。

■（图6）长陵朱砂碑

■（图7）长陵宝城

何景明《谒泰陵》诗：

世切如云望，大摧格帝功。弥留念诸将，顾命托三公。玉
几星辰上，充宫霜露中。松楸恸哭地，白日起悲风。

武宗陵

曰康陵。在金岭山，距泰陵西南二里。自
泰陵桥下，分西南为康陵神路。山势至此折而南，故康陵
东向。路有桥，五空，锥石口水迳焉。制如泰陵，榜曰康
陵。康陵去红门三十里，十二陵中最僻远者。陵背负五峰，
形如青菡萏。旧名莲花山，灌木阴森，望之不见土石，长
松大者数十围。

马汝骥《望康陵》诗

康陵接泰陵，西极紫云层。暮倚金门柏，秋攀玉殿藤。地
灵原有待，天寿岂无凭。洒泪还佳节，龙髯不可升。

世宗陵

曰永陵（图8）。在十八道岭，后改名阳翠
岭，距长陵东南三里。自七空桥北百余步分，东为永陵神
路，长三里。有石桥，一空，有碑亭。如献陵，而崇钜过
之，其明楼三面，皆为城堞。榜曰永陵，规制壮丽精致，
长陵不及也。初永陵成，世宗登阳翠岭，顾谓工部臣曰：

"朕陵如是，止乎？"部臣仓皇对曰："外尚有周垣未作。"
乃筑方墙围护，特异诸陵。墙内外皆植括松，殿后之左有
卧松，卧而复起，西向三折而始上。

公鼐《谒永陵》诗：

帝座明江汉，河清应圣人。规模千古上，制作百王新。弓
剑瞻遗像，风云想旧臣。桃花流涧壑，长见永陵春。

穆宗陵

曰昭陵。在大陵山，距长陵西南四里。自
七空桥北二百步分，西为昭陵神路。石桥五空，德胜口水
迳焉。余如康陵，榜曰昭陵。

神宗陵

曰定陵。在大陵山，距昭陵北一里。自昭
陵五空桥东分，北为定陵神路。碑、桥、垣、殿，悉如永
陵（图9）。

叶同高《谒定陵》诗：

康衢何处不歌谣，五十年来荷帝尧。泰运正当熙洽会，乾
坤独揽圣明朝。风传天语来三殿，日丽宸章下九霄。漫说深
宫娱晚岁，忧勤壑虑几曾消。

一望陵京气郁葱，萧萧松柏起悲风。长留日月光天壤，

更借烟云护寝宫。仿佛翠华驰道里，清凉踯路梦魂中。伤心最是攀髯日，独有微臣抱帝弓。

光宗陵 日庆陵。在裕陵西，俗传为景泰洼是也。先是景泰中建为寿宫，英宗复辟，景帝葬西山之麓，陵基遂虚。光宗上宾既速，化卒不能择地，乃用此为陵。在天寿山西峰之右，距献陵西北一里。自裕陵神路小石桥下分，东北为庆陵神路。制如献陵。

熹宗陵 日德陵。在双锁山潭子峪，距永陵东北一里。自永陵碑亭前分，北为德陵神路。制如景陵，殿柱饰以金莲，殿后无门。榜日德陵（图10）。

吴惟英《长陵道中望德陵》诗：

一望长陵路几盘，葱青秀色马头看。烟岚掩映依玄隧，松桧透迤拥翠峦。梧野乍含秋气肃，鼎湖遥带夕阳寒。神孙咫尺龙升处，惆怅临风泪不干。

怀宗陵 日思陵。在天寿山西口外鹿马山。先是崇祯十五年壬午，田贵妃薨葬于此。怀宗殉国，帝后梓官置沙河昌平。士民醵钱募夫，启田贵妃陵，移妃于右，帝居中，周皇后居左。清初诏，缮治陵寝，以符皇制，惟少府金钱，皆小民正供，不宜动用，又不忍阙略，布告方州，开导恫忱，交相输助，以为凡兹臣庶，凤沐前朝之泽，宁

■ （图9）定陵

无故主之思，各随心力，共佐经营。于是民力国帑上下输集，闳寝灵宫，雕砌如制。明楼四窗，高碑一丈，题曰"庄烈愍皇帝之陵"。

《菊隐纪闻》：

明初有玉鸽十二，从南方来，飞集燕山。识者谓，北平当王。盖兆燕山十二陵也。

《昌平山水记》：

天寿陵，故为康家庄，长陵东百余步，有土一邱，康老葬焉。康老者，明初以前人也。文皇帝卜斯地作山陵日：安死者，人之同情也。命勿去。

■ （图10）德陵

景帝陵 在宛平县西金山口。前为亭殿，为神库、神厨、宰牲亭、内官房。陵前坎窞，树多白杨及椁。明成化年，建碑亭于门左。嘉靖二十一年，以神碑偏左，非制，乃改建于陵门之外。清乾隆时，设陵户，照昌平州例。

清王士禄《过景陵》诗：

景星决策仗于公，定变支危社稷功。南内已殊淆圣没，绝沟何异鲁昭同。玉鱼杀礼虚幽寝，苍鼠惊人窜败丛。莫向空山纷感慨，十三陵树各悲风。

袁枚诗：

两地当年一曲栏，西山槁葬草漫漫。目夷守国才何大，叔武迎君事本难。金锁门高星象动，玉连环山泪珠干。阿兄南内如嫌冷，五国城中雪更寒。

清王士祯《过明景帝陵怀古》：

金山南临裂帛湖，荒陵十里鹧鸪呼。夺门事往二百载，行人过此犹欷歔。红墙剥尽古瓦落，莓苔溜雨生铜铺。老松杂立色枯槁，但穴蝼蚁余根株。蕲涂龙辅礼本杀，刬乃劫火经樵苏。咫尺天寿云气镂，坏土犹葬西山隅。洪宣老臣稍凋丧，国成一旦归刑余。勃提之间史所贬，讵有宣寺干征诛。黄山惨澹鼓声死，万乘一掷成累俘。国有君矣社稷重，孙申谋郑无差殊。白登城南翠华返，钱塘司马功难诬。纷纷南渡议和战，乃知计左非良图。全寅之占信奇中，朝衣东市嗟何辜。剑同归来西内闭，唐家国父输贤妃。处人骨肉事非易，子臧季札今则无。功罪千秋有特笔，九鼎一发须人扶。谥同泉鸠理太酷，纪年犹幸无革除。裁令流水credit亦足，宁论玉匣珠襦。欲落不落夕阳下，吊古且复立斯须。残碑灭没牛砺角，石獾横卧苍鬈须。君臣一代尽宿草，雍门太息当何如。

金山口北八里，为黑龙潭，一丘一碑。碑曰"天下大师墓"，相传即建文帝墓也。正统间，自滇还京，迎入南内，号曰老佛，卒葬西山，不封不树。虽史迹淹没，无可考证，而景陵在其南，龙祠在其北，黄藟绿树，碧殿丹垣，冈叠层螺，潭澄玄镜，幽暗情态，固可留连向往矣。

衣 冠 冢

民国孙总理衣冠冢 在香山东麓碧云寺金刚宝座塔石盒内。冢外山泉环抱，洞壑西衡，水态云容，占风物之美。而伟烈丰功，更使山灵光辉万古矣。

总理于民国13年薨于北平。国民党人恭奉遗骸，暂安塔盒。18年，国都南迁，乃迎赴南京。按，此茔地本为明奄人于经及魏忠贤先后所经营，翁仲、石麟、羊、马森列，扶阑皆以白玉石为之，雕刻精巧。僭拟山陵，天殛其魄，二竖终不得厕骨其间。乃知三百年神灵呵护，预为首出元勋，名山冠履之藏，盖非偶然矣。

墓

燕灵王墓 （详《金石略》）。

燕康王墓 （详《金石略》）。

汉郦彻墓 在广渠门外北八里庄南坡上。古埠高可四尺，墓前有井。相传墓中常见怪异。明万历初，有丘太守名瓒者，墓其侧。丘先欲发视，坚不可动。寻梦郦蹼头朱衣来言："先生身一辈人，尺寸地宁不肯见让耶？"乃止。郦所著有"隽永八十一篇"。书不传而坟传。

明莱阳左懋泰诗：

广渠门外三尺土，蓬蒿满地生风雨。冢中有人非鬼神，瓶缯陆陆衣冠古。古人古事安可论，韩侯昔驻齐东门。投手措足关天地，面背易向亡身存。但假为王帝何怨，蹰蹰何语怒者悟。免死有狐狗遽烹，北军左袒亦狼顾。韩不负汉未央宫，郦不负韩燕市路。狂能庄语动天子，知有道者非任数。有神有骨千年存，显现竟不须云雾。君非不狂非不死，若有凭借稳其故。后生欺死曰无能，梦语明日醒弗惧。曷往广武观战场，何人坏得狂生墓。

晋张华墓 在大兴县东南六十里，临桑干河。其地有村名张华村。

按，张华村一云在固安。村今多张姓，云系华后。所著《博物志》十卷，然其初固四百卷也。武帝谓：卿上综万代，博识绝伦，惊所未闻，异所未见，将恐鬓芜耳目，可更芟截浮疑，分为十卷。乃赐御前青铁砚、麟角笔、侧理纸万番，皆外国所献者。

明江应甲《过张华宅》诗：

荒然一宅晋春秋，漫漶难凭指故丘。匣剑已闻穿壁去，井阑犹见傍村留。姓多孙子惟排凿，居散图书忆校雠。四百余年传十卷，当年博物未全收。

元耶律楚材墓 在瓮山下数十武，今颐和园内。明时祠废。石象尚存，须分三缕，其长过膝。一翁仲立而未仆，天启七年夏夜，有萤千百集其首，土人望见，哗曰：石人眼光也。质明共踔而碎之。民国复建祠，蔽其墓（图11）。

万寿山旧名瓮山。清乾隆时，命于其墓，特加培护，覆以屋三楹。

按《元史》，楚材事元太祖、太宗，历三十余年。时方草昧，一切定赋税，分州县，籍户口，别军民，皆其所经理。尝谓治弓尚须用弓匠，治天下安可不用天下匠。遇所不便于民，必力争，不少屈，至有厌其为百姓哭者。卒赖其规画，法制粗立，民得宁息。故论有元一代名相，必以耶律楚材为称首焉。今于别苑名园中，占湖天一角，云殿远涵，虹桥近接，兴亡永逝，德业日存。游人至此，当不胜感喟也。

明王嘉谟《谒耶律楚材丞相墓》诗：

> 丞相遗邱湖水阴，荒榛草野自萧森。亭前瀑布摇空穴，雪后寒禽啼大林。惨澹尚思戎马日，艰难深仗哲人心。云龙鹟鹟真余事，独吊空山泪满襟。

元太保刘秉忠墓 在卢沟桥北。墓前石兽尚存。

按《长安客话》云："嘉靖中，其墓为盗李淮等所发，而圹内石尽勒诸盗名，官验得之，按名掩捕，无得脱者。

按：刘，邢州人，邃于易及邵氏经世书，自号藏春散人，隐武安山中为僧。世祖征入藩邸，上书数千百言，皆天下大计。及伐宋，每以天地好生，力赞于帝。所至全活不可胜纪。至元中，拜太保，参领中书省事。益以天下为己任，每因顾问，辄推荐人物。他如颁章服，举朝仪，给俸禄，定官制，皆自秉忠发之，为一代成宪。卒赠常山王，谥文正。著有《藏春集》、《玉尺经》。

姚广孝诗：

> 芳时登陇谒藏春，兵后松楸化断薪。云暗平原眠石兽，雨荒深隧泣山神。残碑藓蚀文章旧，异代人传姓氏新。华表不存归鹤怨，几多行客泪沾巾。

元廉希宪墓 在宛平县西。

野云廉公，筑万柳堂别墅，置名花万本，为京城第一。尝招赵松雪诸公宴游，侍儿刘名解语花者，歌"骤雨打新荷曲"行酒。松雪赋诗曰："万树堂前数亩池，平铺云锦盖涟漪。主人自有沧州趣，游女仍歌白雪词。手把荷花来劝酒，步随芳草去寻诗。谁知咫尺京城外，便有无穷千里思。"

明李东阳墓 在城西畏吾村。

按：李，茶陵人，号西涯。孝宗朝，官至文渊阁大学士，预机务多所匡正，受顾命辅翼。武宗时，刘瑾用事。东阳潜移默运，保全善类，而气节之士多非之。卒谥文正。为文典雅流丽，工篆隶书。自明兴以来，宰臣以文章领袖搢绅者，杨士奇之后，东阳一人而已。有《怀麓堂集》、《燕对录》。

明武宗刘娘娘墓 在昌平城东北十八里。武宗所纳晋府乐工杨腾妻也。居豹房，宠冠一时。然终帝之世，无位号。清刘嗣绾有《刘姬行》，记其事。

> 康陵石马嘶西风，秋魂鬼唱苍烟中。刘姬断碣三百载，复道昔入恩承宫。武皇外传昔人补，当日翠华幸宣府。小部方传乐伎名，村醪半醉娱歌舞。法曲仙音侍豹房，亚云朝暮入高堂。龙媒凤觚随波去，殿脚三千笑蜀冈。班姬团扇摇纤手，铜雀分香恃长久。玉颜几辈美寒鸦，歌舞宫中宠谁偶。后来松隧偷儿，宝匣旋空夜莫知。玉碗金盘灰灭尽，空闻子夜鬼歌悲。金镫奕奕殡宫道，茂陵那奉夫人号。空说前朝忆饼师，明珠十斛人谁报。

明武宗李凤墓 在南口。

按吴芗厈《客窗闲话》：武宗在宣化，有女子李凤者，年十四五，为酒肆当垆。武宗微行过之，见其丰神绰约，国色无双，不禁迷眩，入肆沽饮，强幸焉。其父自外归，疑为暴客，奔告弁兵入援。帝拔关出，兵士伏谒。乃令将凤入豹房，爵其父三品卿，赐黄金千两。欲封凤嫔妃，凤辞曰："臣妾福薄命微，不应贵显，今以贱躯事至尊，已荣幸之至，伏愿陛下早回宫阙，以万几为念，则臣妾心安，较爵赏犹荣。"帝颔之。因睹凤玄衣玄裳，益显妖媚，故不强易宫装，凤委婉劝帝还京。与凤并辔齐驱，至居庸关，风雷交作。凤睹关口所作四大天王，怒目生动，眩晕坠马。帝亲扶之，仓皇外退，驻跸行宫。凤伏枕泣曰："臣妾自知福薄，不能侍宫禁，请帝速归。"

■ （图11）耶律楚材墓

■ （图12）李文正公墓

■ （图13）利玛窦墓

帝曰："朕忍弃天下，不忍弃爱卿。"凤一恸而绝。乃命葬之关山之上，宠以殊礼，用黄土封茔，一夜尽变为白，其阴灵犹不敢受也。帝追念其言，奋然曰："小女子尚知以社稷为重，安忍背之。"遂还宫。正史载，帝在豹房，百官交章劝谏，皆不纳，畴知一弱女子，力能回天。所谓高明柔克，此功不可泯也。至今过关者，遥指白壤，艳谈其事。

明女僧吕氏皇姑墓　　在阜成门外，香山显应

寺左。有嘉靖四年敕赐碑，碑后有像。

　　按：尼，陕西人。正统间，谏阻北征，不听。后复国，念之，封为御妹。建寺，赐额曰：保明寺。人称为皇姑寺。

清王士祯《皇姑》诗：

　　皇姑寺前风日晴，畏吾村畔草痕生。山桃堤柳自春色，粥鼓钟鱼非世情。铁券南宫怜将相，黄沙北狩误公卿。独惭叩马输由悃，天市文星几夜明。

宋荦《皇姑寺》诗：

　　叩马名高由悃中，斜阳幽寺带芳丛。黄沙翠辇当时恨，画幔云旂异代崇。流水若教能纳谏，夺门奚事更论功。凄凉尼子迎神曲，不少人门烈士风。

明李卓吾墓　　在通县北门外，迎神福寺侧。

　　按：卓吾名贽，晋江人。万历中，以孝廉为姚安太守。好禅学，士大夫乐与游。一旦，自去其发冠服，坐堂，皇上官勒令解任。居黄安，日引士人讲学，崇释氏而卑孔孟。北游通州，为给事中张问

达所劾，逮狱，寻释。令还籍，卓吾以薙发刀自刎死。其友通州马侍御经纶，为之殡。筑冢高一丈，周植白杨百余株。碑二，一曰"李卓吾先生墓，"秣陵焦竑题；一曰"卓吾老子碑"，黄梅汪可受撰。

明陈治安诗：

　　通州郭北门，迎福寺西隅。立石表卓吾，望见为欷歔。公仕有苦操，晚岁独逃虚。极口诋世人，虔首勒藏书。气味非中和，难为日用精。留诸尊俎间，宁不蔼歈如。胡乃迫之死，使其愤懑舒。乾坤饶怪异，公岂而见袪。

明陆启宏《过墓下》诗：

　　天地表空明，百家立文字。三教既以之，于中复分置。先生起千载，高言绝群智。脱略生死中，不谢生死事。蜕首宛在兹，黄土表幽闷。古树索索鸣，拜手托无际。

明于奕正"瞻墓诗"：

　　此翁千古在，疑佛又疑魔。未效鸿冥去，其如龙亢何。书焚焚不尽，老苦苦无多（先生著书名《焚书》又署名老苦）。潞水年年啸，长留若浩歌。

明意大利人利玛窦墓　　在阜成门外马家沟。其

坎封之制及茔后堂六角，茔前堂二重。堂前碣石，勒铭曰："美日方影，勿尔空过，所见万品，与时并流（图13）。"

　　利玛窦，万历辛巳入中国，始至肇庆。有司以其表贡，送达阙庭。所贡耶稣像、万国图、自鸣钟、铁丝琴等。其学则精天算。并挈其友邓玉函。精医。越五年，庚戌卒。诏以陪臣礼，葬阜成门外嘉兴观之右。

　　邓玉函，卒于崇祯三年庚午。函《医说略》谓，其国剂草木，不以质咀，而蒸取其露。所论治法，每及人体精微。尝中国草根，测知叶形花色，茎实味香。将谓尝而露取之，以验成书。未竟而卒。

明谭元春《过利西秦墓》诗：

　　来从绝域老长安，分得城西土一棺。斫地呼天心自苦，挟山超海事非难。私将礼乐攻人短，别有聪明用物残。行尽松楸中国大，不教奇骨任荒寒。

李卓吾诗：

　　迢遥下北溟，迤逦向南征。刹刹标名姓，山山记水程。回头十万里，举目九重城。光国之光未，中天日正明。

明魏忠贤墓　　在西山碧云寺后。旧有穹碑二，合书

"钦差总督东厂官旗办事掌惜薪司内府供用库尚膳监印务司礼监秉笔总督南海子提督保和等殿司吾魏公忠贤之墓"。康熙四十一年，江南道监察御史张瑗，奏请仆毁划平之。

　　瑗字蓬若，祁门人，辛未进士。完吾当是忠贤之字。按，墓为忠贤自营被法后，其门下收葬之，怀宗知而不问。文秉《烈皇小识。则谓，当寇急时，密敕收葬，以收群奄之心。世谓忠贤有非常之意，以营圹言，知其不尔特擅权，为众恶习所归耳。不然规模宁仅此，且何必在寺后。刘若愚《酌中志》言，熹宗刺船落水，忠贤投水救之，是忠贤愚弄童昏，亦自有其小忠小谨处。

明袁督师崇焕墓

在广渠门内，今广东旧义园中。按，督师字元素，万历进士，由邵武知县累官兵部尚书，总督蓟辽。鼎革之交，死于反间，天下冤之。当公被戮于市，其仆余氏窃负尸，葬广渠门内，守之，终身不去。乡人义余死，即葬其旁。至今守墓者，仍余氏子孙也。墓前丰碑屹立，题"有明袁大将军墓"七字，为南海吴荷屋手书，大书深刻，笔划挺秀（图14）。粤人之客居燕京者，岁时展拜，二百年来如一日焉。

清赵尧生谒墓题诗曰：

谁云乱世识忠臣，山海长城寄一身。不杀文龙宁即祸，空嗟银鹿亦成神。遗闻玉貌如佳女，亡国天心胜醉人。万古大明一坯土，春风下马独沾巾。

"吊义仆余诗"曰：

天留忠骨伴将军，一撮田横岛上坟。守祀不刊千古节，裹尸曾借九边云。穷途似子思交道，大石何年刻墓文。野草荒荒春不绿，自将清泪一浇君。

明兵部主事金铉墓

在东直门外六里村。

按本传，金铉字伯玉，大兴人。官工部主事时，以不屈事太监张彝宪得名，一时人望归之。甲申服阕，起兵部主事，巡视皇城，而流贼已长驱向阙，遂投河死，年才三十五耳。清顺治时赐谥忠洁。

明思宗长平公主墓

在旧都广宁门外。清顺治二年赐葬。

按，公主名徽娪。甲申之变，帝手剑斫裁，伤颊断腕，越五日复甦。顺治初，上书自陈。先是主议降都尉，周世显至，是诏归世显。寻卒。

明驸马都尉巩永固墓

在永定门外。

巩永固，清顺治十年，赐谥忠烈。按：巩，宛平人，尚乐安公主。崇祯末，流寇陷城，公主枢尚在堂，永固以黄绳系二女于枢前，纵火焚之。因大书"身受国恩，义不可辱"八字，自刎以殉。

清德人汤若望墓

在阜成门外马家沟，利玛窦墓左近。

按，汤于明天启年间入中国，传天主教，习中国语言文字，精科学，明历法。以徐光启荐，官翰林，修正历法。入清为钦天监正。自是中国始用新法授时。康熙中，为杨光先所谮，寻卒。著有《历法西传》、《新法表异》二书。

清比利时人南怀仁墓

在阜成门外马家沟，利玛窦墓左近。

■（图14）明袁大将军墓

■（图15）偏融法师墓

■（图16）道孚法师造像

■（图17）道阶和尚塔

按，南于康熙中入中国传教，以推算历法，累官钦天监监正。卒谥勤悫。著有《坤舆图说》及《西方要政记》。

清郎世宁墓

在阜成门外滕公栅栏葡萄牙墓地。郎墓在最西列，自北数第三。

按，郎氏意大利人，年二十七来华，以绘事供奉内廷，历康、雍、乾三朝。其画以西法参中法，所作人物花鸟，奕奕如生。乾隆中，准噶尔进大宛马，赐名如意骢，命世宁图之，故氏之画马尤著。乾隆三十一年丙戌，殁于北京。光绪庚子之役，墓前碑志亡失。宣统三年，偶于长辛店发见之，今置原处。

清福惠公主墓

在东便门外二闸东。公主为清高宗女，墓前石兽、翁仲甚宏丽。

海甸褒忠墓

庚申之变，海甸街有内务府某人，闻御园火起，亦举火自焚，阖家歼焉。今甸镇街石路西，是其故居。后人为起大冢，且竖石表墓，过者致敬焉。

宫人斜

阜成门外五里许，有静乐堂。砖甃二井，屋以塔。南通方尺门，谨闭之。井前结石为洞，四方通风。

凡宫人非有名称者，例不赐墓，由顺贞门傍右门，承以殓具，异出北安门外，易以朱棺，送静乐堂，大葬塔井中。

清李莲英墓

大阉李莲英墓，距北苑三里许，地约二亩余，周以女墙。南向，铁门，有翁仲二，门榜"李氏佳城"，某巨公所书也。松楸成行，墓砌白石，工琢精美，凿石渠泄水，长亘十丈。守墓者数户，日汲水灌草木。称圹内石室容百数十人，有享坛，列诸珍品。费时年余，费金数十万，始竣工，附身附棺称是。按，李，河间人，少业皮人，人称皮硝李。事孝钦，为内庭总管。终其身，宠不衰，拥资逾千万。诸王呼之为翁，不敢抗颜。死于宣统初年，七十余矣。从子继其业。

僧 塔

元万松老人塔 （详《名迹略》）

班禅佛塔 在西黄寺，名清净化城。（详《坛庙略》）

遍融法师塔 在德胜门外。为明慈圣太后斥赀建。清改为故都僧人丛葬之所，名十方塔院（图15）。

道孚法师塔 在戒坛寺。法师为明正统时高僧，俗呼鹅头祖师，有造像（图16）。

道阶法师塔 在悯忠寺。新建（图17）。

名蹟略上

金源城郭，旧话春明。玉水西东，仍环曲洧。残基断础，考知前代经营；片羽一裔，足补故都文献。而且旌幢法物，颁自宫储；泉石幽栖，偶邀宸赏。珂鸣玉属，人地共传；筠老松青，声泽勿萛。况乎九品集中正之士，两观近辇毂之居；志事辄抱先忧，立朝或同小隐。金鳌退食，所书不少轶闻；石林燕语，胪举正饶古典。访历朝之遗乘，未妨踪迹以寻；撮故老之相传，请自按图而索。作《名迹略·上》，第七。

北平为五朝故都，前代胜迹，俯拾即是。兹述名迹略，分为上下二篇，上篇述城内，下篇述郊外。城内名迹，首内城，次外城。而叙述次第，内外城均自东而西。计：国子监，文丞相祠，柏林寺，隆福寺，贤良寺，法华寺，李文忠祠，观象台，吕公堂，施茶庵（望恩桥附），普渡寺，皇史宬，嵩祝寺，钟鼓楼，积水潭，什刹海，银淀桥，普济寺，护国寺，广化寺，瑞应寺，响闸，宝禅寺，妙应寺，广济寺，万松老人塔，旃檀寺，双塔庆寿寺，杨忠愍手植榆，鹫峰寺，石镫庵，太平湖（以上内城）。拈花寺，夕照寺，金台书院，鱼藻池，延寿寺，海王村，松筠庵，长椿寺，报国慈仁寺，法源寺，谢文节祠，秦良玉驻兵处，，吴柳堂故宅，牛街清真寺，崇效寺，龙树寺，龙泉寺，陶然亭（以上外城）。共五十一处，大抵全城东部多元明以来名迹，西部多辽金所遗。辽金故墟，当今城西南。元明则具现城垣规模。睹其作物年代，则故都变迁方位可知矣。

■（图1）圜桥教泽坊

国子监

国子监在安定门内，成贤街之北，与孔子庙比邻。自元至元元年，立国子学。二十四年，设国子监，为国家造士之所。明洪武朝，改为北平郡学。永乐仍为国子监。清代仍之。乾隆四十九年，重加修葺，增建辟雍、圜桥，崇饰益加美备。有门南向，曰集贤门。入门有井、亭二。由此北上，进太学门，门内琉璃坊一，上书"圜桥教泽"（图1）。

左右钟鼓亭各一。北为圜桥，桥上为辟雍（图2）。殿庭宏壮，圆顶方宇，复檐黄瓦，中设皇帝宝座。基方十一丈一尺，殿方五丈三尺，九楹，四面启门。池环为壁，四达以桥，周池护以石栏，池岸设喷水龙头，四以达水。辟雍后为彝伦堂，元为崇文阁本藏书之所，明永乐改今名。旧制祭酒司业于此会讲。正堂七间，东一间为祭酒司业座，余为诸生肄业处。堂之东为典簿厅，西为典籍厅，东南为绳愆厅，鼓房西为博士厅。钟房东庑有率性、诚心、崇志三堂。西庑有修道、正义、广业三堂。东西各十一间。两廊竖立有清蒋衡书十三经石碑（图3）。十三经都八十余万言，蒋衡以十余年之力写成，诚中国文献之巨观。又国子监旧有兰亭石刻最有名，民国后失去。

■（图3）石经廊

■（图2）辟雍

《啸亭杂录》：

雍正中有生员蒋衡，字湘帆者，善书法，立志书十三经，十余年乃成。于乾隆初上之，赐国子监学正，藏其书于大内。乾隆庚戌，上念其写经之功，不忍磨灭，乃命刊其书于太学中。己卯，书告成，笔力苍劲，灿灿两庑间。士夫过者，莫不摩挲赏玩焉。

《郎潜纪闻》：

金坛蒋征士衡，康熙间以善书名，碑版照耀海内，年五十六岁，矢志书十三经，凡八十余万言，阅十二年讫事。南海河道总督高斌上呈，奉旨镌石存太学，以墨刻颁行天下。按，衡为蒋虎臣修撰从子，晚自号江南拙老人。曾举鸿博，辞不赴。

文丞相祠

在府学胡同，元之柴市。宋文信国公天祥尽命处，后人即此建祠祀之。祠始建于永乐六年太常博士刘崧（图4）。清时及民国均有增修。正殿三间，有文丞相塑像（图5）。院内有古松二株，亭亭直立。又有榆枣二株，枝皆向南倾。有石像，有石刻文丞相传。壁间嵌有云麾将军断碑残础，极名贵（详《金石略》）。

明桑悦谒文山先生祠：

衣带留题誓始终，小楼数载履虚空。谁云到死方无悔，要识持危不是穷。异物化生真幻语，元神出现亦精忠。堂堂祠宇还柴市，宋室全收养士功。

清赵翼《过文信国祠》：

须眉正气凛千秋，丞相祠堂久尚留。南渡河山难复楚，北来俘虏岂朝周。出师未捷悲移鼎，视死如归笑射钩。何事黄冠樽俎语，平添野史污名流。

三百余年养士恩，故应末造泽犹存。半生声伎勤王散，一代科名死事尊。满地白翎人换世，空山朱鹬客招魂。笑他北去留承旨，也是南朝一状元。

战罢空坑力不支，拼将赤族殉时危。死坚狱吏囚三载，生享门人祭一卮。血碧肯污新赠谥，汗青终照旧题诗。如何一本梅花发，分半南枝半北枝。

清秦瀛《谒文信国祠》：

天留正气作星辰，沧海横流系此身，风雨厓山思帝子，衣冠柴市泣累臣。北枝梦冷梅花月，南国啼残杜宇春。异代孤忠乡后进，从公碧血化青燐(指明季殉难之李邦华)。

柏林寺

柏林寺在安定门内，国子监东（图6）。建于元至正七年，有残经幢字泐在佛阁西。明正统中重建。庙宏壮，为北城巨刹。傍西旧有行官，相传寺与雍和官相近。清世宗居潜邸时，与寺僧尝相往来，其住持某，道行高洁，曾预示龙飞之谶。此行官为当日世宗谈坐之处。庙旧有道藏板，现移白云观。又有清初龙板，藏经板现封存寺中。

■（图4）文丞相祠

■（图5）文丞相塑像

■（图6）柏林寺

■（图7）李文忠公祠

隆福寺

寺在东城大市街之西北。今其地称隆福寺街。明景泰帝允太监兴安之请，建此寺，费数十万，四年余始落成。殿宇五重，中有毗卢阁，高五层，下为大法堂。四周石栏，为当时南内翔凤殿旧物。今均颓败。惟庙市尚盛，每逢一、二、九、十等日，百货具陈，游人众多，至今不替。

明释性柔《过隆福寺》诗：

金碧先朝寺，香镫出内家。松杉留古籁，阊阖落天花。爽入西山影，晴飞北阙霞。翠华行复驻，望望暮云遮。

查嗣瑮《杂咏》诗：

兴隆隆福两岧峣，南内移来土木饶。天子不开香火院，纷纷台省愧杨姚。

宋光熊《游隆福寺》诗：

玉石扶栏此尚存，秋风南内黯销魂。若教暂缓金仙祀，香火何如好弟昆。古玩珍奇百物饶，黄金载橐尽堪销。阿谁携得三钱刺，尽日吟哦白解嘲。（康熙间，宝应朱克生于慈仁寺，市以钱买客氏拜敬刺，赋"客氏行"。见《池北偶谈》。）

贤良寺

寺在东安门外冰盏胡同。本清雍正时，怡贤亲王舍宅为之。初在帅府胡同，后移于此。寺建筑宏壮，层甍云构，地极幽敞，炉烟昼静，闲院花飞，洵精蓝也。按，贤良寺以近邻禁城，旧时封疆大吏入觐者，若曾文正、李文忠、袁项城，均曾居之。庚子议和之役，以是为办公处所。民六复辟之役，康南海、沈子培、王病山亦同寓于此。历史陈迹，足资凭吊。

法华寺

寺在豹房胡同。明景泰中，太监刘通舍宅建。天启中，赐藏经。有大学士黄立极碑。清初续修，殿宇壮阔，房廊众多。《啸亭杂录》载，乾隆时法和尚居城东某寺，交结王公，淫纵不法。阿里衮擒获，杖杀之。即此寺。其巨为东城之冠，今已颓败。惟西偏有海棠院，海棠高大逾常，尚足供人赏玩。

李文忠公祠

祠在崇文门内西总布胡同（图7）。文忠于光绪二十七年，病殁京师。市民念其前劳，请于京师建立专祠。清帝特准所请。祠不甚大，而颇整洁。计享堂三楹，东西庑傍室，均备春秋。遣官致祭，列入祀典。盖有清一代，汉员于京师建专祠者，只文忠一人而已。

于忠肃公祠

祠在东裱褙胡同路北。祀明少保于谦。谦以却敌兴国大功，于成化二年，惨遭冤死。万历十八年，予谥忠肃，并于其故居建祠（图8）。谦平生极俭约，所居甚湫隘，故祠宇亦仅殿三楹。地近旧曰贡院，浙杭人赴春秋试者，多寓居于此，并经醵资修葺，故为浙江杭州同乡所管有。又试期内有于祠祈梦事，事属不经，然诸书多载之。

■（图8）于忠肃祠

观象台

观象台在崇文门内东南隅。现定中央研究院北平气象台，台址即建筑于城隅之上。北平之有观象台，观象台之有仪器，始于金，成于元。宋元佑时，所制者为浑天仪等。金既取汴，皆辇致于燕。元至元十三年，太史郭守敬在大都造仪器十三具，置台上（元名司天台）。明初迁其器于江南。至英宗时，始命钦天监往南京，以木依式造浑天等仪，赴北京用铜鼓铸。崇祯时，徐光启复造仪器十八具。清康熙十三年，准西人之请，新造六仪。五十四年，又造地平经纬仪。乾隆九年，又制玑衡抚辰仪。至是元明旧器，皆作废铜充用。光绪二十六年，"拳匪之役"（指义和团起义——本书责编注），法、德同分天文仪器，法所取者仅运至使馆而止，于光绪二十八年，还我故物。德则载回彼国巴剌丹离宫，民国8年，因凡尔赛条约关系，德国又运还我国。民国10年春，仪器运京，国人引为庆幸。22年，取重要者运往南京。兹将各器列下（图9、图10）：(1) 浑仪。（现存南京）。(2) 简仪（现存南京）。(3) 天体。(4) 赤道经纬仪。(5) 黄道经纬仪。(6) 地平经仪。(7) 象限仪。(8) 纪限仪。(9) 地平经纬仪。(10) 玑衡抚辰仪。(11) 圭表（现存南京）。(12) 漏壶（现存南京）。

■ （图10）黄道仪

■ （图9）地平经纬仪

■ (图11) 吕公堂老君

吕公堂

在泡子河。明为永安宫，成化初年建，相传祈梦有验。堂宇虽不甚广，然前临长溪，后有广淀，高堞环其东，天文台峙其北。两岸多高槐垂柳，空水澄鲜，林木明秀，不独秋冬之际难为怀也。河上招提无大者，惟此差堪驻足，故尚为人所称道。又昔日张园、傅园，今并无存（图11）。

明葛一龙《秋夜宿吕公堂》诗：

草木自烟霏，居廛水半周。帝城偏一角，仙路入高秋。月丽地霜起，风翻天汉流。相期同襆被，清极梦难游。

查嗣瑮《杂咏》诗

张园酒罢傅园诗，泡子河边马去迟。踏遍槐花黄满路，秋来祈梦吕公祠。

普渡寺

在东安门内南河沿内，今即名普渡寺巷，俗名马嘎拉庙（图12），为清初摄政王多尔衮府第，府基甚崇高，后有大殿，异于诸王邸第。以多尔衮曾追尊让皇帝，故其府第亦依故事改为庙（如雍和宫亦其一例）。为喇嘛唪经祈福之所。庙内古柏阴森，大半明时遗物，因此处为明之南内，或即翔凤殿遗址。庙内旧传有多尔衮死后，以鱼皮所造肖像及五塔寺金刚宝座模型，今并无存。

施茶庵

（望恩桥附）东安门内有桥，名望恩桥，上有庙，即旧日施茶庵。史载崇祯帝殉国后，以柳棺殡于东安门内施茶庵，即此。俗称庵为望恩寺。今已移建桥西，盖因桥名而讹。又《客窗偶谈》云，桥寺本均名皇恩，以中官入选，由此沐受皇恩，讹为望恩，有冀幸之意。因桥及寺，则又讹之讹者也。

■ (图12) 普渡寺

皇史宬

在南池子南口（图13）。为清时尊藏玉牒及列朝实录之所。内有大殿七间，东西配殿各五楹。殿内柱枨椽桷，均以白石为之，以为尊藏实录之用，今多颓坏。

嵩祝寺

寺在马神庙东，为章嘉呼土克图所居（图14）。大殿及后楼联额，均清高宗御书。东有法渊寺，西有智珠寺。又东为三厂遗址，明置番经厂、汉经厂、道经厂。于此寺东廊下，有铜钟一，铸番经厂字；西廊下，有铜云板三，铸汉经厂字。又，法渊寺有铜鼎一，高六尺余，有张居正"番经厂记"。寺现虽颓败，然仍为章嘉驻锡之所，设办事处，主持黄教事。

钟鼓楼

鼓楼在地安门外，史称元时即有之。元建大都，于城之中建鼓楼，徙民居以实之。钟楼（图15、图16），明永乐十八年建，毁于大火。清乾隆十八年重修。鼓楼筑址高一丈二尺，广十六丈七尺，纵减三之一。四面有阶，上建楼五间，绕以圆廊，周建砖垣。钟楼在鼓楼北，制相埒。楼三间，今楼尚存。民国13年，辟鼓楼为京兆图书馆，颜其额曰"明耻楼"，次年改为齐政楼。钟楼亦同时开放，且于其上设电影，以集游人。钟鼓楼之间则辟为游艺场，儿童体育场，是为城北市民游息之所。

■ （图14）嵩祝寺

■ （图15）钟楼

■ （图13）皇史宬

积水潭

■（图16）鼓楼

潭在德胜门内，什刹海之北，有净业寺，故一名净业湖（图17）。水由德胜门入城，有闸，一名水关。玉泉山之水，由此入城，直通三海，联贯九城，东入通惠河（详《河渠略》）。潭中有汇通祠（图18），祠旧名镇水观音庵，乾隆时改今名。又，积水潭在明时极盛，湖岸豪家贵族分置园林。《帝京景物略》云，立净业寺前目存水，南坐太师圃、晾马台、镜园、桃花庵。目存水北东望之，方园也，宜夕。西望之，漫园、湜园、王园也。望西山宜朝。可想见当时景物之盛。

明朱国祚《宿净业寺》诗：

> 僧楼佛火漾空潭，李广桥低积水含。一夜朔风喧树杪，蓟门飞雨遍城南。

明戴九元《集净业湖亭》：

> 湖月林风谁是主，叉鱼踏藕自留宾。频寻柳色城边路，独占秋光醉里身。败叶疑鸥浮渐远，老僧如鹤瘦堪亲。邻家亭子中年闭，不教芦花笑杀人。

姚永概《净业湖泛舟酬又铮、畏、卢硐秋诸友》：

> 汇通北枕净湖隈，水有菰蒲岸柳槐。两代兴亡消得否？西涯死后几人来。畏卢文字笔崚岩，间画荒寒水一湾。荷叶打完芦苇净，斜阳树杪看西山。挂壁良弓暂韬弯，十年厌草橇如山。吹箫自度江南曲，城北徐公不等闲。少年意气自凌云，老向诗书自策勋。赢得霜髯似坡竹，看余袖手过无闻。

■（图17）积水潭

■（图18）汇通祠

什刹海

什刹海在地安门外，分为前海、后海。前海周约三里，荷花极盛，西北两面多为第宅。中有长堤，自北而南，沿堤植柳，高入云际（图19）。自夏及秋，堤上遍设茶肆，间陈百戏以供娱乐。后海较幽静，水势亦宽，树木叶杂，两岸多古寺，多骚人墨客遗迹，李东阳西涯、法梧门故居均在此。又相传《红楼梦》"大观园"遗址亦在此，今无考。

明释修懿《什刹海》诗：

什刹海非海，凝然古德风。市居岩壑里，门向水田东。耆宿推三藏，师资事偏融。乞随瓢偃仰，立俨岳衡嵩。听法俱高衲，执巾无侍童。直言等贵贱，醒语破愚蒙。僧不骄恩帑，佛宁藉像工。平平数椽屋，密密六时功。哀悯西山寺，游观额大雄。

明李东阳《宿海子西涯旧邻》诗：

匹马缘溪却渡桥，荜门踈树影萧萧。东邻旧路原相接，北郭幽期岂待招。满地月明如白昼，一灯人语共清宵。悠悠二十年前事，都向春风梦里消。

银淀桥

桥在前后海之间。北城中水际看山第一绝胜处。清吴岩《银淀桥河堤》诗云："短垣高柳接城隅，遮掩楼台入画图。大好西山迎落日，碧峰如嶂水亭孤。"可想见其幽胜。

普济寺

俗称高庙，有明正德重修碑。庙中有白海棠，高数丈者五六株，花时繁英缀玉，他处所无也。地远市廛，人多赁居为习静处。旁有桂林梁巨川先生殉道处，立碑记其事（图20）。

护国寺

原名崇国寺。元相托克托舍宅所建。明宣德中，赐名崇善寺。成化中，易名大隆善护国寺（图21）。今其地名护国寺，街每月逢七、八日有庙市，游人喧阗，至今不替。庙为北城巨刹。《宸垣识略》云，寺始于至元皇庆修之，延

■（图20）梁巨川殉道碑

■（图19）什刹海

■（图21）护国寺山门

佑至正又修之。元故有南、北二崇国寺，此其北也。宣德己酉赐名隆善。成化壬辰加护国名。正德壬申敕西番大庆，法王领占班丹大觉、法王著肖藏卜等居此。殿三层，最后景命殿，殿旁塔二。曰佛舍利塔。成化七年敕碑二。正德七年敕碑二，梵宇碑二。又天顺二年碑二，其一西天大喇嘛桑可巴剌行实碑，其一大国师智光功行碑。又有元碑四：其一，至元十一年，重修崇国寺碑，沙门雪硐法祯撰；其一，至正十四年，皇帝敕谕碑，其一，皇庆元年，崇教大师演公碑，赵孟頫撰并书；其一，石断为七，环铁束而立，元至正二十四年，隆安选公传戒碑，危素撰并书。按，寺内佛殿，旧有元托克托丞相夫妇像。又有明姚少师广孝影堂，露顶袈裟趺坐（图22）。上有偈，皆本色衲子语，少师自题。偈云：

看破芭蕉拄杖子，等闲彻骨露风流。有时摇动龟毛拂，值得虚空笑点头。

宋光熊《游护国寺》诗：

宅舍只园五百春，朱衣犹现宰宫身。笑他凿石山头座，赢得儿童系犊轮。

琳宫香雨带龙腥，只叶横翻秘密经。禅诵年如蛙阁阁，鱼山清梵向谁听。

明王鏊《姚少师像》诗：

下马摩挲读古碑，欲询往事少人知。独留满月龛中像，共识凌烟阁上姿。颊隐三毫还可似，功高六出本无奇。金陵战罢燕都定，仍是瘫然老衲师。

广化寺

寺在德胜门大街，内有明崇祯帝赐曹化淳御笔草书碑（详《金石略》）。清时曾借此为编书局。今为协和修道院。殿宇屡经重葺，均完整（图23）。

瑞应寺

瑞应寺明为龙华寺。《帝京景物略》称，寺前福田千顷。碑记称寺建于元代，明万历时万贵妃重修。规模甚宏壮，但今寺仅三楹，逼仄湫隘甚不类。《沌谷笔谈》谓，明之龙华，在今摄政王府后，康熙时改名瑞应，移今地。寺

■（图23）广化寺（局部）

■（图22）姚少师塑像

■（图24）瑞应寺

内无碑志，仅有钟一，铸自康熙五十八年，盖在瑞应改名之后也（图24）。

王应翼《龙华寺》诗：

湖波还还湿朝暾，细写秋光上寺门。花木欲深香色聚，稻田全覆绿云屯。壁残瓢笠逃尘却，殿古灯幢屈世尊。物外老僧邀客坐，将迎半日竟无言。

于慎行《夏日同张洪阳憩龙华》诗：

同过湖上寺，伏日喜清凉。水影交宫阙，松声和讲堂。雨归莲叶静，风起稻花香。小借支公榻，于于午梦长。

冯有经《龙华寺》诗：

湖际先朝寺，幽栖验物情。磬声松下静，鸟语竹间清。菰米羞香饭，园葵荐露羹。重来知几日，虚负老僧盟。

张佳胤诗：

地有龙华胜，心随石榻清。春风一枕到，孤月万松明。花散诸天雨，钟鸣不夜城。抽簪如何得，于此悟无生。

响 闸

即月桥下闸，今名澄清闸。

施闰章"集响闸"诗：

片月城头送夕阳，池边楼馆受风凉。潺潺流水管弦急，泉泉浮云荇添香。近浦雕栏容系马，入筵雪鲙旋烹鲂。登临莫引江湖兴，杨柳河桥似故乡。

■（图25）妙应寺白塔

■（图26）广济寺大殿

宝禅寺

寺为普庆寺旧址，元至大元年建立，为裕圣太后祈福及安御容之所。四年，赐金千两，银五千两，钞万锭，绸缎锦帛万端，田八万亩，邸金四百面。皇庆二年夏，益田百七十顷。元末毁坏。明成化重修，改赐名宝禅寺。今又渐颓，仅存虚名矣。

妙应寺

寺为辽白塔寺旧址，今俗仍呼白塔寺，从其朔也。寺在阜成门大街以北，辽初创此塔藏佛舍利。内贮舍利戒珠二十粒，香泥小塔二千，无塔净光陀罗尼经五部。元至元八年，世祖发视，香水盈满，色如玉浆，舍利坚圆，灿若金粟，前二龙王跪而守护。瓶底护一铜手，上铸通宝。帝愈加崇重，即迎舍利，崇饰斯塔。角垂玉杆，阶布石栏，檐挂华曼，身络珠网，制作之巧，古今罕有。十六年，即其地建万安寺。明天顺间，始改名妙应寺。康熙二十七年，修寺与塔，赐全藏经。《宛平志》云，凡塔率下丰上锐，层层笋拔。白塔独否，其足则锐，其肩则丰，如胆之倒垂。然肩以上，长项矗空，节节而起。顶覆铜盘，盘上又一小铜塔。塔体通白，故名白塔，得其真矣（图25）。

广济寺

寺为金西刘寺旧址，在阜成门大街，历代帝王庙东。金刘望云建。明天顺初，僧普惠重葺，太监廖屏上闻，赐额"宏慈广济寺"。万历中及清康熙中叶，重修寺。有米芾观音像及栴檀佛像。栴檀像，江南刘拱所刻。康熙帝临幸，赏其神理，解白悦悬佛臂。寺占地二十余亩，南临阜成门街，北抵礼路胡同，西邻帝王庙，东极西四牌楼大街。殿宇宏敞，入门有钟鼓楼，直进四层，左右别院，客寮咸备。民国13年，陆宗舆等重修。22年，正殿后殿毁于火，吴佩孚等又据资重修，今已渐次恢复旧观（图26）。

万松老人塔

在西四牌楼南路西（图27）。杂民居，无庙宇，为金元间万松老人瘗骨处。老人于元初居燕京从容庵。元相耶律楚材见参学三年，老人以湛然目之，楚材因以自号。尝语楚材："以儒治国，以佛治心"。一时许为名言。此塔在明时草覆其顶。明万历三十四年，僧乐庵入居守。清乾隆十八年，敕加修，加合塔尖。旧有万松老人石额，今原石尚存。民国16年，叶恭绰鸠工重修，并辟一门于丁家街西，题元万松老人塔。

旃檀寺

本名宏仁寺。清康熙初年建，移鹫峰寺。大旃檀佛像于此，故称旃檀寺。清康熙帝有"旃檀佛像记"（原文详《金石略》）。庚子之年，义和团于此设坛习拳。后寺为火焚。最古之旃檀佛已失去，仅存照片，尤留瑞相耳（图28）。

《金鳌退食笔记》：

旃檀佛像，高五尺，鹄立上视，后瞻若仰，前瞻若俯。衣纹水波骨法见其表。左手舒而直，右手舒而垂，掌皆微弓，指微张而胅合，三十二相中鹄王掌也。勇猛慈悲，精进自在，以意求之皆备。相传为旃檀木，叩之声铿锵若金石，入水不濡，轻如糅漆，晨昏寒暑，其色不一，大抵近沉碧。万历中，慈圣太后始傅以金。

双塔庆寿寺

寺本元大庆寿寺遗址，在西长安街。创于金章宗，元仍之。明正统中，王振重修，易名大兴隆寺，又名慈恩寺。嘉靖中，废为射圃，又为演象所。后重建双塔，名双塔寺（图29）。一塔九级，额"光天普照佛日圆明海云佑圣国师"之塔；一塔七级，额曰"佛日圆照大禅师可庵"之灵塔。塔旁有井，为明末大学士范景文殉国处（图30）。又，明少师姚广孝曾居此寺。

杨忠愍手植榆

忠愍以劾严嵩获罪，下锦衣卫狱。传忠愍在狱时，曾手植榆一株，经数百年，今已合抱（图31）。此榆植旧为司法部内。建筑宏丽，楼厦连云，楼旁建忠愍祠。河北同乡，岁时祭祀，榆茂荫参天，夏季枝叶全覆祠宇。有余绍宋"椒山手植榆歌"，又有图记。年来河北人士，捐资修葺，已焕然一新矣。

鹫峰寺

俗名卧佛寺，在都城隍庙街南，街即以寺名。为唐之淤泥寺。名鹫峰者，唐僧之号也。寺旧有旃檀佛，康熙中移置（详前）。寺基甚宽广，然只殿二重，存卧佛一躯。今设佛经流通处。

石镫庵

庵本唐名吉祥寺。元泰定重修。明万历时，改石镫庵。盖修时，于地掘得石镫（图32），上刻唐人所书心经。旧石镫已失去，今镫为人仿作，而名仍旧。又按，清初此地旁为沼泽，杂植芦苇。名流多就此觞咏。汤西涯少宰诗所谓："归然削出此香台，只在蒹葭野水隈。"今此地民居栉比，并无蒹葭秋水，信沧海桑田矣。

■（图28）旃檀佛

■（图29）双塔寺

（图 30）范公井　　　　　　　　　　　　　　　　　　（图 31）明杨椒山手植榆

（图 32）石镫　　　　　　　　　　　　　　　　　　　（图 33）清德宗洗三井

太平湖

湖在内城西南隅角楼下,太平街之极西也。平流十顷,高柳千章,当夕阳街堞,水影街桥,上下都作胭脂色,尤令人流连不忍去。其北为清醇王邸。德宗肇极,邸改为祠(图33)。民国初年,王揖唐改建中华大学(今改民国学院)。其西花园,风景至佳。王氏有《西园即事》诗。

怡乐浑忘久病屏,幽窗鸟语送绵蛮,百城坐拥寻常事,难得吟身著此闲。

树木生凉水漾辉,斜从石径见双扉,风光却比江南好,岂为无田故不归。

又尝于此招集名流赋诗文酒往还极一时之盛。

樊增祥《太平湖宴集呈揖唐校长》:

太平湖上醇王邸,里观画堂诞龙子。穆宗登遐岁甲戌,帝御紫宸王北徙。储祥宫观锁秋烟,金扉一闭四十年。年年潜邸花开日,禁地无人啼杜鹃。啼鹃唤醒江山梦,天统逸巡禋人统。飞廉桂馆千门开,五柞长杨万民共。为借贤王宅第闲,两斋子弟安弦诵。往日惊飞兴献龙,只今任引承天凤。竹花不实凤凰饥,化为劳燕东西飞。剩有丁香百馀树,风飘香雪沾人衣。学堂主人淹中客,房杜程仇俱注籍。即今暂报鹅湖讲,岳岳龙门罢俊及。公余小作看花会,招客西园拥鹤盖。夷门七十老侯嬴,何意信陵亲执辔。来游朱阁惜芳华,黯淡纹窗换绛纱。两世亲王天子父,十三冲圣让皇家。银屏珠箔开芳苑,玉础铜铺启前殿。千步廊回迤逦通,九华石峭参差见。蔵葳紫白万花垂,冪䍦詹居诸品贱。压倒城南白纸坊,佛香那天家酽。乌巾白袷入画图,清簟疏帘置笔砚。主人风雅催赋诗,嚼花一喷云锦烂。白头重过旧朱门,愁对名花数梦痕。门下赐樱臣甫泪,后园补橘豫章魂。兴亡莫向花枝诉,两王摄政关天数。君不见壁间尚挂金桃弓,坟上已催银杏树。

■（图34）校园风景二

■（图35）民国学院校园风景一（局部）

■（图36）拈花寺

民国学院略史（图34、图35）

民国学院原名北京民国大学。系民国5年，蔡公时、马景融等所发起。初借湖广会馆筹备，继迁储库营四川会馆。分文、法、商三科。于6年4月正式成立。9年，校内风潮迭起，基础动摇。9月改选蔡元培为校长，停办文法商科，专招经济科学生，拟改为经济科大学。10年，呈部立案。11年，招原有之文法科学生，饬令回校开班。以原有之校舍不敷分配，租醇王府邸，于13年迁入。13年，雷殷继任校长。15年，雷殷辞职。16年，推张学良任校长。18年，重行报部立案。19年，改称学院。21年，部令取消立案，旋予恢复。自22年迄今，基础渐固。

<h1 style="text-align:center">拈 花 寺</h1>

寺在崇文门外天坛东偏，为清初冯益都相国溥万柳堂遗址。相国生时，招邀名流，觞咏甚盛。殁后赠与石都统天柱，石改为拈花寺（图36）。今寺内尚存御书楼。阮文达元榜曰："元万柳堂"。以神忏体书之，朱野云为之补柳作图，是万柳堂实借寺以传，然寺内外惟苇花萧瑟，杨柳无存，只土山上有松六株，尚是旧物耳。

杭世骏《过拈花寺》诗：

清梵三时响粥鱼，乱花空发老僧居。危栏曲处青山露，一桁斜阳晒佛书。半天婀娜绿梯抽，拂拂新条乱打头。两翼书阑红不断，荻芽菱叶满春流。溪风掠过打鱼矶，匝地春荫绿正肥。头白僧伽破禅寂，柳花吹点水田衣。

<h1 style="text-align:center">夕 照 寺</h1>

寺与拈花相近，为东南城寺院之最整洁者。殿壁画松，为名画家陈寿山手笔，游人多往观（详《技艺略》）。寺后旧有南台寺，亦名刹，今只余瓦砾矣（图37）。

魏之琇《过夕照寺》诗：

闲来僧院爱幽清，斜日轩窗回自明。钟声不闻林鸟寂，鲍家诗唱古先生。

<h1 style="text-align:center">金 台 书 院</h1>

在东珠市迤东天坛北。清初，本洪承畴别墅。康熙时，施世纶尹京兆，谋建书院，不俟洪后允可，遽请于朝，云愿施为义学。上嘉之，御书"广育群才"额赐之。洪氏后人不敢抗，遂建书院。清代三百年，弦诵不缀。今设东晓市小学校。

鱼藻池

俗呼金鱼池。志载金章宗曾数临幸。旧时池阴一带，园亭甚多。今则居人几家，寥落类荒村而已。池亦为种苇者侵占，以是地多于水。清初尚有端午游赏之事。百年来，盛会久不举矣。

王士禛诗：

端阳蹋柳足欢娱，雾谷新栽胜六铢。爱傍横塘不归去，拔钗亲市七星鱼。

又《冬日过金鱼池》诗：

记曾剧饮暮春天，络马青丝白玉鞭。却倚回栏望朱箔，吴歌赵舞为君妍。

折苇荒蒲临断岸，暮云寒雪压重楼。独来不见高阳侣，斜日烟波迥自愁。

延寿寺

寺为辽时旧刹，在琉璃厂东北地，今名延寿寺街。辽圣宗、兴宗均于此饭僧。宋徽宗被掳北来，羁囚于此。钦宗则居于悯忠寺。当时金人以汴京所获车驾法物，悉置寺中。意今厂东各地皆是寺基，现寺不过一隅耳。

海王村

今之琉璃厂，为辽时海王村。乾隆间掘地，得辽柱国李内贞墓，碑始证明为村地。清代于此建琉璃窑，故名琉璃厂。惟厂地明、清两代均为书肆萃集之所。程鱼门诗所谓："势家歇马评珍玩，估客摊钱买旧书"者也。今于厂甸建海王村公园（图38）。其厂东西则仍如其旧云。

■（图38）海王村

■（图39）松筠庵杨椒山塑像

■（图40）杨椒山故宅

松筠庵

在宣武门外炸子桥，现名达智桥。为明杨椒山先生故宅。西偏有谏草堂，有椒山塑像（图39），壁嵌劾严嵩奏疏。为道光时，住持僧心泉募建。右刻为海盐张受之手摹，谏草堂题额为何绍基所书。《藤云阴杂记》云，庵旧不祀佛，塑蝾头神像，相传为城隍神。乾隆时，杨给谏寿枏巡城，知为杨忠愍故宅，因榜于门曰：忠愍故宅。而庵仍名松筠（图40）。

海盐沈炳垣《谏草亭落成纪事》诗并序：

忠愍两疏遗墨，观者跋尾殆偏。岁丁未，松筠庵僧心泉，属海盐张受之幸手摹勒石，并筑亭于庵之西南隅。以弄之疏浏波，而受之婴疾殁于庵。亭建始于戊申十阅月而藏事，诗以纪之。

长安市上多词豪，书墙画壁喧啾嘈。嶒嶘片石勒谏疏，孤亭兀立星辰高。一鸾绮绮百鸾訖，两疏万言沥血。彼苍特为忠荩留，纷纷尾牒徒饶舌。张君劲铁笔一枝，惜不镌公临死诗。腥风洒壁上喷血，丹心万古振茸疲。古来神物难销浏，印识平原琴信国。此亭此石撑人伦，浩气崔巍一椽塞。我欲傍池地盈尺，以铁铸贼仆亭侧。贼身朽尽疏不灭，人来戟手犹骂贼。

长椿寺

在土地庙斜街。明万历二十年敕建。孝定太后以居水斋禅师。规模宏敞，为京师名刹（图41）。康熙时地震，寺颓毁。冯相国溥捐赀重葺，焕然更新。殿中旧有渗金塔（图42），甚高大，旁小室内，藏佛像十余轴。中二轴黄绫装裱，与他轴异。一绘九朵青莲花，一牌题曰："九莲菩萨明神宗母李太后也"。一绘女像具天人姿，戴毗卢帽，衣红锦袈裟。题："宏慈极圣智上菩萨"。下注："崇祯庚辰恭绘为崇祯生母刘太后御容"（图43）。今尚存寺中。

报国慈仁寺

在广安门内大街北，明成化初，本辽报国寺旧址改建，额曰"慈仁寺"，俗仍呼为报国寺。乾隆十九年敕修，改题"大报国慈仁寺"。寺有二松，金时旧物，大各荫数亩。清初名流，觞咏于此，今久无存。寺旧有毗卢阁，凡三十六级，今亦圮。又有窑变观音像，明神宗母李太后献。绿衣被体，宴坐支颐，为旧京八宝之一。庚子之乱，为人掠去，售与庆宽，庆宽奉之张翼，现不知尚在国中否？寺已半颓，惟庙右顾亭林祠（图44）。尚存亭林清初曾居此，同治时，何绍基、张穆为建祠。二人殁后亦附祀。

■（图41）长椿寺

■（图42）渗金塔

法源寺

唐之悯忠寺。唐太宗征高丽还，建寺追悼阵亡将士。内有二塔为安禄山、史思明所建。今亦圮。清雍正九年，赐额曰"法源寺"。寺旧有悯忠阁，极高。谚云："悯忠高阁，去天一握"。今久圮。

元张翥《登悯忠阁》诗：

百级危梯逆碧空，凭栏浩浩纳长风。金银宫阙诸天上，锦绣山川一气中。事往前朝人自老，魂来沧海鬼犹雄。只怜春色城南苑，寂寞余花落旧红。

王士祯《九日独游悯忠寺》诗：

闲居爱重九，独往重幽寻。初地凭高阁，诸天落梵音。雁王投极浦，鹿女蹑空林。玉辇经行地，青松驰道深。

魏之琇《游悯忠寺》诗：

琳宫深邃柏苍苍，忏佛台因古国殇。妙法有源逢圣世，孤忠堪悯异唐皇。老僧戒约温而厉，游客心情慨以慷。莫向残碑说安史，景山鼙鼓更凄凉。

谢文节祠

在法源寺后身西砖胡同，祀宋谢枋得。为魏天佑强之赴燕京，寓悯忠寺，见壁间曹娥碑，泣曰："小女子犹尔，吾岂不汝若哉"。遂不食而死。景泰中，赐谥文节。后人立祠祀之（图45）。

明袁继咸《燕都吊谢叠山》诗：

北风尘起征车促，南火伤心不再嘘。三败犹还仲母在，两旬忍饿汉臣如。归降当日原无表，却聘留今只有书。天使先生沉卜市，建阳橘亦首阳居。

清秦瀛《谒谢文节祠》：

书成却聘已长饥，卖卜余生涕泪挥。沧海只余孤鹤在，钱塘不见六龙飞。衣冠南渡空禾黍，日落西山长蕨薇。天水到公残局尽，苍凉萧寺送斜晖。

秦良玉驻兵处

在骡马市大街北四川营。明末蜀女杰秦良玉，起兵勤王，驻此。后改石芝庵，旋作四川会馆。清末设女校，不久停办。惟傍其门曰："蜀女界伟人秦良玉驻兵处"（图46）。

明思宗《赠秦良玉》诗：

蜀锦征袍手制成，桃花马上请长缨。世间不少奇男子，谁肯沙场万里行。

■（图43）明刘太后御容

■（图44）顾先生祠

■（图45）谢文节祠

江瀚《四川营怀古》诗：

　　妇人独具英雄志，一时男儿无位置。堂堂石砫秦将军，三百年来有生气。桃花马上请缨时，白杆兵威天下知。难得佳儿与佳妇，扶风门第同维持。巾帼将才古有几，列传例初创明史。忠顺夫人美可论，若安女子差堪拟。笑杀同名左宁南，拥兵骄寒能毋惭。

邓镕《吊秦良玉》诗：

　　高凉麈盖洗夫人，不及桃花马上身。诸将几人同列传，将军与我是乡亲。山阴而首多蜚语，阁部头颅值几缗。蜀锦征袍今尚在，玉音楼上万年春。

吴柳堂故宅

　　宅在南横街路北。柳堂名可读，兰州人。以主事尸谏，请为同治帝建储。殁后，人仿椒山故宅例，作祠祀之（图47）。

牛街清真寺

　　寺为北宋时所建。宋真宗至道六年，有筛海尊哇默定者，入觐中国，生三子：长不知所之，次曰筛海那速鲁定；三曰筛海撒阿都定。留居东土，请颁敕建寺。撒阿都定君遂建寺于东郭。那速鲁定建寺于南郊，即牛街清真寺也。是地旧名柳河村、岗儿上。历宋至元，建尊经阁于寺中。明代复修，所谓榜谒楼也。清康熙三十五年，重加修葺，一仍旧制。寺内首为大殿（图48、图49）。殿之最后突，俗呼窑殿。北隅有宣谕台（图50），为瞻礼日，教长说长之用。寺之正门为六角形，每斋戒月，登之寻新月，俗呼望月楼。

■（图47）吴柳堂故宅

■（图46）秦良玉驻兵处

崇效寺

寺在牛街以南，白纸坊稍北。唐刹也。志称，唐幽州节度使刘济，舍宅为寺。历代屡建屡毁，今尚存殿宇数处（图51）。寺旧植枣树千株，清初诗人王士禛称为枣花寺，今已无存。惟以牡丹、芍药著名，有姚黄、魏紫、黑色诸异种（图52）。春夏之交，游人如织。寺藏盘山僧智朴所作《青松红杏图》，自，王士禛以次，均有题咏，洵宝物也。

曾习经《崇效寺看芍药》诗：

断续钟声到晓沉，刺桐拂槛景肃森。披栏芍药如相语，辞世青鸳不可寻。物外精蓝谁舍宅，乱余榛莽渐成林。迷阳隙曲饶忧患，哪得端居长道心。

黄节《崇效寺对牡丹》诗：

四年北客及花时，不负春明赖有诗。独往也随倾国后，正开宁叹折枝迟。匆匆著意终何寄，恝恝为欢亦自知。遗世未能吾似汝，蝶阑花晚更犹疑。

龙 树 寺

寺在黑窑厂西，不知何年所建，俗名龙爪槐。清季，张文襄之洞最喜游之，出钱筑室，名"兼葭簃"，极幽致（图53）。张殁后，故吏供其遗像于此。惟昔时楼阁多已倾圮，游其地者相与概叹而已。

清叶名沣《游龙树寺》诗：

陂陀回佛寺，识路有青骢。云木纳深秀，菰蒲交远风。开轩临古堞，载酒赏孤蓬。题名犖诗在，沉吟夕照中。

（图51）崇效寺山门

■（图48）清真寺

■（图49）清真寺内景

■（图50）清真寺宣谕台

■（图52）崇效寺牡丹

■（图54）龙泉寺山门

清张之洞《和王壬秋龙树寺宴集》诗：

王功多楚产，君独好文学。菀枯若转谷，一士翔寥廓。四学并综甄，六笔咸闳博。报罢意无闷，雅尚在述作。昨日城西集，似璘合方朔。岂罄接席欢，孰喻倾盖乐。高文如清风，俯仰成寄托。太息金门下，扬雄独寂寞。

周树模同樊山竹勿，寻龙树寺不得，遂过龙泉寺小憩。既芯乌上人，导往龙树，则楼宇荡然，惟双槐杂立榛莽中。相与徘徊嗟叹而已。樊山感而成咏，予亦继作：

寻寺必以幽，予意爱龙树。仆夫迷故蹊，误向龙泉去。入门逢楚僧，乡土语絮絮。吾生久流浪，赖僧知本处。为言兼葭莪，东去不百步。导我按草行，棘铓刺衣屦。何所见楼阁，山门一犬护。殿圮佛无灵，终焉狐鼠据。独有两槐龙，崛强犹如故。相视一辗然，吾与尔同趣。承平昔泛游，携酒来至屡。追随抱冰翁，更讽西楼句。电火渺前尘，春明梦已寤。同来得二老，各有倾厦惧。彼屋何足爱，昔人不可遇。不遇且奈何，沉吟日西暮。

曹经沅《重游龙树寺》四首之二：

苇海千弓接远汀，从知眺赏胜江亭。秋来试拄看山笏，一角晴峦绕槛青。三百年来湖胜游，兼葭莪对看山楼。只今朝上垂垂尽，不见诗人何道州。

龙 泉 寺

在黑窑厂西，不知创于何时。有明谢一夔碑，载成化间，僧智林修复，为缁流挂锡之地（图54）。清康熙时，僧海寰重修。清末住持道兴，于寺中设孤儿院，收容孤儿，尽心教养，成绩甚著。

■（图53）龙树寺内兼葭莪

陶 然 亭

亭为清郎中江藻所建。亭基甚高，内曲房回廊，可以眺远（图55）。有清一代，以为觞咏之地。亭下有鹦鹉冢，香冢，醉郭墓，均有铭词，雅饬可诵（详《金石略》）。

清黄景仁《雪后集陶然亭》诗：

城南有高亭，亭与城相向。城雄衔西山，嶻齿走青嶂。残雪时一白，破碎失山状。对山开长筵，兴酣酒为王。中有清气通，遒然发高唱。入座皆俊物，能容我跌宕。转嫌眼界窄，三面碍屏幛。欲撤不可得，悄焉思远贶。疾觅快马骑，径去不复让。岂因困酒逸，略似放翁放。一里得高台，于此足辽旷。野风四面合，始觉所居亢。尺五韦杜天，幕我作行帐。城远随野阔，一线空烟漾。入云翻冻旗，暮角隐悲壮。北眺瓦一垃，万户走鳞浪。傒被暝色催，几处远灯亮。九门将传钥，三殿久散仗。而我此徘徊，清绝转凄怆。同忆亭中人，不见此台上。兴至各有适，何必两相望。抚景伤我心，愿记陶家葬。去去应复来，行行重惆怅。

清张之洞《携家游江亭》诗：

看山宜伴不宜独，如得异书须共读。家有良妻薄名利，拙不能诗亦不俗。城南赁屋陋如巢，庭狭宇卑无草木。共载始来荒陂下，已有清辉炯心目。西廊虚敞列蛾眉，近水远山荟一绿。所惜檐翼未深邃，晚照炙窗不可触。北轩纳山兼纳风，又恨城阓多瓦屋。朝坐西廊暮北轩，竟日游行意未足。粗婢煮茶罗酒盏，山光映篸青可掬。馆职调驯十七载，野性仍难变麋鹿。只合冀缺安耦

耕，提携馌饭治场谷。不然使学庞居士，对屋参禅断荤肉。欲归无山亦无田，偕隐且卜香山麓。

梁鼎芬《和魏斋同游江亭》诗：

经年不见江亭柳，一日含梯换景光。晚有好风将鸟至，坐看新绿与天良。留春尚去花时远，得句能毋酒后伤。微我舍君更谁语，江亭今日似沧浪。

清丁惠康《江亭席上与石遗元虎白葭经畦同作》诗：

精蓝旧事传江总，座上诗人是古灵。半日浮生余觉梦，十年小劫有孤亭。无多名士垂垂老，如此长条故故青。最是道心无住着，芳英满甸眼曾经。

王源瀚《登陶然亭》诗：

江亭高矗城南天，小车一径探幽玄。风棂寂寂蹲僧毡，东壁画佛西壁仙。十二尊者来蹁跹，行坐醒睡皆妙禅。蟾蜍跃跃当我前，醉仙散发张双拳。我来更在春风先，寒芦荄尽冰塞川。空庭叶落僧高眠，茶铛活火为客煎。一僧语我横塘边，老妖月黑号苍烟。风尘涴洞今七年，几回沧海成桑田。祖龙已死鹿走圈，群雄角逐争鸣弦。醉生梦死亦可怜，累累荒冢知谁贤。文人好事工雕镌，冤禽香冢皆铭阡。旧诗满壁苔芊绵，小英佳句无人传。更有醉郭人中颠，长埋碧血荒邱巅。吁嗟乎！人生得气各有偏，贪嗔痴爱皆魔缠。何当捧喝破万缘，游心象外忘蹄筌。坐看蝼蚁争腥膻，一片冰心秋月圆。

原诗小英句下注云："壬子春，余游陶然亭，见壁间两绝句云：'侬家西子湖，生小似明珠。飘泊燕尘里，罗敷未有夫。''弱质常春瘦，情知不永年。如花好皮骨，应葬此亭边。'末署古吴小英题。今则壁已新垩，两诗不复存矣。"

■ （图55）陶然亭

■ （图23）广化寺

■ （图35）民国学院校园风景一

名蹟略下

阮墩谢墅，近错民甿，凫水鹭山，半为僧占，场圃觇课农之绩，林丘置讲学之坛。朗润清华，王孙别业；功德极乐，游客遗踪。远溯沧桑，遥瞻云树。虬松摩顶，托禅意于灵根；萤草流光，泛书声于幽窟。放眼则超乎尘外，昂头则尚矣古人。至若金碧灵官，庄严梵宇，聚八部龙天之呵护，皆百年貂寺所庇施。藻绘畿京，轶洛下佛屠之记；信传开宝，采前朝巷伯之诗。作《名迹略·下》，第八。

北平郊外名迹，僧刹为多。旧时帝王游幸，流连景物，造伽蓝以备休憩或资以祈福。自辽、金、元入主中原，竺信象教，张皇尤甚。加以明代大珰，生非全人，殁虑冥报，输财舍宅，随时而有。虽世易时移，然琳宇梵宫，亦尚有完整未经毁坏者。至若山川佳胜，风景绵丽，为幽人所咏歌，畸士所栖隐，亦不能无纪。兹述四郊名迹，计：汤山，蓟门烟树，满井，望京馆，大通闸，金台夕照，燕墩，丰台，南河泊子，天宁寺，卢沟，钓鱼台，白云观，摩诃庵，慈寿寺塔，慈慧寺，农事试验场，五塔寺，双林寺，大钟寺，大佛寺，万寿寺，高梁桥，长河，燕京大学，极乐寺，广源闸，八大刹，香山，卧佛寺，碧云寺，团城，演武厅，实胜寺碑，黑龙潭，温泉，大觉寺，清华园，石景山，潭柘寺，戒台寺。共四十处。起自北郊汤山，而东，而南，而西郊，极于大觉、潭柘、戒坛止。

■（图1）怀碧桥

汤山

平西北昌平县属。在元、明时,有积水二渠,热汽蒸腾,民人诧为神异,立庙祀之,即今之龙王庙是。《尧山堂外记》载,武宗幸蓟之汤泉,宫女王氏随行,题诗赐之云:"沧海隆冬也异常,小池何自煖如汤。溶溶一派流今古,不为人间洗冷肠。"据此,则汤泉在明代已属宸游禁地。清乾隆帝时,乃于此修建行宫,移旧庙于宫外,是为前宫。又拓地作后宫。光绪二十六年,燬于兵。至民国初元,袁克定氏来此避暑,将前宫稍事修葺。民国7年,徐总统世昌偕陆宗舆、曹汝霖二氏往游,以其地弃之可惜,商于清室,以岁纳八百金向其永租。重加整理,添构房宇。古迹胜地,得以重光。计全部可分为二部:(一)为行宫浴池。前宫宫垣、浴池,尚称完好。有泉水二渠,砌石成二钜池,西热东温,引渠水入浴池备用。宫外设有人民浴池,男女分池。此为有清旧况。民国以来,辟前宫为旅馆,所谓汤山饭店。馆内设有浴池,引泉入池,以供游人之洗濯。据科学家考查,世界温泉皆系硫黄质,味臭有毒,不无遗憾。独此泉原质为镭锭,与太阳质同,故泉水热甚,严冬不减,浴之可以疗病。饭店设备甚周,起居安适,不独便于洗浴也。(二)为后湖。即清之后宫,今废。原有石山一,小而秀,引水成池,泉中产鲤,甚鲜。荷开最早。周缭以垣,以北山为屏。旧有澡雪堂、漱琼室、飞凤亭、汇泽阁、开襟楼诸胜。入民国多倾圮。7年,徐总统及其他私人,于此建别业,点缀风景,有枫叶桥、怀碧桥(图1、图2),枕湖轩、晴晖阁、嶂影楼(图3),归稼轩,听涛挹翠亭,掬泉亭。亭下有金边莲,系此地特产。盛夏以来,避暑亦众。园内多枫树,秋深叶红,与青葱之松柏,相间成趣。旁有更衣亭(图4)。其后有绿竹千竿,上有草亭,风景尤称幽胜(图5)。又,冬令北地严寒,枫叶桥至怀碧桥东一带,水皆坚冰,备有冰床,以供乘坐,兼可作滑冰之戏。而前宫泉水热度,因冬益高,相距咫尺,凉燠迥异,诚属异事。

罗惇曧《汤山行宫》诗:

碧草连冈蔽断垣,幽禽时杂乱弹喧。西山近作惊涛涌,翠柏森如列仗屯。二顷荒陂荷有盖,半额高阁佛无言。汤山自是销炎地,尚有轩车日到门。

蓟门烟树

德胜门外土城,相传为古蓟州遗址,亦曰蓟邱。(土城为辽城及元城故址,详《城垣略》)。旧有楼馆,并废。但地多林木,蓊蘙苍翠。旧传京师八景,有"蓟门烟树",即此。乾隆帝书有"蓟门烟树"石碑。

■ (图2) 枫叶桥

明金幼孜《蓟门烟树》诗:

野色苍苍接蓟门,淡烟疏树碧氤氲。过桥酒幔依稀见,附郭人家远近分。翠雨落花行处有,绿荫啼鸟坐来闻。玉京尽日多佳气,缥缈还看映五云。

施闰章《蓟门》诗:

蓟门风当雨,风定是初晴。北阙云中迥,西山马上明。长杨春出猎,细柳暮移营。儒术惭疏阔,为郎白发生。

满井

在安定门外五里。井径五尺余,清泉突出,冬夏不竭。好事者凿石栏以束之。水常浮起,散漫四溢。康、乾时,宴游极盛。今则破甃秋倾,横临官道,白沙夕起,远接荒村。昔人所谓苍藤丰草与亭阁相掩。映风景已迥不侔矣(图6)。

望京馆

在城东北五十里孙河村。宋、辽时,为南北使臣宿息饮饯之所。今为本市自来水厂所在地。距厂里许,有地名老龙头,有土丘一座,相传即望京馆遗址。

■ (图3) 嶂影楼

大 通 闸

在东便门外,俗名二闸(图7)。以在齐化门外者为头闸,两闸相距约二里许,为通惠河上游。旧时转运南漕,由通州直抵齐化门(事详《河渠略》)。漕运废,水亦渐淤。然每逢夏日,梅雨时降,芦芽丛生。都人士盈轻舟,徜徉中流,自别饶乐趣。游闲公子或征歌板,或阅水嬉,豪者不难,日挥万钱。追夕阳既下,连骑归来,争门竞入。此亦一小销金窟也。

清续耻庵《二闸泛舟》诗:

内漕河水东复东,野艇随波夕照中。试向苇间暂停泊,濯缨亭上吊三忠。

■ (图4) 更衣亭

■ (图5) 草亭竹林

■（图6）满井

■（图7）二闸

■（图8）金台夕照

丰台

在右安门外十八里，接连草桥。河土近泉，宜花居，人多以艺花为业。在元时，达官园亭多在于此。有清乾隆御制"丰台行"诗碑。惟丰台之名，不知所自始，询之土人，并无台。或云地为金之丰宜门，门外高阜，乃名丰台，或近是欤！

王士祯《丰台看芍药》诗：

回首旗亭画壁时，重来已是十年迟。应刘逝后风流尽，只有恒河照鬓丝。宫锦千丝费剪裁，泥他婆尾殿春杯。老颠剩欲相料理，乞取齐奴步障来。雨雨风风态自殊，花花叶叶不曾孤。更添练鹊和蝉蝶，便是徐熙六幅图。霡湿春衣更不嫌，花枝娅姹雨廉纤。鬓丝禅榻心情改，闲看儿童插帽檐。

汤右曾《丰台看芍药》诗：

晓色葱茏锦障开，殿春花事数丰台。天公雨露园公力，等是批红判白来。休嗟狼藉市门前，绕郭栽花万畛连。当日洛阳全盛日，一枝姚魏直千钱。

沈德潜《丰台看芍药》诗：

柔枝秾态若为情，客里看花眼倍明。略似少陵临水见，五家合队丽人行。文窗雕础付苍烟，开到名花转可怜。犹有园丁闲把来，逢人还诉旧平泉。

南河泊子

俗呼莲花泡（图10）。在广安门外石路南。清末有王姓者，于此植树木，起轩亭，有大池广十亩，种红白莲，可以泛舟。长夏游人竞集。厂榭三间，一水回折，八窗洞开，夕照将倾，微风斜拂，浊酒微酣，清兴不竭。故宣南士大夫，趋之若鹜。后王姓中落，以贱值租与德人。现为德人逭暑之所，游览者不复如前之自由也。

越河寺前芦荻秋，太平仓外米船收。中流一舸轻于叶，载得吾曹尔许愁。

朱联沅《游二闸》诗：

放棹行行雨乍残，临流濯发觉衣单。少年裙屐成孤往，斜日筝琶称独弹。此意定随秋水远，微尘并入暮云寒。呼鱼漫斮商杯酒，物外偷欢最是难。

黄节《上巳清明同日瘿公、敷庵约集坝河修禊》：

偈焉禊事过清明，同日东风候已更。北客共忘家在乱，坝河初见水漫生。压堤草树辽辽长，列坐群贤恫恫情。节物尚能分别看，乍回春晓又闻莺。

金台夕照

在朝阳门外五里。有石碑，为燕京八景之一。现碑已倒卧地上（图8）。又，此地传为燕照王遗址，今无考。

燕墩

在永定门外半里许官道西。有清帝御制诗篇，均清汉书。台高二丈，缭以周垣，碑立其中。俗名石闸，不知何解（图9）。

■（图9）燕墩

陈宝琛《南河泊观荷花》诗：

卅年蓄泪来观荷，南泊渐淤花不多。单车犯雨就北泊，但见葭苇风挼搓。柳翁圭翁携手处，破船偃岸虚清涡。吾曹冠佩死未悔，花又何罪天荐瘥。游尘填涨什刹海，谁念效野遗姝娥。早摧潦败及今尽，不树胡刘宁由他。张王醉魄不可起，诗记默涌重滂沱。欲行不忍数回顾，老柳空腹吾苍皤。

曹经沅《雨后南河泊赏荷有作》：

一角西涯变稻乡（张广雅《游积水潭》诗：隔岸乔林附爨烟，荷花愈少愈堪怜。明知不是沧桑事，但惜西涯变稻田），何如背郭好林塘。便从骤雨潇潇后，来领新荷细细香。槛外红裳分野色（广雅《南河泊》诗：零落红裳间绿茄），风前翠羽掠波光。游心恰与荒寒称，未讶人呼作漫郎。

天宁寺

天宁寺其来，最古为元魏之光林寺，隋之宏业寺，唐为天王，金为大万安。明宣德中，改名天宁寺。当元末毁于火，殿宇无存。成祖在潜邸重修，姚广孝居焉。有塔高十三丈，为十三级。相传中有舍利。隋文帝建，四周缀铎万计，风定风作，声无断时。一幢书体遒美，亦开皇中立。惟塔顶旧有珠，不知何时失去，殊可惜（图11）。

明区大相《九日集天宁寺》诗：

帝京重九日，朋旧共开尊。地远城西寺，台高蓟北门。云光移塔影，山势断河源。忽睹南飞雁，令余思故园。

明王绂《游天王寺次王时彦韵》：

古寺寻幽竟夕晖，败垣芳草路依微。乌啼空院僧何在？树老闲庭鹤自归。静对方池移石坐，高临孤塔看云飞。平生自信心无碍，不是衰年始息机。

清尤侗《再游天宁寺》诗：

古刹先朝此道场，三千精舍赞公房。绣幢翡翠遗宫线，宝鼎芙蓉隐御香。虚殿苍茫摇落日，老松寂寞倚寒霜。关山百战多荆棘，处处伽蓝似洛阳。

朱彝尊《寓天宁寺》诗：

青豆房容借，经旬且闭关。日边连右辅，树杪豁西山。六井泉相似，千花塔易攀。不应朝市客，翻羡旅人间。

万古光林寺，相传拓跋宫。著书非柱下，留客即淹中。味坼园蔬甲，香携市酒筒。波涛人海阔，安坐作渔翁。

王士祯《天宁寺观浮图》诗：

千载隋皇塔，嵯峨俯旧京。相轮云外见，珠网日边明。净土还朝暮，沧田几变更。何当寻法侣，林下话无生。

■（图10）南河泊子

■ (图11) 天宁寺塔

■（图14）卢沟桥头之拱极城

朱彝尊《天宁寺大风和徐处士韵》：

> 槛外开皇塔，三千六百铃。天风吹不定，一夜枕函听。呦咽寒虫语，窗摇独树形。故人眠未稳，吟傍佛前灯。

清张之洞《登天宁寺楼》诗：

> 过阙当行复暂留，数将新绿到深秋。贪看野色时停骑，坐尽斜阳尚倚楼。霜菊如人支岁晚，西山似梦隔前游。廊僧亦有苍茫感，何况当筵尽胜流。

左绍佐《同沈观苍虬游天宁寺》诗：

> 天宁我屡来，兹游特萧爽。开轩望西山，白云如鹤氅。万籁已笙竽，松风振奇响。时闻妙香至，前廊丹桂两。浮图蠹其南，不知几十丈。下有孤鸟翔，极视入苍莽。昔传有光怪，倒影散窗幌。常思伺灵境，异事征惝恍，槐柏六七株，翠叶参天上。知非百年物，老态成崛强。郁郁虬龙姿，自带风烟长。经阅几游人，视我独禒褆。金山见如来，植立示一掌。山河满大地，世界何修广。誓度万劫人，岂曰非非想。我方读楞严，自笑落尘网。炊沙谅难成，苦搔不着痒。那能通寂照，一旦祛疑囧。日脚白晶晶，秋晖下平壤。昏鸦亦投林，嘶骑动归鞅。夕磬何泠泠，悟悦足心赏。

卢沟晓月

卢沟晓月为旧京八景之一。有桥长六百公尺，十一孔。作于金大定二十九年，明昌三年告成。铁道未通以前，南十九省入京，悉由此路。桥两旁石栏上，镌石狮数百，殊形异态，无一同者。桥头有城，名拱极城，现为宛平县署。此城扼塞通津，形势最要（详《河渠关隘略》，图12、图13、图14）。

金赵秉文《卢沟》诗：

> 河分桥柱如瓜蔓，路入都门似犬牙。落日卢沟沟上路，送人几度出京华。

金元好问《出都经卢沟》作：

> 汉宫曾动伯鸾歌，事去英雄可奈何。但见觚棱上金雀，岂知荆棘卧铜驼。神仙不到秋风客，富贵空悲春梦婆。行过卢沟重回首，凤城平日五云多。
>
> 历历兴亡败局棋，登临疑梦复疑非。断霞落日天无尽，老树遗台秋更悲。沧海忽惊龙穴露，广寒犹想凤笙归。从教尽划琼华岛，留住西山尽泪垂。

元曾棨《晓过卢沟》作：

> 渺渺平沙障远堤，一川斜月石梁西。光连古戍迷鸿影，寒逐晴霜入马蹄。云淡渐看银汉没，烟空微觉玉绳低。经过曾此陪仙辇，两度停骖听晓鸡。

钓鱼台

台在西便门外约五里许。昔为金主游幸处。乾隆三十八年，濬治成湖，以受香山新开引河之水，复于下口建闸，俾资蓄泄，由三里河达阜成门护城河，转入城东通惠河。台有乾隆御书"钓鱼台"三字（图15），内有行殿曰养源斋。有亭二，一名潇碧（图16），一名澄漪（图17）。台旧

■（图12）卢沟桥

名望海楼，所在地名花园村。北平大学农学院在其左近。

明公蕅诗：

> 花石遗墟入战图，蓟门衰草钓台孤。不知艮岳宫前叟，得见南兵入蔡无。

吴煜《钓鱼台》诗：

> 金主鸾舆几度来，钓台高欲比金台。可怜台下王飞伯，不及鲦鱼得奋鳃。

邓镕《望海楼》诗：

> 陂塘荙荸故行宫，旧院间廊曲曲通。横楄御书巢野鸽，交床破褥绣盘龙。一从翠辇归天上，时见珠钿出地中。阅尽兴亡谁健在，天宁随塔柱晴空。

林志钧《听水师约游钓鱼台》诗：

> 鱼跃池东破镜面，连檐新竹当窗见。翻翻丛绿泉晴空，却带松声落虚院。登盘菱角剥嫩玉，潇碧轩开坐忘倦，百年乔木接恩波，谢傅林亭隔青甸。

北平大学农学院略史：

> 前清宣统元年，学部奏请拨望海楼附近罗庄官地一段，为农科大学。民国元年落成。3年改农大为农业专门学校，路孝植任校长。次第设图书室、林场。10年，改订学制，废止预科，改本科为四年。

原有农科，分农业经济学、农业化学、植产学、育牧四门；林科分林政学、造材学、利用学三门。11年，购南口三岔峪等地一千一百亩，为第二林场。12年，复为国立农科大学，订定组织大纲，设农艺、森林、畜牧、园艺、生物、病虫、农业化学七系。17年，改称北平大学农学院。18年，扩充钓鱼台为院址。19年，预算增加。20年，改许璇为校长。

白云观

在西便门外左二里，元之太极宫也。元太祖时，遣使自奈曼迎长春真人丘处机馆于此。因其号赐宫名长春。明正统三年重修，易名白云观。观南向，前有牌楼一座。入殿门，左右有钟、鼓楼各一。正殿凡五进，建筑伟丽，为北平道院之冠。第四进殿，为丘祖殿，塑真人像，传为刘元所塑。像前一钵，刳木瘿为之，上广下狭，可容五斗，内涂以金，外刻清高宗御制诗，承以石座。第五进殿楼，为三清阁。都人以处机真人生于正月十九日，是日，少长咸集，游骑杂沓，车马骈阗，谓之宴邱，亦曰燕九节（图18、19）。

长春真人小传：

> 真人姓丘，名处机，字通密，号长春子。登州栖霞县滨都里人。

■（图13）卢沟晓月碑

■ (图 15) 钓鱼台

■ (图 16) 钓鱼台潇碧轩

■ （图17）钓鱼台澄漪亭

■ （图18）白云观大门

金大定丙戌，十九辞亲居昆仑山。丁亥，谒重阳全真开化王真君嘉于宁海，请为弟子。戊申，召见阙下，随还终南山。贞佑乙亥，金主召，不起。己卯，宋遣使来召，亦不起。是年五月，太祖自奈曼国手诏征聘，处机与弟子十八人往焉。壬午，见太祖于雪山之阳，拳拳以止杀为劝。问为治之道，则对以敬天爱民为本，问长生久视之道，则告以清心寡欲为要。太祖深契其言。癸未，乞东还，赐号神仙，爵大宗师，掌管天下道教。甲申八月，奉旨居燕京太极观。丁亥五月，改太极为长春。七月，留颂而逝，年八十。至元己巳，诏赠号"长春演道主教真人"。

元袁桷《游长春宫》诗：

珠宫敞殊界，积构中天台。神清历倒景，青红隐蓬莱。群山助其雄，衮衮从西来。八荒昔禹甸，为此增崔嵬。旧邑环蚁垤，清泉复流杯。雪低落日净，荶苍同飞埃。缅怀古仙伯，采芝雪瑶瑌。长春岂酒国，杀气为之回。天风起高寒，玉佩声徘徊。空余水中轮，历录环春雷。之人去已久，松声有余哀。

明朱国祚《题白云观》诗：

一言止杀古人难，多少遗臣借尔安。辛苦捐躯文信国，得归也拟着黄冠。

朱彝尊《白云观》诗：

爱见晴山出，郊西万木疏。偶寻樵子径，因访羽人居。活脱存遗像，苍凉感废墟。惟余彩幡字，仿佛鹤头书。

世祖兴元日，真人独诣丘。片言能止杀，万里不虚游。羽蜕长春观，池枯太液流。谁裁释老傅，乃与帝师侔。

徐乾学《白云观》诗：

浮图宝铎半空闲，仙观还看榜白云。霜树绀园鸦自集，岩花丹灶鹤依群。碑镌仁寿留千载，踪驻崆峒记数君。行乐只应凭眺遍，未妨徒倚到斜曛。

摩诃庵

在阜成门外八里庄。明嘉靖丙午，中官赵政建。庵不甚大，然洁净特甚，前后多松桧，四隅各有高台，叠石为之。一望川原如绣，西山苍翠，与人衣袂接。清初名辈，如王渔洋、高江村辈，往往载酒流连，赋诗为乐。庵东偏院金刚殿，有明人重临三十二体金刚石刻。以院宇颓败，现袁市长饬所司修复（事详《金石略》）。又，志载：庵四隅高楼，明季，魏忠贤过此瞆额，顾左右，安用此蠹立者为。寺僧大惧，日夜命工毁之。然现庵之东南隅，尚有土台一座。庵僧云，上本有楼，为驻兵所毁。此台虽亦叠石为之，但石礈尚新，当系后人改作，非明之旧也（图20）。

高士奇《摩诃庵看杏花》诗：

青郊略转见花菲，日暖园林燕子飞。别圃乍经山杏落，僧厨新煮药苗肥。繁花舞蝶迎人面，细草轻烟上客衣。更向层台高处望，千峰螺黛送春晖。

慈寿寺塔

摩诃庵旁，旧有慈寿寺。明神宗为慈圣太后建，成于万历六年。有塔高十三级，四壁金刚像。旧时殿宇宏壮，今已毁，惟塔尚岿然独存（图21）。

慈慧寺

寺在阜成门外二里。明万历壬寅，蜀僧忍庵建。清乾隆重修。寺中有旃檀佛金像，乃黄太史辉手自拨蜡，精工特甚。

寺碑为陶望龄撰，黄辉书，极名贵。又，寺殿后壁有空隙，大如钱，树影皆倒，人行于外，现全影，缩不盈尺，亦大异事。

农事试验场

昔为乐善园旧址，原系前清御园。清光绪三十二年，由商部奏准，改为农事试验场。经营布置，需时二年，始告成立。民国4年，冠以中央字样。民国17年，改为北平农事试验场。18年10月，改称天然博物院。23年11月，奉行政院令，改归北平市政府接管，定名北平市农事试验场。今俗有三贝子花园之称者，以西偏一部分旧为某贝子家园也。全场面积约一千零六十二亩。农场开办之始，清慈禧后及光绪帝，历次谕告部臣注意风景，故各项建筑物多带园林形式。又是时，端方氏在德国购来虎、豹、狮、象等多种动物，交场内豢养，故本场又有万牲园之称。特以风景之优，设备之富，又以地处城郊，不僻不嚣，空气既佳，交通尤便。故来游者，于实地研究动植物，暨观摩农事外，咸爱景物，视为游息之乐园焉。兹就场内主要各地，依次略述如下：（甲）动物园。在本场大门之东偏，界以短垣，环以流水。有二门通，西门有桥，曰观鱼，北门内有桥，曰眠鸥。园饲脊椎动物。哺乳类有虎、豹、狮、象、猿猴、熊、狐狸、牦牛、五

腿牛、麋鹿、麃等；鸟类有鹦鹉、仙鹤、戴冕、鹤、鹭、秧鸡、鹈鹕、鸳鸯、孔雀、锦鸡、雕、鸢、枭、鸵鸟及鸣禽类多种；爬行类有鳄鱼、绿毛龟及蛇类等；两栖类有鲵鱼等鱼类，饲淡水鱼多种，共计一百余种。（乙）农产标本室。在荟芳轩，陈列谷、菽、棉、麻、丝茧、林木、药材、茶叶、羊毛等类标本一千二百余种。轩前即芍药圃。（丙）豳风堂（图22）。建筑宏敞，藻绘鲜华。东偏有累石为山洞，西为纡曲之长廊。俯瞰荷塘，堂前有文冠树数株，为本场珍奇之品。有磊桥（图23）。堂西有牡丹多种，有亭名牡丹亭（图24）。其后面土山上，林木茂密，风景幽雅。（丁）海峤瀛春。岛上楼阁皆作东洋式，并有樱花多种。（戊）园艺标本室。室内植物模型九十余种，花卉籽种二百余种，果实浸制标本十余种，园艺器具约九十种。（己）植物园。面积约三十亩，分为若干区，按照植物自然分类之系统，分别按区培植中外不同之植物，约千余种。（庚）温室。专培养奇花异卉，四时不绝，类多热带植物，而秋末之菊花，尤负盛名。（辛）畅观楼。清光绪三十四年，慈禧及光绪帝，先后临幸。于此楼内，有德宗及慈禧后驻跸之榻，及各种陈列品。最高楼顶，西可远眺西山，东可俯窥全城。（壬）鬯春堂（图25）。堂之四周，叠石为山，环植槐柳桃杏之属，景物幽胜，甲于全场。（癸）动物标本室。共分四陈列室，分别陈列哺乳类、鸟类、

■ （图20）摩诃庵

爬行类及两栖类、鱼类。统计品种在一千以上。此外尚有水田、旱田，各分区试种优良稻、谷、棉、麻等。又有果园十五区，栽植中外果树并培养果苗，以广传播。

五塔寺

寺在试验场之北，本名真觉寺。明成化五年建。中有金刚宝座，上建五塔，中一塔较高，约高三丈余。四角各一塔，各高二丈余，座高约二丈余。方形，四面均镌佛，数约五百余。中空，拾级可登寺。清末毁于火，塔亦略有损失，今正着手修复。按，五塔金刚座为印度高僧板的达所监造，一仿印土规式。印土原塔曾摧毁，英人改造，失其真相。现全世界惟此为二千前旧型，故弥足珍贵也（图26）。

■（图21）慈寿寺塔

双林寺

在西直门外三里许。明万历初，大珰冯保营葬地，造寺曰双林。双林，冯之别字也。后保败，寺入官。有印度僧足克戳古尔来京演法，帝赐居此，改名西域双林寺。寺旧有三大士，塑西番变相。又有水池，多朱樱，有塔。今庙宇全废，惟塔尚存（图27）。

《宸垣识略·足克戳古尔入中国考略》：

足克戳古尔入中国之时，正冯珰建寺之时。其后冯败而寺存，因以居之，赐名西域双林寺。增设西番变相，非特建也。《六研齐笔记》载，番僧锁喃嚷结自述云："初至中国，住五台山罗睺寺。二年，遇太监刘润，引至北京双林寺。万历三十年五月，启奏明肃皇太后，命住万寿庵（即万寿寺）持咒。三月，有番经厂太监张贵奏

■（图22）幽风堂

■（图23）磊桥

■ （图24）牡丹亭

■ （图25）曼春堂

■（图27）朱樱塔

于御前，令引见，命住双林寺，设坛济幽四十九昼夜。赐紫衣宝冠，命西经厂掌坛，教授中贵云云，其叙甚详。《帝京景物略》所载多传闻之误也。

叶映榴《双林禅院观荷》诗：

　　胜侣寻幽刹，芳莛对水张。宿红窥镜影，高翠掠珠光。雨后人尤爱，觞传我亦狂。相看尘土气，俱付碧云乡。

汤石曾《过双林寺》诗：

　　高柳鸣蝉已到门，小桥雨坏昼昏昏。茶香一勺知新味，鸿爪何年识旧痕。午落槐花秋梦冷，自翻荷叶午风喧。痴人未用痴相惜，宝带华缨一笑论。

大钟寺

　　旧名觉生寺。在西直门外迤北。寺有大钟，铸自明永乐初年，径长丈二。内外刻佛号，弥陀法华诸品经，蒲牢刻楞严咒。铜质精好，字画整隽。相传沈度笔，姚广孝监造，名华严钟。旧存万寿寺内，乾隆十六年，移置觉生寺，土人呼大钟寺（图28、图29）。

■（图26）五塔寺

大佛寺

大佛寺在西直门北三里香山乡畏吾村。明正德中，太监张雄建。赐额曰"大慧"，并护敕，勒于碑。寺有大悲殿，重檐架之。范铜为佛像，高五丈。土人呼为大佛寺。嘉靖中，太监麦口于其左增佑圣观，后盖真武祠。时世宗好道，寺借此以存。清末重修，旁塑二十八宿像，甚奇诡（图30、图31）。

万寿寺

万寿寺在广源闸西数十武。明万历五年建。殿宇宏丽，门临大道。清代更加修葺。清末，慈禧太后乘舟赴园，于此休息。寺建筑伟大，有正殿、前殿、后殿，有铜佛，有碑亭。碑文为翁同和撰书。上有千佛阁（图32），阁七楹，两层壁间，安小佛数千。寺中各建筑物均完好，惟前部为东北难民子弟学校占用，游人出入难自由耳（图33）。

■ （图28）大钟寺

■（图29）大钟

■（图30）大佛寺二十八宿塑像之一

■（图31）大佛寺二十八宿塑像之二

高梁桥

出西直门约里许，为高梁桥，在平绥路线以西。桥东为玉河，穿过铁路线，入护城河。桥以上为长河。旧为慈禧后往颐和园舟行经路。桥旁旧有倚虹堂，崇饰华丽，为西后登舟处。今废。

长河

由高梁桥起，直入昆明湖。河水清涟，两岸密植杨柳，夏日浓荫如盖，炎歊净洗，游人一舸徜徉，或溪头缓步，于此中得少佳趣（图34）。

燕京大学

在平市西郊，海淀镇之北，圆明园之南，接近颐和园。基地共七百八十余亩，其中三百八十余亩，为明米万钟勺园故址。勺园在明季为京西名园之一，前人载籍多称道之。后虽荒废，然其中亭台池沼之遗迹，犹历历可寻。校舍建筑为美国名工程师所设计，其主旨在融合中西艺术优点，使其一方能保持中国建筑宏伟与美丽，一方仍能得西洋建筑之切合实用（图35、图36）。校内有未名湖，最称清幽。其四周建职教员住宅区四处，东曰燕东园，南曰燕南园，其西之蔚秀园，北之朗润园，均系故家名园，为燕大所租用者。

燕京大学学制纪略：

燕大本科分三学院十八学系：（一）文学院。分国文学系，英文学系，欧洲文学系，历史学系，哲学系，社会学系，教育学系，新闻学系，音乐学系。（二）理学院。分化学系，生物学系，物理学系，地质学系，心理学系，家事学系。（三）法学院。分法律学系，政治学系，经济学系。各院系各有其必修及选修课程，学生由一年级入学时即须选定学院，于二年始业即须选定学系。本科之上有研究院，专为大学毕业仍有志深造者而设，期限为两年。本科各院中，尚有专修科。现已设立者，制革属化学系，及幼稚师范属教育系。此外尚有宗教学院，初名神科，与文理法并称，民国13年改名。但斯院设置，系为学生及职教员自愿研究基督教义者而设，不在请求立案范围之内，故18年呈部时，已附带声明云。

极乐寺

傍长河东岸，在农事试验场后。明成化中建。严嵩撰碑，现存。正殿、后殿各一，东院有亭，旁植文官花。寺在前清时，牡丹最盛，东有国花堂，有成邸所书额。后牡丹断尽，又以海棠著，旧志称海棠树高两三丈，凡数株。国花堂前后皆海棠，望之如七宝浮图，奕奕有光。今海棠亦尽，惟有文官花，秋初结果，寺僧以之遍赠施主，以结善缘。景物变迁如此，可胜慨叹。幸近日寺僧尚能自振，整理残败，渐有可观，假以岁年，或可有复兴之望也（图37）。

■ （图32）万寿寺千佛阁

■ （图33）万寿寺内景之一部

■（图34）长 河

■（图35）燕京大学大门

■（图36）燕京大学全景

广源闸

在长河中间。昔时，清慈禧太后乘船回颐和园，于此换船。两岸杨柳葱青，景物佳妙。

八大刹

西山之阳，有山名翠微山，出阜成门二十余里即至。山麓原名平坡山，明宣德中有翠微公主葬此，故改翠微山。势高入云际，为西山最秀杰处。附近庵寺甚多，最著者有八，俗名八大处，实即八大刹之音讹也。（1）长安寺。寺依山拓筑，室宇闲旷，亦名善应寺。弘治间建，至清康熙年间重修，均有碑记。殿前有白虎皮松二株，相传为元时物。（2）灵光寺（图38）。志称在觉山，为金世宗时觉山寺旧址。寺殿宇弘敞，傍有水池蓄金鱼，巨者盈尺。池上有亭榭，颇具幽致。旁有归来庵，端方所建。寺后山际，旧有韬光庵，毁于火。（3）香界寺。一名平坡寺。因山势平坦，故以为名。明洪熙时名圆通寺。清康熙十七年，改圣感寺，乾隆十四年，改今名。殿阁崇闳，为诸寺冠。（4）大悲寺。旧名隐寂寺。明嘉靖二十九年建大悲殿，改今名。（5）龙泉寺。亦名龙王堂，康熙年建，在虎头山麓。殿右墀阶下，有螭吻吐水，莹澈可鉴。按，明宪宗御制灵光寺碑云，觉山寺旧名龙泉寺，后改灵光云云。据此，则灵光、龙泉本为一寺，后分为二耳。（6）三山庵。俗称麻家庵，亦称三山庵。无碑记，未悉建置年月。

■（图37）极乐寺

■（图38）灵光寺

■（图39）宝珠洞风景

(7) 宝珠洞（图39、图40）。洞深广逾二丈。明初有僧人苦修，遗蜕在焉。《帝京景物略》云，洞石黑白点相参，故名珠洞。前有平台，可以眺远。(8) 秘魔崖。在翠微山后一里之卢师山，一名尸陀林。隋末仁寿中，有沙门卢姓，自江南来，卓锡于此崖上。有大石嵌空，约达二丈，昔人谓形如芝，实具奇致。山顶有狮子窝，高出群峰，俯视昆明湖，湖如盂，浑河如带，北平城内，全归眼底。以上八寺，高下断续相连。有汽车路，可通山麓（图41）。

香　山

在玉泉山西南五里。原有香山寺，洪光寺。清建静宜园行宫，点缀景物，各臻其胜。清乾隆帝有"静宜园二十八景"诗传于世。咸丰十年毁于火，仅余宫门、铜狮及琉璃碑坊（图42）。松雾云庄双井，金世宗梦感泉之故址也，今改为双清别墅（图43）。昭庙即宗镜大昭之庙遗址，现仅存琉璃塔一座，高七级（图44），北平女界红十字会改建医院。甘露寺原址则改为甘露旅馆。其他地址则辟为慈幼院、男女工厂等等，设备颇完美。山巅石崖壁立处，有亭曰"森玉笏"，以西南峰旧有御题勒石，今仍其名。登临远眺，目穷千里。园中名景，有听法松（图45），他如乳峰石、蟾蜍石、丹井、璎珞岩、来青轩等，均约略可指。夏令游人极多，可由旅馆代雇肩舆，遍览全山胜景。

卧佛寺

在香山旁之五华山。唐时修建，原名兜率。明改永安。清名十方普觉寺。以中有卧佛，故名卧佛寺。佛系铜质，倒眠殿上，长三丈余（图46）。殿前有娑罗树，大可数围。寺后有屋数楹，杂以池沼亭阁、古木怪石，曲折有致。

碧云寺

寺在香山东麓。元耶律楚材之裔阿利吉，舍宅为寺，曰碧云庵。明正德中，内监于经扩之为寺。杰构连云，回廊偃月。寺后有于经生圹。经败，魏忠贤攘为己有。后忠贤戮尸，亦未得葬。寺门东向，前有石牌坊，雕刻甚精美。内殿四层，南为罗汉堂，有木雕罗汉像五百，雕塑甚精美。后有藏经阁。北为涵碧斋，后有云容水态，内有元碑二。寺之胜处，在金刚宝座塔，塔仿印度式，白石为基，凡三层，上列石龛，顶建七塔，塔凡十级，建筑雕刻极其精妙。现为孙总理衣冠冢（图47）。

团城演武厅

演武厅在香山附近，为雍正时所建。雍正初征讨金川，番人列寨拒守，旗兵不善攀登，师久无功。雍正帝乃于此处建碉堡多处，选旗兵之壮健者为健锐云梯营，以练习仰攻，

■（图40）宝珠洞明僧遗蜕

■（图41）秘魔崖

■（图42）香山静宜园琉璃坊

■（图43）双清别墅

■（图45）听法松

■（图44）宗镜大昭庙琉璃塔

■（图46）卧佛

今碉堡尚多存者。演武厅，民国23年遭火焚，惟团城尚完好。城上有屋数间，今为市府林场办公处（图48）。

实胜寺碑

寺在演武厅西，为雍正十一年所建。雍正帝亲制碑文，用满汉回藏四体字亲书，四面精镌，字体雄秀。文中序清代未入关前，太宗征叶赫，获胜师旋，于奉天建实胜寺以旌功。兹寺盖因平定金川有功，依故事建立。文字亦甚优美，碑方形，约高二丈，以亭覆之。今尚完好，寺宇则一片瓦砾矣。

黑龙潭

潭在西直门外西北三十余里，金山之麓，潭水泓然以深，不泛不涸。前代时以亢旱，祷望其地。潭之西北，小山累累，迤北一冈，创建庙宇祀龙王，殿宇依山势高下，建筑极为雄伟。殿原覆碧瓦，清乾隆三年，改易黄瓦。明清两朝在潭庙周隅，勒有台碑数座，覆以碧瓦小亭（图49）。

温 泉

泉在西直门外黑龙潭西数里。西有山，曰画眉山，产石黑色，浮质而腻理。山北十里平畴，温泉出焉。泉如汤未至沸时，甃而为池，以待浴者。又即山之旁，建筑屋宇，设立天然疗养院，浴之既久，宿疾可以勿药而愈。又设有旅馆、食堂，备游人膳宿。

大觉寺

寺在西直门外西北六十里，宛平县属。由西直门乘汽车，沿车路行过青龙桥、西北旺、黑龙潭、温泉村，即达此处。有山曰旸台，旧有寺曰灵泉。传记所载，金时即建有寺院。明宣德三年，以其山势

■（图47）衣冠冢

■（图48）团城演武厅

盘环，水流萦回，木郁以苍，草茂以芬，盖一天造地设圣境，遂命中官董工修葺。敕赐额曰："大觉寺"。后于正统十一年，又依山重造殿宇，并颁大藏经典一部，永充供养。流传至今，六百余年，犹为西山著名寺宇。寺东向，殿宇建筑巍峨，丰碑峙立，皆历朝皇帝御制碑文。最后山顶，有舍利塔一座（图50），为乾隆时造。塔后为龙潭，水清可鉴。后殿左有古白果树一株，周围二丈有余，虽生意已尽，矗立婆娑，一望而知为数百年前遗物。寺之南院，有玉兰二株（图51）。北院有娑椤树数株，均极名贵。又，山之周围，桃杏极夥，而以距寺五里之管家岭，尤为繁盛灿烂，每届春季，花香鸟语。前往观花者络绎不绝。

方兆鳌《旸台观杏呈听水夫子》：

念年不踏京西山，因花偷我半日闲。春光载酒忝游客，不遣风雨重来干。（师前岁诗，观花遇雨花亦谢。）缘冈迤逦抱繁影，朝岚染湿高枝寒。吾侪法念饱全胜，意外饷我洋洋观。嫣红半笑压众白，得时者贵天不悭。消息山南过山北，流恨三日迟来看。取悦在貌吾所耻，有穷际遇非等闲。吾师贮意在花外，萧散境亦厪时艰。天心地气会有转，盛衰仁见相回环。

清华园

园为明戚畹李伟别墅旧址。清季，清华大学就清华园建立，仍其名。宣统二年，开始建筑校舍，三年告成。就原有之陂池丘陵，点缀布置，蔚然大观。民初次第建筑图书馆、体育馆、科学馆等，于民国9年，次第完成。18年，复议添建生物学馆、电机工程实验室、机械工程实验室，经营伟大。校前为平绥路经过之清华园站。自车上遥观，崇楼杰阁，树木阴翳，诚壮观也（图52、图53、图54、图55、图56）。

清华学制述略：

清华学制，初分高等及中等二科。毕业期限定为八年，高等、中等各四年，为留美之预备。自民国10年起，变更原有制度，分学校

■ (图51) 大觉寺玉兰花

■ (图53) 气象台

■ (图52) 清华大门

■（图54）大礼堂

■（图55）图书馆

为三级：一为初级大学；一为高等；一为中等；高等中等各室，三年毕业，初级大学设两年。大学课程渐具分科之基础，同时停招中等学生，至13年完结。于14年，改办大学部。17年，正名为国立清华大学。18年起，设文、理、化三院。21年，成立工学院，为文、理、化、工四院，共设十七学系。研究以次成十三研究所。23年，中央议决，拨圆明园遗址归其接管，筹办农场，为添设农学院之准备。从此事业加增，规模愈益扩大矣。

石景山

山距京西南四十余里。近傍浑河，孤峰特立，上有金阁寺，有塔，宜远眺。明正德中，朱宁建。下有通济寺，雍正年建，以祀永定河神。

清王士祯有《登石景山浮图》诗：

浮图矗山顶，峻增插孤标。千盘历洁曲，直上凌风飙。寒空稍明净，百里见纤毫。茫茫塞上山，浩瀚连波涛。浑河荡山来，石壁如动摇。咫尺居庸关，鸟道回青霄。上谷接云中，设险非一朝。圣朝亭障空，九泥罢函靫。关门闲落日，士马无矜骄。回身望渔阳，城门何寥寥。蓟邱植汶篁，遗列思燕昭。望诸与骑劫，智勇皆蓬蒿。朔风扬惊沙，屯云怒盘雕。慷慨一伤怀，万古心郁陶。冷然御风行，挥手辞尘嚣。

潭柘寺

寺在京西七十里，当西山之中。西山旧称太行第八陉，嵊岭重叠，抱抱回环，寺培嵝当群山中心，九峰庈列。古

■（图56）化学馆

有龙潭、柘林，因以得名。山志称：寺址本为龙潭，所谓海眼。华严师时，潭龙听法。法师欲开山，龙即让宅，一夕大风雷雨，青龙避去，潭斥为平地。开创于晋时，谓之嘉福寺。肇兴于唐，曰龙泉。重饬于金，熙宗敕赐寺额，曰"大万寿寺"。明天顺元年，仍名嘉福。清康熙时，敕改岫云寺。顾虽额名屡易，而潭柘之号，传久不衰。燕人谚云："先有潭柘，后有幽州"。盖旧都寺庙最古者。寺基南北八十丈有奇，东西五十丈有奇，周围共三百丈。寺前有牌坊一座，清康熙题曰："香林净土"。坊临怀远桥。入山门百余步，面势修整，山环水绕。题额"岫云寺"（图57）。内有天王殿，有四大天王像，高丈余，中供坦腹弥勒佛像。再进为大雄宝殿，五楹，高七丈（图58、图59），余围以白玉石栏，镂刻精巧，题额"清净庄严"，中有大青、二青。旁有帝王树。后为三圣殿。再后为毗卢阁，七间，高四丈七尺（图60），上下两层，可供眺望。由此往东，有圆通殿。又东为舍利塔，地藏殿。往南为方丈室，五间，庭院幽爽，列莳花木，御题"松竹幽清"。方丈前有行宫五间。又南有南楼五间，楼最幽敞，面寺前锦屏、

捧日诸峰，霞光云影，瞬息万变。地藏殿东，有清太后行宫，流杯亭，潭水自山而下，潋潋绕阶，放之则流，驶之不停，止之则清澈可鉴。其余有妃嫔宫、内侍房，今均为僧寮。此正殿东各处之大略也。其由毗卢阁往西，有观音殿，妙严公主拜砖在焉。东有文殊殿，西有龙王殿，前有大悲殿，有势至殿、药师殿、戒坛三间。戒坛前为楞严坛，制圆金顶黄瓦，内像设庄严，依经文结制，曲尽其妙。其余别院寮房，多至不可胜记。又离寺西南一里许，有观音洞。东有紫竹禅院，供华严师像，开山峰第一祖也。院之西北有歇心亭。由此循级而上，约一里许，为姚少师静室，内塑少师像。又北三里许，有烟霞庵。又、西北为青龙潭，流泉泪泪，终岁不断。至此，寺之形势益崇，而山之胜概，悉备于此矣。大青、二青藏寺中殿上（图61、图62）。

赵怀玉诗：

大青小青生何年，法力能卫诸天禅。华严讲经潭夜徙，至今龙子纷流传。龙子来，闻钟自徘徊，龙子去，山深不知处。我来恰见一龙子，蟠伏篚中宛其死。对之诵梵呗，昂首掉

■（图57）潭柘寺山门

（图59）大殿内妙严公主拜砖

舌若倾耳。入夜忽放光，光从鳞甲起。观者投一钱，龙悉亦为僧所使。吁嗟乎！尔既通神合升举，胡不驱风雷致云雨，乃同尺蠖困泥土？世无刘累尔合饥，彼叶公者何人斯。

赵怀玉《妙严公主拜砖》诗：

元祖勤马上，晚始混九陬。顺圣合最贤，於宋恩礼笃。诸王尽龙准，大都习戎服。贵主凡四人，下嫁多右族。未闻皈空门，仗佛修净福。今来大士前，林立皆眷属。其旁留古砖，妙严有遗躅。相传祝发处，即在此山麓。持诵观音文，顶礼历寒燠。尚存双趺痕，想见五体伏。系以紫柏赞，贮彼花梈木。精神苟专注，金石亦销缩。小儒嗤诞妄，毋乃识褊局。但闻慈悲力，普使幽明烛。如何金妖氛，陵墓遍逞毒。宝器恣搜括，枯骸争践蹴。煌煌天衣寺，过者惨心目。纵证一家果，长闻万鬼哭。

杨增荦《雨后入潭柘》：

雨霄乱烟散，探奇入九峰。峰峰泻丹泉，佛在泉声中。杂果与众树，沿溪间青红。山光如相语，托之于鸟虫。遥想妙明砖，双趺隐微踪。山僧未尝学，能言临济宗。饭后兴未已，洞壑经数重。不见龙潭云，归途惜匆匆。

两鸥吻。世传潭龙让宅，一夕平地涌出，今殿角双鸥是也。

江宁艾容《少师静室画像》诗：

万叠芙蓉缀岭西，青鞋巳破系还跻。壁藏溪涧声声错，路过泉声步步携。僧记寒山黄叶早，人临秋月夜云低。独庵老去知何在，彻骨风流自品题。

王泽弘诗：

少师靖难辅诸闲，尚有茅庵在翠微。宿世合为真主佐，老来仍着旧僧衣。风飘台瓦鼪鼯入，日冷崖墙薜荔围。却恨江南书种绝，一时视死竟如归。

雀儿庵在潭柘山后。金章宗幸此弹雀，弹无虚发。章宗喜，即行幄为庵题曰"雀儿庵"。后更名孔雀庵，而今称雀儿如故。

施闰章诗：

石子鸣马啼，夕岚出衣带。遥觅雀儿庵，数点归鸦外。

梅庚诗：

雀儿庵好游人稀，潭柘峰高山路微。僧房倦倚一丛竹，坐弄潺湲忘却归。

（图58）潭柘寺正殿

■（图60）毗卢阁

■（图61）龙潭

■（图62）潭柘寺远景

戒台寺

　　去旧京七十里。寺枕西山极乐峰。游人至山麓，有石琢牌坊一座，高三丈，宽五丈，瓦椽槐梅梁柱，均白石琢成（图63）。由此登山，约行里许，蜿蜒至寺门（图64）。寺，唐初（武德中）名慧聚寺。辽时，有法均大师开山筑戒坛。坛方广极大，四周三出陛，全以白玉石作。戒坛上有佛像，全国戒坛之大此为第一（图65）。金时，波罗尊者于此说教。明正统中，易名万寿寺。成化中，有道孚法师者，世称鹅头祖师者，益宏殿宇。正殿为大雄宝殿，额传为严嵩书，然殊不类。正殿后为千佛阁。阁东为戒坛，坛前有明慈圣太后铸银鼎。上为观音阁。东有慧聚堂，清恭亲王斥赀建。西为方丈室，僧寮。别院众多，不能悉记。戒坛后有金天德四年碑，极名贵，韩昉撰，高衎书丹，近以漶漫不可辨识。戒坛以松著，旧有活动松，于清光绪十七年枯萎。现存者：（1）卧龙松（图66）。一松横卧，枝叶繁，如虬龙卧地，故名。（2）九龙松。本干围二丈余，上分九干，粗极及合抱者，松白皮，各挺立枝偃盖，极极为奇伟。（3）抱塔松（图67）。松枝横出，旁有塔，槎枒回抱，亦为异观（图68）。

清赵怀玉《戒坛看松遂登千佛阁》诗：

　　潭柘以泉胜，戒坛以松名。遥看积翠影，已觉闻涛声。入门各旧识，俯仰如相迎。一树具一态，巧与造物争。我昔曾作歌，今尤未忘情。抚之久盘桓，徐起周化城。扪幢稽岁月，访碣披榛荆。我诗无纱笼，早逐尘沙倾。惟有选佛场，与塔同峥嵘。

　　峨峨千佛阁，实为此山升。谁同贯勇登，老友不言倦（谓韩封君）。浑河从西来，远势走如线。其右列若屏，青嶂拱一面。是时秋已深，林叶霜初遍。夕阳还照之，紫绿顷刻变，莫嫌色相空，能使天地绚。荆关费烘染，丹采失陶炼。说与未游人，闻之定生羡。

清管绳莱《咏戒坛松》：

活动松：全身皆欲动，草木尚如斯。独客嗟飘系，苍茫自咏诗。
卧龙松：藓剥横偃身，风动之而举。何年卧此中，鳞甲含秋雨。
九龙松：爪牙何嶙峋，势与风云会。不作湘潭吟，未赓九里籁。
莲花松：根下坐点笔，层云已荡胸。因参释迦法，顶上坐芙蓉。

清张之洞《戒坛松歌》：

　　策蹇寻山冒残暑，食宿招提已四五。仙嶂灵湫那得逢，枉使人畜挥汗雨。精庐雕饰有檀越，佛衣降剥见黄土。法缘一线在戒坛，叩门先听松声寒。横广平台五十步，穆穆护法排苍官。墨云倒垂逾万斛，压折白石回栏干。潮音震荡纤墙扫，气象已足肃群顽。矫如神龙下听法，赫若天王司雷关。十松庄严皆异态，各各凌霄斗苍黛。一株偃蹇甘独舞，不与群松论向背。此树百年应可知，开皇下迄耶律代。门内白足鸣鼓钟，年年传法欺愚蒙。何人饱食携生具，享此万壑清凉风。风动树开见山趾，帝畿浩浩尽百里。长波九带萦坛来，历劫不枯桑干水。回望西山众精蓝，只为房峰与穴蚁。彼法开山信人，善跽灵奇为栖止。定知末法三千年，法终不灭松不死。

■（图63）戒台寺石牌坊

■（图64）戒台寺山门

■ （图65）戒坛大殿

■（图66）卧龙松

■（图68）戒台远景

■（图67）抱塔松

河渠關隘略

鲁岳东藩，太行右辅；名都维旧，景物聿新。玉水方流，旋为圆折；溯厥远源，乃自边朔。秦城万仞，屏负宸疆；天堑雄图，形占蟠距。近服襟带之舒，遥跖崔严之势。钟兹灵秀，则川绣波潋；证以古今，则堂深奥曲。所谓方与之胜地，史迹之大观也。作《河渠关隘略》，第九。

河渠

今之言形胜者，如陈全之《篷窗日录》，吴太初《宸垣识略》，均以北京青龙水为白河，白虎水为玉河，朱雀水为卢沟河，玄武水为榆河。实则榆、白为玉河之远原，卢沟为桑干之易名，周回萦带，源远流长。其余他派，分流汇川达海，非本编范围所包，无事杂考，故仅就玉河、卢沟河，略写其胜概，而备详于城郊沟渠池沼之制，以示人定胜天之效焉。

自古帝王宅都，必注意于水道之分布。如汉之西京，八水分流，回环畿甸。周室营洛，下宅于涧水东，瀍水西北。都虽诸水环绕，然以距离较远，又山高水急，潴滀淳洄，势有难能。辽、金两代，虽疏凿山泉，开导引河，而效力未彰。至元代，大营宫室，郭守敬以水利专家，始开通惠河，导白、浮、玉泉诸水，分布城内外，枝疏叶附，焕乎有文，于以宣积潦，通运道，便游览，溉农田。自明及清，因仍无改。顾以历时过久，沟洫渐弛，泊淀于积日甚，今之情况，已非复曩昔旧观，然大概可得而言也。

旧京地势，西北高东南下。即一城之中，亦有极洼下之处，如《燕京访古录》所谓四水镇者，(太平湖、泡子河、积水潭、什刹海)。如此则沟渠枝分，脉络连贯。以宣积潦，泄积秽，斯为急务。计城内外沟渠，其源均导于玉泉山。

玉泉山去故都三十里而弱。东南流为昆明湖，经西海淀，入德胜门西之铁棍闸，水入城中，先灌注于积水潭。南流分二支：(一) 东灌什刹海荷塘，更出地安桥，为御河至望恩桥，改暗沟，出东交民巷，入前三门护城河。(二) 南行过西不压桥，入北海。复分二支。一经蚕坛东，沿景山西墙外，入西筒子河，分注东筒子河，禁城内御带河及

中山公园。一经北海闸入北海，过御河桥，入中南海，出日知阁下闸，入中山公园，与西筒子河水来相汇。出园经天安门前，更与东筒子河穿太庙之水相汇，为菖蒲河，下接暗沟，入前三门护城河。

护城河共分二支：(一) 北支。为北护城河至德胜门西，又分二支。一由铁棍闸入城，为城内水道之总入口；一沿城东行过安定门，绕城过东直门、朝阳门，至东便门外。合前三门护城河及外护城河，东流为通惠河。(二) 西支。沿城南行，经西直门、阜成门，至西便门外。合西来望海楼一带水泉之水，石景、卢沟诸水渠灌溉剩余之水，及南旱河大雨后之山洪。复分为二支：一支经铁棍闸入城，为前三门护城河，过宣武、正阳、崇文门，前至东便门外，与东护城河合；另一支沿外城外南行，过广安门，合西北方莲花池之泉水，绕外城，经永定、左安、广渠诸门，至东便门外，并入通惠河 (图1)。

其郊外潴水湖泊，自玉泉起东流，汇诸泉入高水湖，又南入裂帛湖。

《帝京景物略》：

泉迸湖底，状如裂帛，涣然合于湖。湖方数丈，水澄以鲜，沙漾金色。过溪曰望湖亭。

《长安可游记》呼为揑钵湖，为一声之转。又东南流入养水湖 (今与高水湖同为民垦，现正筹收回复湖之计划)。又东南为西湖 (一名七里泺)。

清高宗《麦庄桥记》：

玉泉会西山诸泉之伏流，蓄极溢涌，至是始见，故其源不竭。元史所载，通惠河引白、浮、瓮山诸泉者，今不可考。以今运河论

之，东雉西勾，如俗所称万泉庄其地者，其水皆不可资。所资者玉泉一流耳。盖西山、碧云、香山诸寺，皆有名泉，以数十计，曲注招提精蓝之内，一出山则伏流不见。玉泉地就夷旷，乃腾迸而出，潴为一湖。康熙年间，依金章宗之旧地，建园于山之阳，名曰静明。园之西，乳窦淙淙如趵突者，为玉泉总脉。其余汔然而泛滥于湖者，不可胜数，诗人比之垂虹之瀑。及所云疏龙首而出之者，皆妄也。东流而为西湖，则以居京师之西者。又，明时有西湖景之称，乃假僭夫余杭，而倡说于骀竖耳。

转入昆明湖（昆明湖面积形胜，详《园囿略》）。与金河合流为长河。又东流过高粱桥（辽时，耶律沙与宋兵战于高梁门，即此）。金时谓之皂河。

玉泉山后有泄水河、萧家河，自东北来，注之东流，经圆明园后，合红桥河，经五空闸，会御园诸水，会清河（今有清河镇）（图2），东流入白河。又西南有泄水河，经

■（图1）东便门外之通惠河

■（图2）安定门外至汤山经过之清河桥

八里庄，汇于钓鱼台。台有泉自地涌出，西山麓之支流注之，元之玉渊潭也。乾隆三十八年，浚治成湖。

《旧文考》：

台前有泉，从地涌出，冬夏不竭。凡西山麓之支流，悉灌注于此。据刘侗《帝京景物略》，元时谓之玉渊潭。乾隆三十八年，命浚治成湖，以受香山新引河之水。复于下口建设闸座，俾资蓄泄湖水，合引河水，由三里河达阜成门之护城河，又南流折而东，一经宣武、正阳、崇文三门城河，至东便门入通惠河。一经广宁、永定、广渠三门城河，合通惠河。此湖河合流之所经也。

都城东南有废河二，曰三里河、草桥河。均入通惠河。今无存。又，都城南之河泊，有南海子一百十有七泉，自团河一亩泉注之。

清高宗御制《海子行》：

元明以来南海子，周环一百六十里（元明诸家记载，并称海子周围一百六十里。今缭垣故址划然实按之，不过百二十里耳）。七十二泉非信征（旧闻称有小泉七十二处。近会细勘，则团河之泉，可指数者九十有四，一亩泉亦有二十三泉，较旧数殆赢其半。稗野无征，大率类是），五海至今诚有此（旧称三海，今实有五海子。但第四、第五，夏秋方有水，冬春则涸耳）。诸水实为凤河源，借以荡浑防运穿（海子内泉源所聚，曰一亩泉，曰团河。而潴水则有五海考。一亩泉在新衙门之北，曲折东南流，经旧衙门，南至二闸。凉水河自海子外西北来，入范汇之。其水发源右安门外之水头这，东流折而南，入海子北墙，至此又南流。五海子之减水，自西南注之，又东南流出海子东墙，过马驹桥，至张家湾入运。团城在黄村门内，导而东南流，径晾鹰台南，过南红门。五海子之水自北注之，又东流出海子东南，是为凤河。东流历东安武清境，至天津之双口，与永定河会，浑河借此荡漾乃成。清流又东至韩家树，入大清河，又东至西沽入运。虽五海子之水与凉水河、团河时相灌输，而二河正流仍各判别。若玉泉，则由昆明湖至长河，穿禁城出东南流，为通惠河，至通州入运，并不经行海子，与一亩泉、团河渺不相涉。综而论之，通惠河原在此入运最近。凉水河源居中，入运次近。凤河源在南，入运最远。源委秩然不紊。前代著述家，未加稽考，率以玉泉牵附海子，支离可笑，因详订之）。岁久淤阏事疏治，无非本计庠黎元。蒲苇戢载水漠漠，凫雁光辉鱼蟹乐。亦出恒来施绘缴，徒说前朝飞放泊。迤南有台高丈余，晾鹰犹著前明呼。其颠方广不十丈，元院何以容仁虞（吴伟业《梅村集》云，晾鹰台，元之仁虞院也。今台基宛然尚在，其颠不及十丈，势不可以建院，即云台或称院。而旁近皆旷地，杳无院址可征，仿佛其谬，不待辨矣）。二十四园泯遗迹（伟业又言，明置二十四园。明时较元更远，岂有二十四处渐灭无存若此，且不能一举其名耶？），耕地牧场较若画。是何有于国用资，裕陵诏谕量斯窀。所存新旧两衙门，中官尔日体制尊。一总督更四提督，有如是夫势嶔薰。内虚外怨祸幸下，大军曾此经南下（我朝太宗文皇帝时，六师围燕京，分兵南下，道经海子，如入无人之境。旧传曾于此中射黄羊鹿兔）。阇逃不知何所之，纵横路便黄羊射。胜朝庑殿但存名（在新旧两衙门之间，相距各十余），额垣落楠埋荆榛。莘为驹厩飞龙牧，时得良骑出骏英。沿其成例海户守，乌免往焉雄彘否。设概听之将无禽（苑中鸟兽皆驯奉之物，岂能任游手弋猎，竟无典守？向以子舆氏之囿之喻，不免过情。设果听民尽取，久之将无雄兔。所谓尽信书不如无书，曾有诗纪及此。

然虽有禁制，亦岂如孟所云，杀麇鹿竟如杀人之罪乎），如杀人之罪则何有。少时习猎岁岁来，猎余亦复费吟裁。五十年忽若一瞥，电光石火诚迅哉。即看平阳双柳树，迭为宾主凡几度（苑中有双柳，其一先萎，补植之，拱把矣。其一后继焉，萎补相踵。抚而增怀，缘起并悉，昔所为赋）。世间万事付不知，风摆长条只如故（南海子中有双柳树池，即饮鹿池）。《旧闻考》：南苑比柳树在海子居中之地，有水一道，为饮鹿池。昆仑石在池之西）。

又，凉水河自南海子西北流入之。

清高宗御制《凉水河作》：

凉水出凤泉，玉泉各别路。源出京西南，分流东南注（凉水河出右安门西南凤泉，东流经万泉寺，分为二支。一自南经草桥，曲折东注，自北经泉广恩寺，曲折东注，至永胜桥复汇为一。东南流，循南苑缘垣，东至小红门之西，入苑墙。东南流，经沙底桥，折而南，历头闸至二闸。一亩泉之水自西来汇之，入南而东，至鹿圈村三海子。以上之水自西南来注之，又东南流，至五空桥，出苑墙，经马驹桥，逶东行至张家湾，入潞河。此凉水河之经流。与玉泉之贯绕京城，入通惠河者，各不相涉也）。岁久未疏剔，率多成沮洳。漫溢阻道途，往来颇致误（自右安门至永定门，地势洼下，每遇霖潦，辄漫溢阻旅途。岁入未治，积成沮洳。迩年以来，清声水道，出内帑简大臣董其事，自凤泉至南苑，造水栅二，浚三千余丈。又自栅口至马驹桥，浚河五千余丈，修建桥闸凡九，新建闸五，以资节宣，于是凉水河之水乃得安流无患。其浚河之土，则于右安门外培筑甫道一千余丈，以便行人，河两岸旧有稻田数十顷，又新辟稻田九顷余，均资灌溉之利。或云其地似江乡风景者，不知余之意，期于农旅俱受其益，并非借此为点缀也）。王政之一端，未可置弗顾。迩年治水利，次第修斯处。建闸蓄其微，通渠泻其悆。有节复有宣，遂得成川巨。川榜垦稻田，更赖资稼务。南苑红门外，历览欣始遇。或云似江乡，宁师江乡趣。兴农利旅然，永言识其故。

团河东南流五海子，水自北注之。又东流凤河出焉。凤河河形似凤，故名。又东南与永定河合，借以荡条淤浊，同大清河入海。

都城西北有巴沟，自万泉庄步注入畅春园。园内有泉二十八，曰澄泉、金泉、冰壶泉、锦澜泉、规泉、露华泉、监空泉、印月泉、藕泉、跃鱼泉、松风泉、晴碧泉、白榆泉、桃花泉、琴脉泉、杏泉、澹泉、浏泉、洗钵泉、浣花泉、漱石泉、乳花泉、漪竹泉、柳泉、枫泉、云津泉、日月泉、贯珠泉，俱高宗赐名。有丹棱沜，旧在李伟清华园内，今清华大学即其遗址。海淀，淀有南有北。北淀在米万钟园内，今燕京大学即其遗址。南淀邻娄勾河，今无考。

《风庭扫叶录》：

京师有南淀、北淀。近畿则有方淀、三角淀、大淀、小淀、清淀、洞淀、劳淀、护畴淀、延芳淀、小蓝淀、大蓝淀、得胜淀、金盏儿淀、苇淀、大莲花淀、小莲花淀、浮鸡淀、白羊淀、黑羊淀、黄龙淀、鹅巢淀、牛横淀、火口淀、下光淀、大光淀、粮料淀、陂船淀、水纹淀、百水淀、五官淀、康池淀、广平淀、陈人淀、武盂淀、洛阳淀、齐女淀、边口淀、燕丹淀、赵襄子淀、孟宗淀，其他不能悉记，凡九十九淀。

大抵都城附郭，旧时淀泊至多，皆用以潴水，以时宣泄，近年十废七八。农民贪近利，悉垦为田，以致旱潦时至。而城郊内外，向时水系四达，借以点缀风景者，今亦埋废阻塞。近人华南圭著论，指为文化之灾，有以矣。其河流之借以运输，著曰通惠河。元初置大都于北平，陆运官粮，岁若千万石，方秋霖雨，人畜皆病。中统间，郭守敬至上都，条陈水利十有一事，以大运粮河。不用一亩泉旧源，别引北山诸水，西折而南环汇入城，复东折入旧运粮河。每十里筑一闸，互为提阏，以过舟止水。于是置都水监，俾守敬领之首。事于中统二十九年之春告成，于三十年之秋，赐名通惠。仍命兼提调通惠河漕运。事明清两朝，时复疏浚，飞刍挽粟，陆轨四达，长渠如带，不特坎池弯环为市垣左辅，抑且涛门湮放作阶堰中游，体察水利，尤为重要也。河湖风景之佳胜者，曰长河，曰通惠河，城内日积水潭、什刹海、三海。长河，旧为御舸往来地。三海，昔为禁苑城，禁人游览，近始开放。惟通惠河自齐化门起，十里一闸，凡七闸，以达通县。闸一曰回龙，二曰庆丰，三曰上平津，四曰下平津，五曰鲁济，六曰通流，七曰南浦。内惟二闸（即庆丰闸）风景至佳，高湍建甀，回波漱石。春秋佳日，都人士一舸携侣，容与其间，两岸密树野芳，不亚江南风景。而旧日则坊奴洗象，倾城往观，少年竞逞水嬉，角逐博彩，亦一时之胜也。

满州麟庆《鸿雪因缘图记》：

大通河旧名通惠，元太史令郭守敬凿。其源出自昌平州白浮村，会双塔、玉龙等泉，入都城为积水潭，东流出便门，为大通桥。自桥至通州石坝，计里四十，地势高四丈余，中设五闸，蓄水分运，京仓要道。其二闸一带，清流萦碧，杂树连青，间以公主坟，颇饶逸致。春秋佳日，都人士每往游焉，挈醪榼，载吟笺，修禊河干。于是，或泛小舟，或循曲阜，或流觞而列坐水次，或踏青而径入山林。日永风和，川晴野媚，觉高情爽，气各任其天。因而朱野云写图，刘芙初制衬，回思晋永和癸丑，迄今千有余年，而文采风流，盛游难。再然感时序之迁流，欣闲游之暇逸，古今正复同情，则虽方之兰亭，又奚让焉。

清钱唐吴锡麒《泛大通桥记》：

大通桥跨通惠河之上，河之东设五闸焉。转输之便，息乎颒肩，明瑟之涵漪，醒于尘目。给谏王君，雅思陶写，夙戒朋侪，双瓶盛酒，络以青丝。小舟受人，张之乌幔，晓光始登，驰轮毕至。人皆旧两，树有新烟。舻牙启吟，波纹成画，遂离曲岸，放乎中流。草借梦中之春，柳分衫上之碧。鱼鱼同队，瞥若欲飞；鸭鸭呼名，雪然不杂，间聆绵羽，惜无冶色。衔尾之船，转漕而进，驴用代步，翻以曳纤。时苦甚旱，麦苗微微，未足没雉，春谷不登，监河之粟，恐难遍贷也。天为催鲜，云起先黑，余寒脱树，半上人衣，好风掠波，兼堕雨脚，久渴之余，虽蓬首如沐，亦复快然。抵庆丰闸，飞沫跳珠，悬流翻雪，迅乡一跌，如闻雷声。而雨势渐浓，不可久驻。主人促名肴于后舫，枥玉体于深杯，精逾链珍，醇可引口。归缆既解，薄霁亦生，林滴摇乎夕阳，树翠泼于酒面，献酬交错，以永今

朝，浩浩乎，乐在其中也夫。吾人生居烟水之区，长熟江湖之味，鸥凫往狎，桂笋来寻，叠舸延风，单舟泝月，莫不莹发，灵瞩冥契，神襟斯地。少竹石之欢，乏亭台之胜，平流四五尺，杂木两三行。览者流连，游者容与，固知意玩于所易，情钟于所希，此修钵胠沙而思，枯鱼过河而泣，古人所由兴感也。昔田山姜侍郎，号召宾客，涂饰风流，作大通秋泛图，百有余年，遗芬犹扇。今者之会，何减曩时，则地以人传，固将不朽，不有所述，后嗣曷观？于是罗子两峰任其绘事，群公各赋新诗。决决之鸣，飞青于目表，蓬蓬之状，溢秀于毫端。余加以引伸，作为斯记。时甲寅清明后一日。

上元梅曾亮伯言《泛通河记》：

道光十六年七月，与友人泛舟通河，樯帆始移，旷若天外，波云水鸥，万景毕纳。自二闸至三闸，不三四里，而茶村酒社，断傍葭苇中。舟人缓桡安波，悠然无穷。攀林而休，披草而坐，舟步相代，穷日仍返。陶君鹿崖曰，自吾官京师十余年，无此乐矣。属温君翰初图之，而曾亮为之记。是游也，王君纲斋为主人，翰初及弟叔明、陶君鹿崖、万君葵田及曾君，凡五客焉。皆江南人，于山水盖屡见之。而余尝游金焦，迷失蹊径，舟樯拆于钱塘潮，大风雨过彭蠡，舟几覆，祝终身不经江湖以为快耳，今乃见兹水而乐之。

罗惇曧《游二闸》六首之三：

万苇森森一棹凉，绿阴多处见红墙。珠江烟水闽江月，相对何人不忆乡。

闸口奔泉万玉鸣，小亭列坐试茶铛。洗清十日胸中恶，深悔年来懒出城。

知有乾隆公主坟，丰碑渥纪外孙恩。雕甍石马思全盛，零落同昌废寝园（乾隆福惠公主坟，见《陵墓略》）。

曹经沅诗四首之一：

崇祠尚剩灈缨亭，高冢空余荠麦青。桥下邻邻春涨碧，依衡画舫似西泠。

林志钧《宰平》诗四首之一：

天光水影碧成围，蒻蒻樯头燕子飞。绝似小西湖畔路，红墙远树人依微。

积水潭、什刹海，元明时称为海子。元时通惠河舟艭，直入积水潭，帆樯林立。

元《名臣事略》：

至元三十年秋，车驾还自上都，过积水潭，见舳舻蔽水，天颜之开怿。特赐都水监郭公钱一万二千五百缗，仍以旧职兼提调通惠河漕运事。

至明代改建城垣，遂隔绝。

《咏归录》：

元时运船直至积水潭。王元章诗："燕山三月风和柔，海子酒船如画楼。"想见舟楫之盛。自徐武宁改筑北平城后，运河、海子截而为二，城内积土日高，虽有舟楫桥梁，不能度矣。

清时仍以海呼之，曰什刹海，曰后海。论者谓为天然公园。

元宋本《海子》诗：

渡桥西望似江乡，隔岸楼台卷画妆。十顷玻璃秋影碧，照人骑马入宫墙。

明袁宏道《游北城诸寺至水轩》诗：

西山去城三十里，紫巘青辽见湖底。一泓寒水半庭莎，赚得白云到城里。菱叶浓浓遮杂埭，野客登堂如登舸。稻花水渍御池香，槐风阵阵宫云凉。一番热雨蹙波沸，穿檐扑屋生荷气，乍时泼墨乍清澄，云容闪烁蟭蚊戏。帘波斜带水条炯，北窗雨后蔓青圆。兑将数斗蕙红酒，赁得山光不用钱。

明方逢年《水关夜憩》诗：

月娟娟似迎，风谡谡其鸣。烟水似神荡，林泉之癖生。有濠濮间想，与鸥鹭辈盟。拙矣尘中客，悠然静者情。

靳志《后海杂咏》：

门前新涨长青蒲，窗外西山近可呼。记取海潮庵畔路，小桥流水入前湖（按，此小桥名银锭桥）。后湖柳色绿如烟，十里青波不受船。为剪吴淞半江水，纵横方罟长红莲。廿年犹负买山心，花石经营后视今。一角西湖林木秀，南园亭阁入云深（振贝子园在海子南岸，用韩平原南园事）。兼葭岸绕蓼花汀，十里湖光绿不局。杨柳当门疏更好，远山背日晚来青。柴门地僻有停车，百亩花田几树花。昨夜一凉新过雨，满湖明月沸宫蛙。荷花露重晚风轻，脉脉香从蝉处生。我自吟诗灭官烛，不妨邻火隔湖明。几拳淋雨长苔钱，难得能顽瘦更坚。一段宣和亡国史，大江南北接纲船（原驻逆伊，购圆明园石盖艮岳之遗也）。藕丝菱片荐冰瓯，爱此陂塘六月秋。我醉欲眠未能去，三更月上柳梢头。

近畿河渠，借以灌溉农田者，汤山、沙河之间为第一。产稻颗粒长大，富有黏性。往时以供御厨，谓之玉米。其次玉泉麓及南苑水田，均出产甚丰。河渠疏凿，历代列为要工。前清疏治，几于无岁无之。兹录元、明《河工考》于后，以见前代重视水道之一斑云。

元《河工考》：

《元史·河渠志》：元至元二十六年，建广源闸，在西直门七里（《水部备考》）。二十九年，建白石闸，西至青龙闸二十里。又，澄清闸在鼓楼南海子。万宁桥名海子闸。又，高梁闸在西直门北一里，名西城闸（据《水部备考》）。海子岸上接龙王堂，以石甃其四周。延佑六年二月，都水监计会前后，与元修旧石岸相接，凡用石三百五。各长四尺，阔二尺五寸，厚一尺，石灰三千斤。该二百五夫，丁夫五十，石工十。九月五日兴工，十一日工毕（元《河渠志》）。至治元年三月，疏玉泉河（元《英宗纪》）。泰定元年八罢役（元《奉定帝纪》）。先是至治二年五月敕，昔世祖时，金水河濯手有禁，今则洗马有之。比至秋，疏涤禁污秽，于是会计修浚。三年四月兴工，五月工毕，凡役军八百，为工五千六百三十五。至治三年三月，大都河道提举司言：海子南岸，东西道路，当两城要冲，金水河浸润于其上，海子风浪冲啮于其下，且道狭，不时溃陷泥泞，车马艰于往来，以石砌之，水久计也。泰定元年四月，工部应付工物，七月兴工，八月工毕，凡用夫匠二百八十七人。

明《河工考》：

《明实录》：明永乐元年，修安定门外护城河（据《明实录》）。二年，西湖东牛栏庄及青龙华家甏山之闸水冲堤，决百六十丈，发军民修治之（《明实录》："永乐二年八月，北京行部言：'宛平、昌平二县，西湖景牛栏庄青龙华家甏山三闸，水冲决堤岸一百六十丈，发军民修治'。"）。五年五月，置西湖东流水口闸。九月，修堤三百七十九丈（《明实录》："永乐五年五月，北京行部言：'自昌平县东南白浮村至西湖景东流水河口一百里，宜增置十二闸。'请以民丁二十万，官给费用修置。命以运粮军七浚之。九月，修西湖景堤三百七十九丈。二十二年十二月，罢海子至西湖巡视，谓尚书蹇义曰：'古者，山泽之利与民共之，朕之心，凡可利民，虽府库不吝，况山泽所产哉'。"）。宣德六年五月，修宛平县澄清闸，即元海子闸（《明实录》："宣德六年五月，修宛平县之澄清闸。"）。正统四年，设正阳门外减水河，疏城内沟渠。六年，修江米巷玉河堤，浚京城西南河，景泰二年，修玉河东西堤，浚安定门东城河。嘉靖二年，修德胜门东、进阳门北河道（明《河渠志》）。嘉靖中，工部尚书雷礼，以外濠池浅狭，请悉深浚，水乃自城西北隅环城东注（据《一统志》）。万历八年五月，工部奏，各街有长沟，中城有臭水塘，皆通脉络，乞浚（《明实录》："万历八年五月庚寅，工部奏疏河渠，京城北有海子，南接玉河桥，东有泡子河，西有河漕，各街惧有长沟，中城有臭水沟，此皆可通脉络。今多壅塞，乞给银开浚。"）。天启元年十月辛巳，浚京城濠。

卢沟河距旧都二十余里，一名桑干河，即古漯水。其水别为一支，源出山西马邑县北之雷山，至旧都宛平境东北，流经卢师山之西，自是水名卢沟。当铁路未建时，为各省北来孔道。金代建桥曰广利，为北方工程巨观（详《名迹·技艺略》）。

晋陵蒋一葵记：

河内桑干山得名。相传黄河伏流，自山西马邑金龙池发源，至保安旧城，燕尾河与洋河诸水合。桑干下流为浑河。浑者，言其浊也。浑河下流为卢沟。卢者，言其黑也。每当晴空月朗，野旷天低，曙色苍苍，波光森森，为京师八景之一，曰"卢沟晓月"。

顾炎武《北平古今记》：

京师三十里卢师山，相传为隋沙门卢思驯青龙处。《唐书》：桑干水抵卢思台，为出山之口，遂名卢沟。

麻城刘侗《卢师山记》：

石子凿，故桑干河道也。曰卢师山，有寺曰卢师寺。过寺半里者，为秘魔崖（详《名迹略》）。相传隋仁寿中，师自江南掉一船来，祝曰：船止则止。师遂崖居，居数岁，二童子来，曰大青、小青，愿待不去。岁大旱，所司征祷雨者。童子自师，乘师愿，愿施雨，雨一方也。遂乘云气去，俄大雨。知大青、小青是乃龙矣。龙归投潭中，潭广丈，巨石覆之，深黝不可测。二龙有时出，云气随之。崖上一柏，产石面，长尺，不凋不荣是灵手植。今临崖，轩三楹，俯深涧，树声蓬蓬，尚掉船水声也。

明邓州李贤《晓过卢沟桥》诗：

金鸡唱彻扶桑晓，残月娟娟桂林杪。长河斜抱凤池西，流彩遥连碧波杳。横桥远亘如游龙，明珠影落长河中。桂魄千层琥珀莹，蟾光万顷玻璃同。霜叶飘飘缀马鬃，沙河闪烁黄金屑。卢荻声脆风力寒，烟霏才上银河灭。往年几暇曾一临，碧波浩渺卢花深。千官振辔发归骑，月华犹在西山岑。

卢沟桥为旧都八景之一，有清乾隆帝御制诗：

滑笏新波泛薄凌，春山苍郁有云兴。无边诗景卢沟道，半拂吟鞭忆我曾。凭栏历历好韶光，麦陇才青柳欲黄。只有幽怀同渴壤，几时一例沃天浆。

关 隘

旧畿关隘之要有四：曰古北口，曰居庸关，曰喜峰口，曰松亭关。其地包昌平、密云、遵化边境。迄元、明、清，都城倚为北门屏障。惟喜峰诸口距旧京较远，游踪难及。惟居庸为北门锁钥。"居庸叠翠"，且为旧京八景之一。今述关隘，自当详论居庸形势。述居庸，必兼及长城险塞。以为游观之助。按，长城为中国古代国防要塞。旧中国时，燕、赵、秦三国，各因北干山险筑长城以作屏藩。秦始皇统一六国，始自临洮至辽东，首尾联缀之。历代屡加修筑，惟地位稍有变更。今城起河北山海关，西抵甘肃嘉峪关。横贯河北、热河、察哈尔、山西、陕西、绥远、宁夏、甘肃八省。凡长五千五百四十里，约当地球周围十二分之一。堑山堙谷，起伏环带，延长约万二千余里，故有万里长城之称（图3、图4）。中外人士前往参观者，莫不惊佩其工程之伟大，为世界第一。城高十五尺至三十尺，宽十五尺至二十五尺。皆砖石合建，极为坚致。垣上外建雉堞，内建石栏，中有甬道，每三十六丈筑一墩台。旧时设官分守常，建烽燧。有事昼则举烟、夜则举火告警，以资保卫。沿城一带，古迹、名胜、险要甚多，而尤以距北平较近，平绥路所经过之居庸关、青龙桥为最。

居庸关在察哈尔延庆县西南，平绥路所通过，筑有车站。地势居高临下，俯瞰关城，全形在目，两山巉绝，中若铁峡，自古视为重镇。建自秦代，北齐称纳款关，唐名蓟门关（图5），元改今名。洪武元年，大将军徐达重建。周十三里，高四丈二尺。有南北二门（图6），门上有云台（图7）。台上有寺，曰元泰，元武宗时建。下有甬道，以通车马。洞壁遍嵌释迦并金刚像，大小千数，工极精巧（图8、图9、图10）。有西夏文陀罗尼经石刻（图11）。

北有仙枕石，在深涧中，高广方二丈，绝奇，有明阳

■（图4）长城远景（一）

■（图3）长城

大都督刻字及太行散人刻诗。关西有李凤墓。明武宗微行
大同，得酒家女李凤，返京时至居庸关，病殁，因葬之关
西。草生其上皆白，故俗称曰白冢。西南红龙山下，万山
深处，有巨泉水汇流，波涛湍急，如练如啸，蔚为奇观。峭
壁刻"龙门喷雪"四字，明严嵩书也。

　　青龙桥在居庸关之西北（图12），为平绥路所通过之
地，筑有车站。地势两山连峡，为长城冲要之地。四壁飞
岩，下临深涧。平绥路线至站前，转如 V 字形，故两列车
入站后，恰首尾倒转，再行前进。过站西行里许，即八达

岭山洞，长几约二千公尺，为世界著名工程之一（图14）。
元时置屯军于此，称为居庸北口。由岭下视，关城若建瓴。
岭下悬崖，刻有"天险"二字。关门上刻有"北门锁钥"
四字石额。为通蒙古咽喉。昔时以居庸关为重心者，今则
转移于此矣。车站旁有詹天佑先生铜像（图13）。广东南
海人，留学美国习工程。平绥路建筑，一切计划皆先生所
设计。沿途经过各地，多属天险，万山环阻，建筑困难，
中外工程专家，均束手无策。詹氏匠心独运，备历艰险，
始终不懈，阅四载，大功告成。中国人自筑铁路，以詹氏

为第一人，路成之日，中外人士，莫不惊佩叹异。卒于民国8年。平绥路与中华工程学会，范金为先生铸像，以资纪念云。

金刘迎《八达岭推车行》：

> 浑河汹涌从西来，黄流正触山之崖。路窄仅容一车过，小误往往车轮摧。车摧料理动半日，后人欲过何艰涩。深山日暮人已稀，食物有钱无处觅。何时真宰遣六丁，铲此叠障如掌平。憧憧车马西山路，万古行人易来去。

周达《自居庸关南口穿八达岭止青龙桥登长城作》：

> 叠翠无尽藏，客行忘颠疲。奔走衔尾升，一线盘天梯。长城攒剑戟，运脉来安西。高瞻落建瓴，亘古摩撑犁。缅昔闭关时，于此封丸泥。设险界蕃汉，行旅严征讥。迩来辟孔道，日夕飚轮驰。窥边绝胡马，万里清秋凄。从知萧墙忧，不在羌与夷。操戈构同室，远略安所施。书生郁怀抱，吊古临边陲。浑忘出塞愁，苦觅寒荒诗。置身人泱泱，沙碛欲刺衣。碉楼据巇削，局促攀跻。同车坠悬岩，低与天根齐。君看碛柳旁，澹月如秦时。

钱塘龚自珍《居庸关说》：

> 居庸关者，古之谈守者之言也。龚子曰：疑若可守然。曰，出昌平州，山东西远相望，俄然而相辏、相赴以至相蹙，居庸置其间，如因两山以为门，故曰疑若可守然。关凡四十里，南口者，下关也，为之城，城南门至北门一里。出北门十五里，曰中关，又为之城，城南门至北门一里。出北

■（图5）居庸关老关

门又十五里，曰八达岭，又为之城，城南门至北门一里。盖自南口之南门，至八达岭之北门，凡四十八里。关之首尾，具制如是，故曰疑若可守然。下关最下，中关高倍之，八达岭之俯南口也，如窥井然，故曰疑若可守然。自入南口城愁，有天竺字、蒙古字。上关之北门，大书曰"居庸关"，景泰二年修。八达岭之北门，大书曰"北门锁钥"，景泰三年建。自入南口，流水啮吾马蹄，涉之灵然鸣，弄之则忽涌忽狄而尽态，迹之则至乎八达岭。穷八达岭者，古隘余水之源也。自入南口，木多文杏、苹婆、棠梨，皆怒华。自自入南口，或容十骑，或容两骑，或容一骑。蒙古自北来，鞭橐驼与余摩臂行，时时橐驼冲余骑，颠亦挞蒙古帽堕于橐驼前，蒙古人大笑。余乃私叹曰：若蒙古，古者建置居庸关之所以然，非以若耶。余士左士也，使余生赵宋世，目尚不得睹赵，安得与反毳者相拮，戏乎万山之间哉！蒙古来者，皆入京师诣理藩院交马云。自入南口，多雾若小雨。过中关，见税亭焉。问其吏：今法纲宽大，税有漏乎？曰：大筐小筐，大偷橐驼小偷羊。余曰：信若是，是有间道矣。自入南口，四山陂陀之隙，有护边墙数十处。问之民，皆佚系明时修。微税吏言，吾固知有间道，出没于此护边墙之间。承平之世，漏税而已。设生昔之世，与凡守关以为险之世，有不大骇北兵自天而下者哉。降至八达岭，地遂平（元帅破金居庸关，彻伯尔轻骑出间道，称明已在南口，金鼓之声若自天下）。

元郝经《居庸行》：

> 惊风吹沙暮天黄，死焰燎日横天狼。嵚崟铁穴六十里，塞口一喷来冰霜。导骑局脊衔尾前，毡车轱辘半侧箱。弹筝峡道水复冻，居庸关头是羊肠。横拉恒岱西太行，倒掷渤海东扶桑。幽都却在南口南，截断北陆万古强。当时金源帝中华，建瓴形势临八方。谁知末年乱纪纲，不使崇庆如明昌。阴山火起飞蛰龙，痛负斗极开洪荒。且将尺棰定天下，匹马到处皆吾疆。百年一债老虎走，室恣市色远猖狂。遭令逆血洒玉殿，六宫饮泣无天王。清夷门折黑风吼，贼臣一夜掣锁降。北王淀里骨成山，官军城上不敢望。更献监牧四十万，举国南渡尤仓皇。中原无人不足取，高歌曳落归帝乡。但求一旅时往来，不过数岁终灭亡。潼关不守国无民，便作龟兹能久长。汴梁无用筑子城，试看昌州三道墙。

元贡奎《居庸关》诗：

> 居庸关高五十里，壁立两崖雄对峙。回风作势遮欲断，百曲盘旋如磨蚁。阴风白昼吹飔飔，乱石当溪泉啮齿。道狭才通车一辆，贯尾钩连行不止。我从北来识此险，亚峡锦天差可拟。但愿平生足游览，何用藏书严穴里。马鸣关度日未斜，黄鹄远趁征云起。安得有酒令我歌，如城之愁今已矣。

元揭傒斯《居庸行》：

> 昔望居庸南，今出居庸北。严岜争吞吐，风水清且激。逶迤数千里，曲折殊未息。关门西向当天开，马如流水车如雷。荒鸡一鸣关吏起，列宿惨淡云徘徊。山盘盘，石围围，状如龙，势如虎。龙怒欲腾虎欲舞，太行剑戟犹如许。昔不容单车，今马列十五。圣人有道关门开，关门开，千万古。

明王讴《登居庸上关》诗：

> 盘石仍高处，微茫鸟道分。花齐春罩日，山远谷吞云。草宿除犹曼，莺迁去更闻。不能离世事，直欲醉朝曛。

明于慎中《望居庸关》诗：

> 设险真夸六郡雄，天山九塞有居庸。陉连白马悬边月，塞压黄花起朔风。未有捷书传大内，尚闻猎火照云中。北平飞

■（图6）居庸关新关

将今谁是，已见东南抒轴空。

明公鼐《居庸关》诗：

太行来万里，天险冷陉西。银海围弓剑，全城列鼓鼙。近关烟火盛，绝幕塞尘低。想像犁庭日，忧时意转迷。

清张佩纶《居庸关》诗：

落日黄沙古候台，清时词客几人来。八陉列戍风云阔，重译通商锁钥开。暮兽晓禽催旅梦，长枪大戟论边才。从今咫尺天都远，疲马当关首屡回。

又《归次居庸》五首：

当路泉鸣积翠环，卢公隐迹白云间。如何海内矜人望，只占军都半亩山。八达嵯峨势建瓴，谁云设险有常形。一篇痛哭昌平记，字字堪当剑阁铭。建武深资大耿兵，控弦万骑即长城。徙民关内如何策，岂独轮台悔易生。今日居庸国北门，春风散作九边温。醉中未觉从军久，虎啸猿叹剩梦痕。山程曙色警荒鸡，芳草年年旧辙迷。缓辔归来莺燕乐，风光流转帝城西。

康有为《由明陵出居庸关》诗：

镝弦老死不闻声，身是渔阳戍卒营。胡妇琵琶传大漠，边儿敕勒倚长城。帝陵千障秋盘马，玉塞平沙晓阅兵。百里盘崖红柳路，骑驼到驿月微明。

■（图7）云台

■ （图8）居庸关佛像一

■ （图9）居庸关佛像二

■（图10）居庸关佛像三

■（图12）长城下青龙桥车站（有△处即车站）

■（图 11）西夏文石刻

■（图 13）青龙桥车站之詹天佑像

旧都文物略

金石略

雕戈碬斧，世见恒希；真赝杂陈，主客聚讼。考订析其锥雕，辨识每渻鱼豕，各标臆说，奚补阙文。故都近接金元，远肇幽冀，事言所录，铸勒斯传。探讨无事矜奇，观摩允足与兴感。铜符铁券，其人已自千秋；镌墨铭香，所赏或吟万遍。而校龙舒集刻，闲搜牡丹壮月之讹；仿凤墅铺逸，可述苗崁覆蒿之证。作《金石略》，第十。

金石以穷人事之迁流、历史之变态尚矣。顾民间碑碣，鄙俗为多；庙堂载笔，谄扬益甚，一一纪之，汗万牛，充千栋，亦无以自聊矣。故都为人文所萃集，千年故实，灿然毕陈近。北平研究院尽量搜求，第一辑已达数千百事，穷其所至，将不可纪极。本篇为宣扬文物，义应抉择所纪，止于圣化佛迹，忠节清标，文模武功，轶闻雅事，取其足补史之阙遗。抑或文章尔雅，雕镌神奥，书篆精绝，足资宝贵者，录如干事，冀以发扬幽光，与起百世，诵骏烈而实清芬，义于是乎在矣。

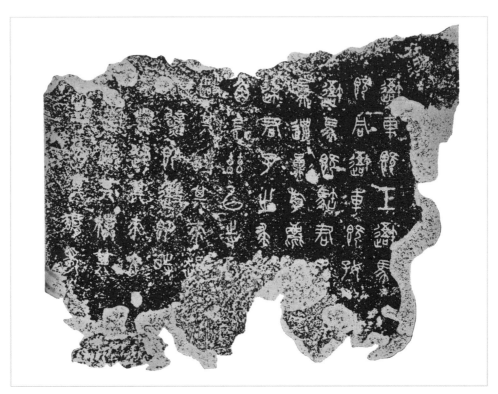

■ (图1) 石鼓拓片

国子监十器

康侯鼎 高八寸四分，横六寸六分，纵四寸三分，耳高一寸八分，腹高三寸三分，足高三寸五分。上为饕餮纹。有铭曰"康侯手作宝樽"。

牺樽：为全牺形，凿背为尊。口径二寸八分，身高九尺，横一尺三寸五分。上为雷纹。

内言卣 通高一尺，盖高二寸一分，顶高一寸，足高一寸九分，梁高五寸八分，盖围一尺四寸，腹围二尺三寸，足为一尺四寸。上为饕餮雷纹。有铭曰"内言"。

牺首罍 高一尺二寸四分，口围一尺七寸七分，腹围二尺二寸九分，高一寸八分，腹高九寸八分，足高八寸。两肩牺首二，上各衔铜环一，足近处亦饰牺首二。

雷纹壶 高一尺四寸四分，口高四寸二分，腹高七寸七分，足高一寸九分，口围一尺八寸四分，腹围三尺八分，足围二尺五寸。壶傍有两耳，上为雷纹。

召仲簠 高七寸七分，盖高三寸五分，腹高二寸四分，足高一寸八分，盖径九寸八分。上为蟠螭盖，腹相承处，面饰夔首一，旁出夔耳一。有铭曰："惟六月初吉丁亥，召仲考父作壶，用祀用飨，滂用蕲眉，寿万年无疆，子子孙孙，永保是尚。"

盟簋 通高七寸三分，盖高二寸四分，足高一寸七分，周围二尺三寸五分。上为夔纹。旁出夔耳二。有铭曰："太师小子盟作鼎彝"。

雷纹壶 通高七寸四分，口围一尺六寸，腹围三尺六分，足围九寸，口高三寸二分，腹高一寸八分，足高三寸。上为饕餮雷纹。

子爵 通高七寸七分，口径二寸五分，腹径一寸七分，足高三寸五分。口为雷纹，腹为饕餮雷纹。

素洗 高一寸五分，围三尺。

石鼓 在国子监文庙戟门内，左右凡十鼓，大盈尺余，高三尺。民国22年移南京。虞集《道园学古录》云：

此鼓传闻徽宗时，自京兆移置汴梁，贵重之，以黄金实其字。金人得汴梁，奇玩悉辇至燕京。移者初不知此鼓为何物，但见其以金涂字，必贵物也，亦在北徙之列。置之王宣抚家，后为大兴府学，大德之末，集为大都教授，得此鼓于泥土草莱之中，足十枚之数。后助教成均言于时宰，得兵部差大车十乘，载之于今国子学大成门内，左右壁下各五枚。为砖坛以乘之，又为疏棂而扃镝之，使可观而不可近。圣朝皇庆癸丑，始置大成至圣文宣王庙门之左右。《帝京景物略》云："宋治平中，存字四百六十有五。元至元中，存字三百八十有六。据今拓本，则甲鼓字六十一，乙鼓字四十七，丙鼓字六十五，丁鼓字四十七，戊鼓字一十二，己鼓字四十一，庚鼓字八，壬鼓字三十八，癸鼓字六，共三百二十五字存，惟辛鼓字无存者。"《金石索》云："石鼓文字，洵成周之巨制，篆刻之极轨也，以《车攻》之诗，合古籀之篆，其为宣王猎碣，有断断不爽者（图1）。"

石碑刻

元石鼓音训记碑 在大成门内。元至元乙卯五月，潘迪书。欧阳元、尹忠、黄潜、祁君璧、刘闻、赵连、康若泰同校。

蒋衡书十三经碑 在国子监（图2）（详《名迹略上》）。

蒋湘帆写经图石刻 在国子监。

文庙国子监图碑 在国子监。

宋石刻《春秋》残碑 宋石刻《礼记》残碑
均在国学。《明一统志》云："石经文碑，在旧燕城南金国子学，碑二，上刻《春秋》、《礼记》经文，今磨灭不完。"

国学先圣庙碑 元程巨夫撰文，略云：皇庆二年春皇帝若曰，"我世祖混一区宇，亟修文教，成宗建庙学，武宗追尊孔子，所以崇化育才也。朕监前人成宪，期底于治，可树碑于庙。"词臣文之。

崇文阁碑 元藏书之所，吴澄撰文，碑立国子监。文云："中统间，命懦臣教胄子。至元间，备监学官。成宗皇帝，光绍祖烈，相臣哈剌哈孙，钦奉上意，作孔庙于京师御史台。言胄子之教，寄寓庙舍，隘陋非宜。奏请孔

■（图2）蒋书十三经碑三百五十九面之一

庙之西，营建国子监学，以御史府所储公帑充其费。逮仁宗皇帝文治日隆，佥谓监学椟藏经书，宜得重屋以庋。有旨，复令台臣办集其事，乃于监学之北，构架书阁。延佑四年夏经始，冬落成，名其阁曰‘崇文’。"

大兴县学孔子庙碑
元马祖常撰文。略云：京师立国子学，位于国左。又因故庙为京学。京师杂五方俗，尹治日不给，庙之墙屋敝坏，将压以毁。泰定三年，大尹曹侯，视庙貌、祠位皆不如制，割糈人为寮寀，倡施施于于，咸乐于成。云云。

奎章阁碑铭
天历初，建阁于西官兴圣殿之西廊。文宗御制碑记，虞集书之。

太医院铜人
旧在太医院内药王庙。民国初，移历史博物馆。22年移南京。铜人作于宋天圣时，虚中注水，关窍毕达。古色苍碧，莹润射目。

清康熙帝御制孔子像赞
在文庙。

清康熙帝御制颜、曾、思、孟四子赞
在文庙。

清乾隆帝御制赐南学碑
碑文系供奉翰林奉敕撰。见《乐寿堂集石录》。现在国学。

清乾隆帝新建辟雍圜水碑记
"名者实之宾，实者名之主。为学之方，应务其实，以薪循其名，不可炫其名，以致亡其实。兴学之源，綦要于国学。国学者，天子之学也。天子之学，曰辟雍。诸侯之学，曰泮宫。北京之国学，自元历明，以至本朝，盖五百余年矣。有国学而无辟雍，名实或不相称焉。虽有建议请复，以乏水而格部议，至今未复。癸卯春，始有复建之谕。甲辰冬，乃观新工之竣，将于乙巳仲春，行释奠礼，遂临雍以落成焉。夫北京为天下都会，教化所先也，大典缺如，非所以崇儒重道，古与稽而今与居也。虽乏水，然有不改之井，汲以绠而用之无穷，亦在人为之而已。于是石之鳞次见圜，斯池水之镜澄见明，斯潴殿之据中见隆，其橼桥之通行见接其基。上庠下庠，虽难考二典之制，而东序西序，总不出三代之规则。是工之举也，又予知过论，所谓于不可已者，仍酌行之之意。而物给价，工给值，原非劳民动众之为。若夫三老五更之说，予以为括于养老化俗之仪，而非天子临雍，所必应并行而不遗者，盖弗见于诗书，乃特出杜氏《通典》之

私耳。且予向有三老五更之说，已明辟其谬，兹不复缀乎辞。"（下略）。

清乾隆帝三老五更说
"三老五更之说，不见于《诗》《书》。其见于《礼记》者，盖出乎汉儒，非孔子之言。唯《左传》三老冻馁之文为最古。然传谓公聚朽蠹，而三老反不见养遇，非与五更相提并论也。注三老五更者多矣，或谓上中下寿，或谓农工商，而不及五更（出《左传》孔疏）。或谓明天地人与五行之事（出《白虎通》）。或谓取象三辰五星（出《后汉书·仪礼志》）。或谓知三德五事（出郑康成《礼记注》）。名以臆度，不堪偻指矣。至蔡邕《独断》，乃有父事兄事之说。而《白虎通》之谬，直以为老、更各一人，且曰：‘父一而已，不宜有三’。吁，可怪哉！天子养老，即所以教孝于天下，何至以父事之。且即其说父一而已，则天子已自有父，今复事一人，是非二父乎？腐儒执虚文而谬大义，真不值一噱耳。邕复解更为叟，谓豕亥之讹。夫叟与老同，既有老又何借叟为哉？予以为三者，天地人之数，养老自以三举其数耳。若夫五更，则更事之说为近。而五伦五常，莫不具于此。人数不必其备，行之以敬诚恺悌，则中和位育将在是矣。后儒一切穿凿之论，何足数哉！"

清乾隆帝御制重修文庙碑记
举江、淮、河、济以赞海，吾知其不知海。举嵩、岱、恒、华以赞地，吾知其不知地。然则举道德仁义以赞孔子，其亦类于是乎！江、淮、河、济岂不为海所纳，而不足以形海之大，然海固不拒江、淮、河、济以为水也。嵩、岱、恒、华岂不为地所载，而不足以究地之厚，然地固不让嵩、岱、恒、华以为土也。仁义道德，岂不为孔子所重，而不足以尽孔子之量，然孔子固不外道德仁义以为教也。教之义，始见于《虞书》，而未有定所，夏校殷序周庠，学则三代共之，是国学所昉乎？夫三代既有学，亦必有教，而吾以为孔子立道德仁义之教者何？盖三代以前，非孔子不明，三代以后之教，非孔子不立。亦犹江、淮、河、济，非海不纳，嵩、岱、恒、华，非地不载，道德仁义非孔子不垂也。国学始于元太祖，置宣圣庙于燕京。由元及明，代有损益修葺。至本朝，而崇奉规模为大备，列圣右文临雍，必事轮奂。乾隆戊午，朕诣学展仪，先诏易盖黄瓦，聿昭茂典。然丹雘虽致饰壮观，而上栋下宇，风雨燥湿，历年既久，浸湿历年既久，浸敝是虞。爰以岁丁亥，发帑二十余万，特简重臣司其事。越己丑仲春，告藏工。朕亲释奠，以落成焉。先是言臣有以宜乘此时，修复辟雍圜水之制为请者。礼官以为三代之

制，弗相沿袭，实政不必泥古。朕以其言良是，遂从之。门殿诸额，一准会典，皆亲书，各悬于其所。举大工者，必洌碑以志，故叙其事书之。若夫述孔子之言，仍以颂孔子，是犹绘日月星辰以象天，朕有所不能。

自项道丧文敝，圣功神化，渐灭殆尽。本篇采录旧碑，取历代宣扬圣化者，冠诸篇首，教训正俗，或有取尔。

天宁寺铜磬　汉明帝时物。每诵一经书，其经贴于上，则磬自鸣，经完则止。见《耳新录》。

天宁寺塔顶碑　《冷然志》："京师天宁寺塔，建于隋开皇末。最上一层，其南有碑，不知何年所立。修塔时，僧有拓本，索之不可得也。"

隋白马寺尊胜陀罗尼经幢　《析津日记》云："宣南白马寺，隋刹也。后有尊胜陀罗尼幢，上刻'仁寿四年正月上旬造'。"

隋感应禅师碑　倪岳《清溪漫稿》云：昔有僧名卢，自江南来，寓居西山之尸陀林秘魔岩。一日，二童子来拜于前，卢纳之。久旱不雨，二童子委身于潭，化青龙，一大一小，果得甘雨。事闻，赐卢师号曰感应禅师。建祠设像，立碑以纪其事。"按，卢师事并详《名迹、河渠略》。

唐尉迟敬德造观音像　旧存虎坊桥越中先贤祠侧眼药庵。今无存。

唐淤泥寺心经幢　即今鹫峰寺。碑末云："大唐贞观二十三年三月吉日，建立。"《古林金石表》："京师有唐人所书《心经》二。一贞观二十二年刻石，在淤泥禅寺。"

石镫庵心经石刻　《帝京景物略》云："庵旧名吉详。万历丙午，西吴僧真程，自云栖来，葺之而居。发古甃，下得石幢一，式如镫台，傍镌般若《心经》一部。唐广德二年，少府裴监施朝，请邵赵偃书，适黄仪郎汝亨过其地，以庵甫治，而镫适出，遂手书额。自是称石镫庵焉。"

北留寺残碑　《燕都游览志》云："寺在阜成门迤北一里许。"

万松老人塔额　万松老人，金元间名僧也。事实详《名迹略·上篇》。此额书法遒劲，当是元初名人所书。

戒台寺碑　金天德四年，韩昉撰，高衎书。近漶漫不可识辨。

佑圣国师塔颂　塔即庆寿寺九级塔。《帝京景物略》云：九级者，额曰"特赠天光普照佛日圆明海云佑圣国师之塔"。碑题王万庆撰。略曰：海云名印简，山西之宁远人。八岁，礼中观治公受戒，修童子行。年十一，能开众讲义，济众凶岁。金宣宗闻之，赐号"通元广惠大师"。宁远城陷，师与中观皆执。成吉思皇帝遣使语太师国王曰："老长老，小长老可？"好自是天下称小长老焉。一夕，梦神速其行，乃来燕。时中和老人章公住燕之庆寿寺，梦僧杖而入门，踞狮子座。是日师至。师所著语录曰《杂毒海》。

清水院创造藏经记　记文僧志延撰。咸雍四年，立于观音山寺之龙王堂。《金石萃编》云，清水院在京城西七十里，距圆明园三十余里，宛平县所属也。山半，泉下注如垂绅，至山麓，则有龙潭之瀦之。清水院额始于辽，而沿于金。《帝京景物略》载，金章宗有八院，此其一也。后易名灵泉。明宣宗宣德三年建寺，更额曰"大觉"，今仍之。碑在寺内龙王堂，游迹所不到，致传拓绝少。清乾隆戊戌九月二十七日，昶从寒芜落叶堆中搜得之。碑额书"奉为太后皇帝万寿大王千秋。"皇帝即道宗，太后即道宗母、仁懿皇后萧氏也。大王者，《辽百官志》：初名夷离，太宗会同二年，改称大王。有南北二院，皆分掌部旗军民之政，谓之知大王事。道宗纪，咸雍二年三月，以东北路详稳耶律韩福奴为北院大王。三年十二月，以东北路详稳高八为南院大王。以臆度之，燕京当为南院所属，所称大王或即高八也。碑云，旸台山者，蓟壤之名峰。清水院者，幽都之胜概。蓟壤即蓟县。唐建中二年，析蓟县，置幽都县。辽开泰元年，改幽都为宛平。碑盖从今称也。《辽地理志》：玉河县本泉山地，刘仁恭于大安山创宫观，师炼丹羽化之术于方士王若讷，因割蓟县，分置以供给之，在京西四十里。辽之蓟县，改名析津，今为大兴。辽之玉河，析宛平地，而云割蓟县北，当由两县犬牙相错地也。志明云，在京西，今之顺天府，辽为南京，析津府，辽言京西，正与今同。则清水院，似在玉河县地。今山左右，尚有南安窠、北安窠之名，或即《辽志》所谓大安山之南北也。碑末，沙门觉苑结衔称检校太保大卿。大卿之称，《辽百官志》无考。

长春真人本行碑　元陈时可撰。文云：丁亥五月，有旨，以琼华岛为万安宫，天长观为长春宫。七月，留颂葆光而归真焉。《元史·释老传》：邱处机，登州栖霞人，自号长春子。太祖诏求之，处机乃与弟子十有八人同往见焉。处机还燕，太祖因其号，赐官曰"长春"，遣使劳问。卒年八十。大略与碑同。

长春真人成道碑

姬志真撰，文云：大定戊申，金世宗征赴阙，特旨住全真堂。辛亥，复居滨都之太虚观。己卯冬，赴召，及见帝，嘉其诚。癸未春。敕建长春宫。云云。

大庆寿寺大藏经碑

元程巨夫撰，文云：国家崇信佛法，建大佛寺，必置藏经。高句丽王为皇帝、皇太后所亲幸。大德乙巳年，施经一藏，入大庆寿寺，归美以报于上。皇庆元年夏六月，谓某为文，勒之石。王名璋，好乐善，有德有文。逮事世祖，以皇甥为世子，成宗朝选尚公主。大德末年，从今上平内难、立武宗有功。嗣国王今上即位，加太尉。寺住持僧西林师，名子安，赐号佛光慈照明极净慧大禅师，官荣禄大夫大司空，领临济一事。考《元史·高丽传》云：高丽王，王昛，子源，成宗初年，尚宝塔实怜公主，十一年进爵沈阳王，继袭位高丽国王，更名章。即此碑施经之人。璋、章小异，当以其碑为准。

旃檀端相碑

鹫峰寺。元镌旃檀佛像于石，而树碑墀面，恣人拓塌。

大觉寺长明灯记

元揭傒斯撰，赵孟頫正书。延佑四年十月建。

大崇国寺演公碑铭

赵孟頫撰，文云：至大二年九月二十九日，大都大崇国寺住持，沙门佛性圆融崇教大师演公卒。越二年，其弟子告于天子曰："先师人般涅槃浮图氏法，遗骨舍利，必奉之以塔。先师以道行，承列圣宠遇甚厚，非著之文字，无以示永久。在廷之臣，孰宜为之铭，惟陛下择焉。"臣孟頫谨奉诏，按其行事，而叙之曰：师名定演，俗姓王氏，世为燕之三河人。在孕，母便绝荤肉。能言，祖母教之佛经，应声成诵。七岁，入大崇国寺，事隆安和尚，为弟子，编习五部大经，服勤左右，朝夕不懈。隆安亟称之，遂使之研精圆顿教理，成第一义。及隆安顺世，遗命必以师补其处。法元检统清慧寂照大师至，公探其道，执付之尘尾，属以传明之任。是夕，有僧梦净室中，一灯烨然。旦为师言志，公晑师曰："正法不可以无传人，天眷眷望有所归。"师计不得已，遁去，三游五台山，还

居上方寺。博观海藏，兼习毗尼，属崇国复虚席，众泣而告之，师始从其请。日讲《华严经》，训释孜孜，益无厌致。世祖皇帝闻而嘉之，赐号"佛性圆融崇教大师"。至元二十四年，别赐地大都，乃与门人以力兴建，化块砾为宝坊，幻蒿莱为金界，作大殿以像三圣，封高阁以庋藏经，丈室、廊庑、斋厨、僧舍，悉皆完美，故崇国有南北寺焉。时吴天宿德雄辩大师，授以道宗剌血全书戒本。于是祝发之徒以万计，咸稽首座下，尊礼师为羯摩首。岁以六月十九日，用所得布施，资饭僧五百众。诵诸大经，及于两寺，舍长财以修珍供。师自莅讲席，数蒙圣恩，赏赐白玉观音菩萨像，以彰殊渥。皇太后闻道行，亦降旨以护其法。临终之日，中夜具汤沐净发，与门人别，怡然长往。旧制近郭禁火化，师卒以闻，时上在春官，特旨有司赙丧。令于城西南，净土院茶毗，异常人也。道俗哀慕，执绋千众。既举火，灵光四达，获舍利数百粒。翌日，葬鲁郭之野，起支提焉。寿七十四，腊仅五十，度弟子百余人，嗣法者几三十人。惟师戒行严洁，如净琉璃，生死之际，究竟解脱。凡尔四众，亦又何悲？铭曰：维天浑然，理以充塞，人异于物，以全有德。欲胜而争，爱失厥性，圣人忧之，以药疗病。为道无形，易流而荡，立之范防，是毗尼藏。不肆而拘，竭既厥能，非说所说，演最上乘。历年二千，旁行是宣，不显而晦，其义则玄。维此圣谛，如海无际，不有先觉，孰觉一世。皇律事兴，爰有异人，食避有知，其性已仁。高道厚德，涖此讲席，人以允迪，而塞而辟。复营戒坛，为羯摩首，如大将担，众愒然受。仰承列圣，被之继光，感为建官，厚不可量。生灭已传，诸大弟子，正法不坏，利及生齿。帝念不忘，饬臣孟頫，著铭于石，以告万古。皇庆元年三月吉日建。

兴福头陀院碑

元袁桷撰。文略云：兴福院在都城保大坊。其主僧尼舍尘，刻意问道，日惟一食。至元中，今平章政事王公毅、枢密副使吴公垕、福建宣慰使李公果，见而异之，始买今院地。至大德某年，平章政事贾公某，与其夫人林氏，引见于皇后，下教出财帛，建其殿曰"慈尊"，俾开府知院月鲁公，奏其事于皇帝、皇太后，咸曰"可"。延佑五年，院告成云。

大承天护圣寺碑

元虞集撰。文略云：天历三年四月，上幸近郊，观于玉泉之阳。谓侍臣曰："固祇园之地也"。秋八月，立隆祥总管府以领之，建寺，题曰"大承天护圣寺"。明年改元，至顺十年，始命大匠治木。二年四月，始作土功。三年，寺大成。敕命臣祖常、臣集、臣

洪法、臣惠。印制文刻诸碑。

潭柘寺碑　《帝京景物略》云：潭柘寺有元碑二，至正某年，危素记。

大普庆寺碑铭　《蓟邱杂钞》云，宝禅寺在崇国寺之街西，即元大承华普庆寺也。成化庚寅，供用库内官麻俊治宅，掘土得赵承旨碑，始知为寺基。乃复建佛殿山门。闻于朝，改赐额曰"宝禅寺"。承旨旧碑，废不复存。

达摩祖师像　元李言恭书。在南横街口外圣安寺。

清康熙帝旃檀佛像记　（上略）。按，元翰林学士程巨夫《旃檀佛像记》：佛道成，思报母恩，遂升忉利天为母，说法优填王，欲见无由，乃刻旃檀为像。自忉利复下人间，见所刻像，摩顶受记曰："我灭度千年后，汝往震旦，广利人天。"自是像在西土一千二百八十余年，龟兹六十八年，凉州一十四年，长安一十七年，江南一百七十三年，淮南三百六十七年，复至江南二十一年，汴京一百七十六年，北至燕京，供圣安寺十二年，又北至上京大储庆寺二十年，南还燕宫内殿五十四年，元丁丑岁三月，燕宫火，复还圣安寺五十九年，至元十二年乙亥，迎供万寿山仁智殿二十六年，乙丑还大圣寿万安寺后殿。又按，明万历间，释绍乾瑞像来仪记明记，自万安寺迁庆寿寺，嘉靖十七年，寺焚，迁鹫峰寺一百二十八年。康熙四年，创建宏仁寺，自鹫峰寺迎供，至今又五十七年矣。计自优填王造像之岁，当周穆王十二年辛卯，至康熙四年辛丑，凡二千七百一十余年。昭昭瑞像，肇自西方，流传中土，光明莹洁，今古常存。考历代之往迹，昭新创之宏规。勒诸贞珉，以记盛事。云。

瑞应寺碑　汤右曾撰，文内略言，寺旧为龙华寺，圣祖甫赐名。院内文光果实并蒂，传为盛事。云云。

雍和宫碑　乾隆帝御制。文云：皇考世宗宪皇帝，肇封于雍邸，在京师艮维，与太学左右相望。迨绍缵大统，正位宸极，爰命旧第曰"雍宫"。设官置守，蒉宇垩饰，无增于昔，示弗忘也。越岁乙卯，弗予昊天，龙驭上宾，攀髯莫逮。维时丧仪具展，礼当奉移，念斯地为皇考藩潜所御，攸跻攸宁，几三十年，神爽凭依。倘眷顾是，迺乃即殿宇而饬新之，以奉梓官，易覆黄瓦，式廊门屏，棂星绰楔，规制略备。洎山陵礼成于此，敬安神御，岁时展礼，

至于今十稔。予小子绍庭陟降之忱，朝夕罔释，深维龙池，肇迹之区。既非我子孙析珪列邸者，所当袭处。若旷而置之日久，萧寞更不足以宏衍，庆泽垂焘于无疆。曩我皇考，孝敬昭事，我皇祖凡临御燕，处之适且久者，多尊为佛地。曰福佑寺，则冲龄育德之所也，曰恩佑寺，则鼎成陟方之次也。永怀成宪，厥有旧章，而稽之往古修真，本唐高龙跃之宫，慈庆乃渭水庆善之宅，宋则详符锡庆，祠号景灵。咸因在潜之居，实曰神明之隩，先后一揆，今昔同符。是用写境，祇林庄严法相，香幢宝网，夕呗晨钟，选高行梵僧居焉，以示蠲明以洁也，以昭崇奉至严也，以介福厘至厚也。我皇考向究宗乘，证涅槃三昧，成无上正觉，施洽万有，泽流尘劫，帝释能仁，现真实相，群生托命，于是焉在，其特表范，晬容为章，净域已哉。予小子瞻仰之余，间一留止，缅忆过庭，怵惕兴慕，敬勒石以纪，系以颂曰：于皇皇考，褆福无疆。奕奕朱邸，积庆流长。乘六以御，兹焉发祥。时雍协和，圣谟孔彰（其1）。鼎成于湖，神御攸奠。陟降在天，圣灵是眷。忾乎斯闻，僾乎斯见。超宋景灵，迈唐庆善（其2）。懿彼净觉，广树良因。澄圆性海，般若通津。慧灯普照，法宝常新。鬯华玉池，转曜金轮（其3）。矧是丹宫，藩封拜赐。载寝载兴，凝禧集瑞。人世香台，梵天忉利。拥吉祥云，开欢喜地（其4）。标新福界，冥契慈缘。雁堂集侣，鹿苑栖禅。香华送雨，贝叶霏烟。云车风马，歆顾珠筵（其5）。仰惟圣德，昊天罔极。以妙明心，运大愿力。孰为权应，孰为真实，无去无住，历化千亿（其6）。慈云广荫，甘霆长濡。入涅槃海，系如意珠。恒沙大千，共沐醍醐。不可思议，浃髓沦肤（其7）。灼灼灵仪，巍巍瑞相。言瞻言依，徘徊恻怆。十地四天，鸿恩融畅。尽未来际，永资慈航（其8）。乾隆九年，岁在甲子冬十月。

喇嘛说：佛法始自天竺，东流而至西番（即唐古忒部，其地曰"三藏"）。其番僧相传称为喇嘛。喇嘛之字，汉文不载，元明史中，或讹书剌马（陶宗仪《辍耕录》载，元时称帝师为剌（读作'拉'，下同）马。毛奇龄《明武宗外记》，又作剌麻。皆随意对音，故其字不同）。予细思其义，盖西番语，谓上曰"喇"，谓无曰"嘛"。喇嘛者，谓无上，即汉语称僧为上人之意耳。喇嘛又称黄教，盖自西番高僧帕克巴（旧作八思巴）始，盛于元，沿及于明，封帝师国师皆有之（元世祖初，封帕克巴为国师，后为大宝法王，并尊之曰"帝师"。又有丹巴者，亦封"帝师"，不一而足。明洪武初，封国师、大国师者，不过四、五人。至永乐中，封法王、西天佛子者各二，灌顶大国师者九人，灌顶国师者十有八。至景泰成化间，盖不能胜纪。）我朝惟康熙年

间，只封一章嘉国师，相袭至今（我朝虽兴黄教，而并无加崇帝师封号者，惟康熙四十五年，敕封章嘉呼土克图为灌顶国师。示寂后，雍正三年，仍照前袭号为国师）。其达赖喇嘛、班禅额尔德尼之号，不过沿元明之旧，换其袭敕耳（黄教之兴，始于明。番僧宗哈巴，生于永乐十五年丁酉，至成化十四年戊戌示寂。其二大弟子，曰达赖喇嘛，曰班禅喇嘛。达赖喇嘛位居首，其名罗伦加木错，世以化身掌黄教，一世曰根珠敦巴，二世曰根敦嘉木错，三世曰索诺嘉木错，即明时所称活佛锁南坚错也，四世曰云丹嘉木错，五世曰阿旺罗卜藏嘉木错。我朝崇德七年，达赖喇嘛、班禅喇嘛遣贡方物。八年，赐书达赖喇嘛及班禅喇嘛呼土克图，仍沿元明旧号。及定鼎后，始颁给敕印，命统领中外黄教焉）。盖中外黄教总司以此二人，各部蒙古，一心归之。兴黄教即所以安众蒙古，所系非小，故不可不保护之，而非若元朝之曲庇诇敬番僧也（元朝尊敬喇嘛，有妨政事之弊，至不可闻。如帝师之命与诏敕并行。正衙朝会，百官班列，帝师亦专席于座隅，其弟子之号，司空、司徒、国公佩金玉印章者，前后相望，怙势恣睢，气焰薰灼，为害四方，不可胜言。甚至强市民物，摔捶留守，与王妃争道，拉殴堕车，皆释不问。并有民殴西僧者截手，詈之者断舌之律。若我之兴黄教，则大不然，盖以蒙古奉佛，最信喇嘛，不可不保护之，以为怀柔之道也）。其呼土克图之相袭，乃以僧家无子授之徒，与子何异。故必觅聪慧有福相者，俾为呼毕勒罕（即汉化生语，转世人之义）。幼而习之，长成乃称呼土克图。此亦无可如何中之权巧方便耳。其来已久，不可殚述。孰意近世其风日下，所生之呼毕勒罕，率出一族，斯则与世爵禄何异。予以意以为大不然，盖佛本无生，岂有转世？但使今无转世之呼土克图，则数万番僧无所皈依，不得不如此耳（从前达赖喇嘛示寂后，转生为呼毕勒罕一世，在后藏之沙卜多特地方。二世在后藏大那特多尔济丹地方。三世在前藏对哦地方。四世在蒙古阿勒坦汗家。五世在前藏崇寨地方。六世在里塘地方。现在之七世达赖喇嘛，在后藏托普扎勒拉里冈地方）。其出世且非一地，何况一族乎。自前辈班禅额尔德尼示寂后，现在之达赖剌嘛与班禅额尔德尼之呼毕勒罕及喀尔喀四部落，供奉之哲布尊丹巴呼土克图，皆兄弟叔侄，姻娅递相传袭。似此掌教之大喇嘛呼毕勒罕，皆出一家亲族，几与封爵世袭无异。即蒙古内外扎萨克供奉之大呼毕勒罕，近亦有就王公家子弟内转世化生者。即如锡勒图呼土克，即系喀尔喀亲王固伦额驸拉旺多尔之叔。达克巴呼土克图，即系阿拉善亲王罗卜藏多尔济之子。诺尹绰尔济呼土克图，即系四子部落郡王拉什燕丕勒之子。堪卜诺们罕

扎木巴勒多济尔之呼毕拉罕，即系图舍图汗车登多尔济之子。似此者难以枚举。又从前哲布丹巴呼土克图圆寂后，因图舍图汗之福晋有妊，即指以为哲布尊丹巴呼土克图之呼毕勒罕，及弥月，竟生一女，更属可笑，蒙古资为谈柄。以致物议沸腾，不能诚心皈信。甚至红帽喇嘛沙玛尔巴垂涎扎·什伦布财产，自谓与前辈班禅额尔德尼及仲巴呼土克图同系兄弟，皆属有分，唆使廓尔喀滋扰边界，抢掠后藏。今虽大振兵威，廓尔喀畏惧降顺，匍匐请命。若不剔除积弊，将来私相授受，必致黄教不能振兴，蒙古番众，猜疑轻视，或致生事。是以降旨，藏中如有大喇嘛出呼毕拉罕之事，仍随其俗，令拉木吹忠四人降神诵经，将各行指出呼毕勒罕名书签，贮于由京发去之金奔巴瓶内，对佛念经。令达赖喇嘛或、班禅额尔德尼同驻藏大臣，公同签掣一人，定为呼毕勒罕，虽不能尽除其弊，而较之从前各任私意指定者，大有间矣。又，各蒙古之呼毕勒罕，亦令理藩院行文，如新定藏中之例，将所有呼毕勒罕之名，贮于雍和宫佛前安供之金奔巴瓶内。理藩院堂官会同掌印之扎萨克达喇嘛等，公同签掣，或得真传，以息纷竞。去岁廓尔喀之听沙玛尔巴之语，劫掠藏地，已其明验。虽兴兵进剿，彼即畏罪请降，藏地以安然。转生之呼毕勒罕，出于一族，是乃为私。佛岂有私，故不可不禁。予兹制一金瓶，送往西藏，于凡转世之呼毕勒罕众，所举数人，各书其名，置瓶中，掣签以定。虽不能尽去其弊，较之从前一人之授意者，或略公矣。夫定其事之是非者，必习其事而又明其理，然后可予。若不习番经，不能为此言，始习之时，或有议为过兴黄教者，使予徒泥沙汰之虚誉，则今之新旧蒙古，畏威怀德，太平数十年可得乎。且后藏煽乱之喇嘛，即正以法（上年郭尔喀侵略后藏时，仲巴呼土克图既先期逃避，而大喇嘛济仲扎仓等，遂托占词为不可守，以致众喇嘛纷纷逃散，贼匪始敢肆行抢掠。因既令将为首之济仲拿至前藏，对众剥黄正法。其余扎仓及仲巴呼土克图，俱拿解至京治罪安插。较之元朝之于喇嘛，方且崇奉之不暇，致使防害国政，况敢执之以法乎。若我朝虽护卫黄教，正合于王制，所谓修其教不易其俗，齐其政不易其宜。而惑众乱法者，仍以王法治之，与内地齐民无异。试问自帕克巴创教以来，历元明至今五百年，几见有将大喇嘛剥黄正法及治罪者？天下后世，岂能以予过兴黄教为讥议哉！）。元朝曾有是乎？盖举大事者，必有其时与其会，而更在乎公与明。时会至而无公与明，以断之不能也。有公明之断，而非其时与会，亦望津而不能成。兹之降廓尔喀，定呼毕勒罕，适逢时会，不动声色以成之，去转生一族之私，合内外蒙古之愿。当毫近归政之年，复成此事，

安藏辑藩，定国家清平之基于永久。予幸在兹，予敬益在兹矣，乾隆五十有七年。

隆福寺碑文　明景泰帝撰。文云："皇帝敕谕工部等衙门：朕承祖宗大统以来，夙夜惓惓，惟以敬天法祖保安宗社国家为心，修德宏仁利济亿兆民物为务。然念一人之力有限，万方之愿无穷，以有限之力副无穷之愿，自非仰庇佛慈，安能俯遂凡欲。此非朕之私智，自我祖宗列圣，相传以至于今，莫能外也。盖佛之道，等慈能仁，导善化恶，救灾恤患，召福致祥。其神通之妙用，有非闻见所得而及，言语所得而尽者也。至于崇之则在，远之则散，又理之必然。此有天下国家，欲遂其无穷之愿者，所以不能不崇奖钦！京城有大慈恩、大兴隆诸寺，所以崇奖佛之教者旧矣，然皆居乎西北，而东未有，无以称朕祗崇之志。尔工部其相地于大内之左，为朕建大隆福寺，将以上隆祖宗在天之福，下集国家天下生民幽显无穷之庆。凡有材用，悉取之于官之现有者，军夫工匠，悉倩于官之庆役者，一毫一力，不许有干于民。所司择日兴工绘图以闻尔。其钦承，毋怠勿忽。故谕。"至雍正三年重修，世宗御制碑文，云："京城之内东北隅，有寺曰'隆福'。肇建于明景泰三年，逾岁而毕。工营构之费，悉出于官，盖以为祝厘之所。自景泰四年，距今二百七十余年，风雨侵蚀，日月滋久。朕昔曾经斯寺，有感于怀，兹乃宏施资财庀材，召匠再造山门，重起宝坊，前后五殿，东西两庑，咸葺旧为新，饰以彩绘。寺宇增辉焕之观，佛像复庄严之相。既告厥成，因勒贞石，以纪其事。夫佛之为道，寂而能仁，劝导善行，降集吉祥，故历代崇而奉之。然朕非以自求福利。《洪范》曰：'欲时五福，用敷锡厥庶民。'言王者之福，以被及群生，为大也洪。惟我皇考圣祖仁皇帝，功德隆厚，历数绵长，四海兆人，胥登仁寿之域。自古帝王备福之盛，无有比伦。朕缵嗣鸿基，思继先志，使遐迩蒸民，向教慕义，俱种菩果，各种福田，借大慈之佑感召休，征以繁祉，井里安富，耄耋康宁，享太平之福，永永无极。则朕所以受上天之景福，承皇考之庆泽者，莫大乎是此。朕为苍生勤祈之，至愿也夫。雍正三年十月十二日。"

旧都寺庙碑碣，何止千百。兹仅取足为考古之助，及有关治忽者，录取如干事，尝鼎一脔，亦且快吾意云尔。

清汉寿亭侯祠记　在正门阳侧。吕昌镌，张问政立石。康熙四年。

悯忠寺曹娥碑　谢枋得被强荐来北都，寓悯忠寺。

一日，见壁间曹娥碑而泣，曰："小女子犹尔，吾岂不汝若哉！"不食而死。

重修岳鄂王寝宫碑记　在精忠庙内。

重修文信国公祠碑　在祠内。朱为弼撰，彭邦畴书。

文信国画像赞　在祠内。

信国公文天祥塔　《帝京景物略》云：江南十义士昇公薶葬都城小南门外五里道旁。大德二年，继子升至都顺城门内，见石桥织绫户妇，公旧婢绿荷也，为升语刘牢子。乃引到葬处，大小二僧塔，其大塔小石碑，刻"信公"二字。遂以归葬庐陵。

谢文节公祠堂碑记　在祠内。

耶律楚材神道碑　《池北偶谈》云：耶律文正墓在都城西，近畏吾村。王文贞公"崇简"云：为孝廉时，见耶律王墓上断碑，尚可读。二十余年来，墓田归旗下，此碑无从复问矣。

耶律楚材墓碣　《野获编》云，近日一友人治别业于京城外西山，忽发一冢，开衬得大头颅，加常人几倍，不知为何人葬地。未几，掘得碣石，则楚材墓也。

廉希宪神道碑　《畿辅通志》：案《元文类》载此碑，明善撰。其文所记事实，与《元史》希宪及父布鲁凯雅传略同。不具录。

妙严砖　（详《名迹略》）。

于忠肃祠堂记　在祠内。

重修松筠庵景贤堂记　在庵内。张之万撰，胡景桂书。

能摹刻杨忠愍手书遗嘱　在松筠庵内。李鸿藻钩摹并识。

清刻杨忠愍公谏草　张受之刻。

明袁督师庙碑记　在左安门内东大桥。王树枏撰，宋伯鲁书。

袁督师庙记　康有为撰并书。

明大学士范文忠殉节处碑

重建顾亭林先生祠堂记　在报国寺。

旌勇祠碑　祀明瑞。在半藏寺西。

显忠祠碑　祀僧格林沁。在东皇城根宽街口。

奖忠祠碑　祀福康安。在地安门内松公府。

吴柳堂先生祠堂记

王文敏公（懿荣）祠堂记　在祠内。

李文忠公祠堂碑　祀李鸿章。

醉郭墓　在陶然亭侧。林纾撰，祝椿年书。

清故韩君死事碑　在旧司法部内。董康追铭。

梁巨川先生殉道碑　彭诒孙立石，彭汶孙书。在
德胜门内高庙旁。

张受之小像及传略　何绍基撰书，吴俊写。凡贞
魂毅魄，义胆忠肝，必有所寄。泐诸贞珉，垂之奕世，以
永令誉。录汉寿亭侯、信国祠记以下若干事。《诗》曰："如
南山之寿，不骞不崩。"此之谓矣。

清谢履忠丁香花诗石刻　存国学彝伦堂。

陶然亭碑记　江藻作，在亭内。

清法源八咏　苏斋摹勒。在西砖胡同法源寺。

太学古槐诗碑　观保书，在国学。诗酒往还，流连
景物，此升平佳话，今安得而见之。录江郎中、翁学士、
谢祭酒碑，感慨系之矣。

燕康王旧端题字　燕灵王旧端题字
（均详《陵墓略》）

晋左将军唐彬功德颂石碑

铜马象赞

濮阳卞氏墓碑

李内贞墓志

唐仵君墓志　碑存大木中国学院。
旧城方位，集讼纷如。录康、灵二王旧端题字及辽金
卞李诸氏铭，则千年故墟，不迷所向矣。

云麾将军残碑　在文信国祠内（图3）。碑为唐李邕
所书。碑断，斫为石础，曾存宛平县署中。清初，王京兆
携四础之大梁，只存二础。康熙中，府丞吴涵，移置信国
祠，曾作文纪其事。

苏灵芝书宝塔颂　法源寺。为唐碑最上品。

颜頵书复舜庙颂　颜頵，真卿子，所书碑书画端庄，
殊有父风。

故坛主守司空大师遗行碑　辽王鼎书。在戒坛寺。
按，此坛主大师，不载名字（戒坛寺别有王鼎撰法均禅师碑，
疑即此碑）。

千字文石刻　重摹智永千字文。元周伯琦书。旧在
文庙。

戒坛寺　禅师遗行碑：金天德四年，韩昉撰，高
衎书。

大昊天寺碑　辽道宗皇帝书。

飞虹桥石刻　《秋涧集》云：庆寿精蓝丈室之前，
松槲盈庭，景物萧爽。尝引流水贯东西梁，今堙，桥废，止
存二石屏，上刻"飞渡桥"、"飞虹桥"六字，笔力遒婉，
势极飞动，有王礼部无竞风格。寺中相传，亡金道陵笔也。

庆寿寺碑　北京庆寿寺碑，金党怀英八分书，最妙。
正统中，惜为中人所毁。

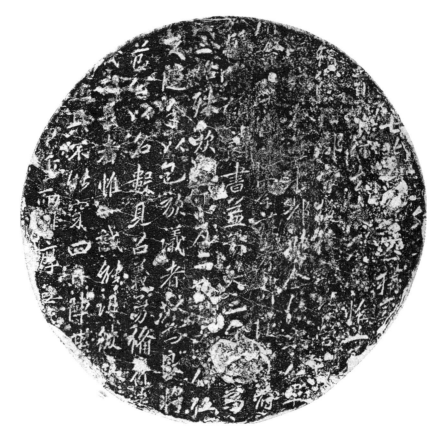

（图3）云麾将军断碑残楚（一）

（图3）云麾将军断碑残楚（二）

金章宗诗碑　　《明一统志》云：仰山中多禅刹，金章宗游幸，有诗刻石云："金色界中兜率景，碧莲花里梵王宫。鹤惊清露三更月，虎啸疏林万壑风。"

华严寺耶律词　　《长安客话》云：上华严寺，下华严寺，俱正统间建。寺有二洞，一在山腰，一在殿后，曰七真洞，或曰即翠华洞。洞中石壁，镌元耶律丞相一词。

圆明大师塔铭　　赵孟𫖯书。《墨林快事》云：松雪之字，所为释道二教，大抵奉敕所撰，其有扶植正义者，为阐扬各宗者次之，若铺张宠遇以惑盲俗者斯下矣。兹叙定演事，能推重毗尼并佛，所以立毗尼之意详哉，其言深哉。其旨盖自禅说横溃，而人苦律之拘也久矣。其究令人晃洋而无所归，恣肆而无所守。勿论世有孟子，必为洪水猛兽忧，即佛复生，亦必为药义罗刹虑。公既能阐扬戒宗，以显申牟尼之法，又能救抑禅说，以阴留牟尼默合吾道之正，最为有益于人天。凡揽古者，当于此大窾系处着眼可也。

国学五种石刻　　"乐毅论"、"黄庭经"、"兰亭"、"争坐位"、"张平叔金丹"四百字，均赵子昂临本。

程氏、杜氏先茔碑　　均赵孟𫖯书。

昭文大学士康里石忽木碑　　赵孟𫖯书。

赵子昂书德胜门额

赵子昂书天师张留孙神道碑铭　　俗呼道教碑，在东岳庙。文长三千余字，备极楷则，无一笔放纵，亦无一笔不生动，确为赵书上品。

玉清观碑　　元赵复撰。

天庆寺碑　　元王恽撰书。

中书平章阿鲁浑碑　　赵孟𫖯书。

崇真观钟铭　　按，铭系袁桷撰，见《清容集》。其略云：冶吉金，构坎离，为气用，震以时。深则安，安乃旋，镇无极，亿万年。

昭德殿碑　　赵世延书。

许鲁斋演千字文　　万历年刻石，存方家园净业庵壁。

慈慧寺碑　　明陶望龄撰，黄辉书。极名贵。

极乐寺碑　　明严嵩撰文。

法渊寺番经厂记　　张居正撰。在嵩祝寺侧。

摩诃寺三十二体金刚经集篆碑　　六十方，存摩诃庵左侧金刚殿壁上。《日下旧闻考》谓：为宋僧道肯，五代高僧梦因法师十六体金刚经而广之，每章作一体。原本因年久失去。万历初年，黄梅乡宦汪中丞可受，于大水漂浮箧中得之，命同里门人洪度钩摹，以枣木板刻之。嗣汪中丞起用至京，翰林陈万言等，争取木刻摹勒上石。有清朝王文贞公跋尾。原石尚完好，惟藏石之屋，大半毁坏。近市长袁良，命工重修，并责成地面加意保管，俾宝物不致遗失，亦一大功德也（图4）。

广化寺赐曹化淳草书碑　　明崇祯帝书。

正阳门瓮城观音大士庙碑　　张照撰书。

快雪堂贴　　存北海快雪堂两廊。计四十八方（图5）。

三希堂法贴　　在北海琼岛西麓阅古楼壁间。《官史》载，乾隆丁卯，以内府所藏魏晋以下名人墨迹，命儒臣择其尤者，钩摹上石，为《钦定三希堂法贴》，三十二卷。既成，以石刻列嵌阅古楼壁上下，计四百九十五方。翰墨琳琅，辉映廊庑（图6）。

兰亭八柱贴　　兰亭贴为北宋拓本，代有临摹。乾隆年间，汇刻八柱，建亭于圆明园中。圆明毁后，于宣统二年移置颐和园。民国24年，管理颐和园事务许保之请于市府，竖立建亭。计第一柱为虞世南摹兰亭序，第二柱为褚遂良摹兰亭序，第三注为冯承素摹兰亭序，第四柱为柳公权书兰亭诗墨迹，第五柱为戏鸿堂刻柳公权书兰亭诗原本，第六柱为于敏中补戏鸿堂刻柳公权书兰亭诗阙笔，第七柱为董其昌仿柳公权书兰亭诗，第八柱为御临董其昌仿柳公权兰亭诗（图7）。

极乐寺放生池碑　　汪大燮撰文，邵章书丹。故都名碑，自以北海云麾灵芝塔颂为最上品。至于元代子昂所书，

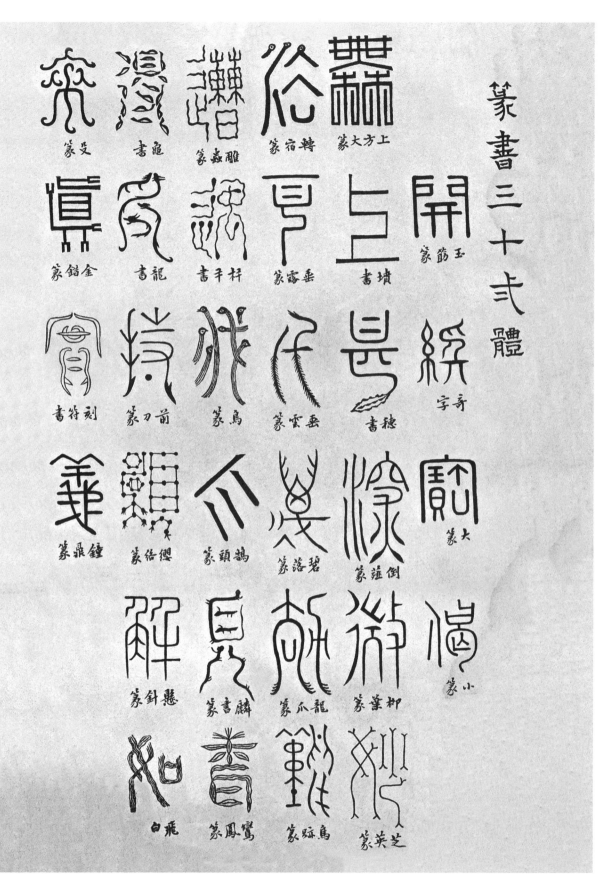

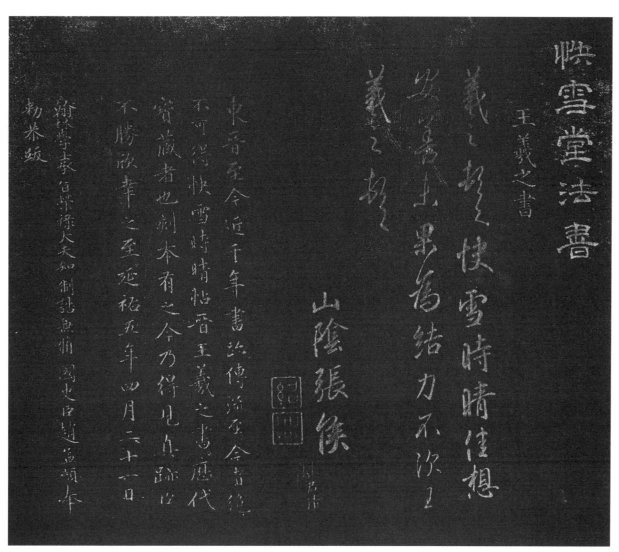

快雪堂法書

王羲之書

羲之頓首 快雪時晴佳想
安善未果為結力不次王
羲之頓首

山陰張侯

東晉至今近千年書跡傳播至今甚鮮
不可得快雪時晴帖晉王羲之書應代
寶藏者也刻本有之今乃得見真跡於
不勝欣幸之至延祐五年四月二十一日
翰林學士承旨榮祿大夫知制誥兼修
國史臣趙孟頫奉
勅恭跋

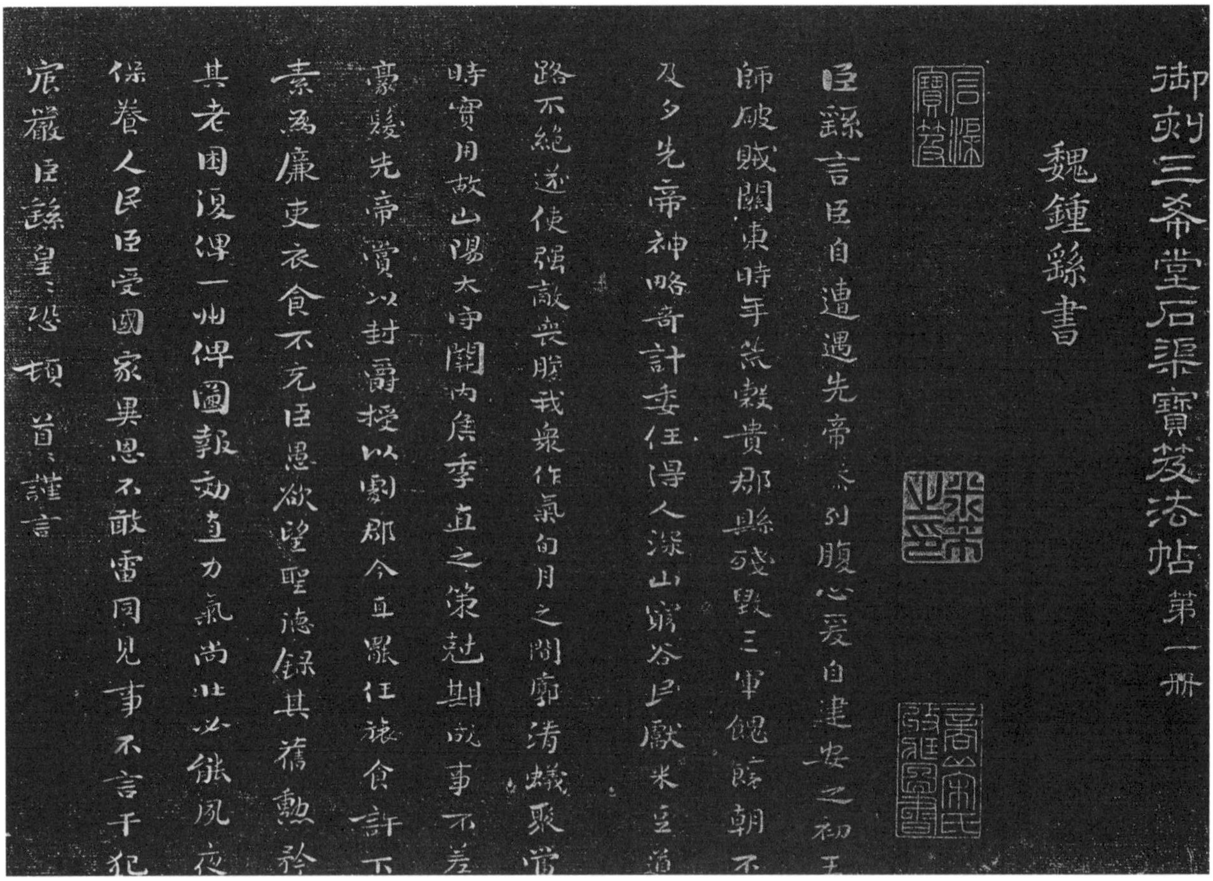

御刻三希堂石渠寶笈法帖第一册

魏鍾繇書

臣繇言臣自遭遇先帝忝列腹心爰自建安之初王師破賊關東時年荒穀貴郡縣殘毁三軍饋饟朝不及夕先帝神略奇計委任得人深山窮谷民獻米豆道路不絶遂使强敵喪膽我衆作氣旬月之間廓清蟻聚當時實用故山陽太守關内侯季直之策尅期成事不差豪髮先帝賞以封爵授以劇郡今直罷任旅食許下素爲廉吏衣食不充臣愚欲望聖德録其舊勳矜其老困復俾一州俾圖報効直力氣尚壯必能夙夜保養人民臣受國家異恩不敢雷同見事不言干犯宸嚴臣繇皇皇恐恐頓首頓首謹言

（图6）三希堂帖

无虑数千，尽多佳者。若明时之三十二体金刚经集篆。张居正、黄辉书碑，均为不朽之作。快雪堂、三希堂法帖，尤为名贵。依次著录，以供快睹。

造戻陵遏表 此碑为刘宏纪勋立。

游击将军薛侯碑 赵含撰并行书。开元十八年正月立。

幽州都督张说遗爱颂碑 文系孙逖撰。见《文苑英华》，其颂曰："贞石不骞，蓟邱之下。"

御史大夫刘怦碑 《金史·刘颀传》云：初，南苑有唐旧碑，书贞元十年，御史大夫刘怦葬。上见之曰："苑中不宜有墓。"颀家本怦后，诏赐钱三百贯，改葬之。

张仲武纪圣功铭 《旧唐书》本传云：张仲武知节度，事幽州大都督府长史。俄而回鹘扰边，仲武遣其弟与神将游奉寰、王如清等，率锐兵三万人，大破之。由是威名加北狄，表请于蓟北立纪圣功碑，铭勒李德裕为之文。

贾驯修庙学颂 吴澄撰。

大都路总治碑 王构撰，刘赓正书。

昌平屯田总管刘伯杰墓志铭 文为袁桷撰。见《清容集》。

杨朵而神道碑 虞集撰。见《道园学古录》，云：朵而只事武宗皇帝，总兵朔方。大德十年，以军事入奏京师。及上崩，哈剌哈孙遗信使，趣仁宗还镇京师。以迎武皇帝。仁宗得，未即就道。公疾驰见仁宗，曰："太子在北方尚远，事亟矣，尚迟回耶？"即遣李孟、朵而只乘传，以先不数日入朝，宋大难迎武归即位。由公一言决之，可谓忠且勇矣。至大二年薨。

贾秃坚理不花神道碑 虞集撰文，见《道园学古录》。

都水监改修庆丰石闸记 宋撰燕石集本。碑文云：至元二十九年，领都水监事郭守敬，图水为渠，曰通惠河。贯京城，出南水河，过通州，抵高丽庄之坝。为里二百，视地形创闸，附崖壁及底，皆用木，凡二十四。庆丰其一也。

中书省检校壁记 虞集撰。见《道园学古录》。

京畿督漕运使善政记 《畿辅通志》按，虞集撰文。见《道园学古录》，云：至顺二年秋，千斯仓使汪壎等来言于史官，求文，颂运使扎撒公，程公与今运使刘公之德。云云。

北平为历代故都，凡所兴作，具详国史。兹取其治绩留遗，刊诸金石者，著于篇。以阐幽光而彰盛德，当亦君子所不废也。

鹦鹉冢铭 铭云："文兮祸所伏，慧兮祸所生。吁嗟作赋伤正平。"

香冢铭 铭云："浩浩愁，茫茫动，短歌终，明月缺。郁郁佳城，中有碧血。血亦有时尽，月亦有时灭。一缕香，魂无断绝，是耶非耶？化为蝴蝶。"

又诗："飘零风雨可怜生，香梦迷离绿满汀。落尽夭桃又秾李，不堪重续瘗花铭。"

"金台始隗，登庸竞技，十年氍毹，心有余灰。葬笔埋文，托之灵禽，寄之芳草，幽忧侘傺。正不必起重泉而问之。"

技藝略

百工竞利，荦于市朝。三都杂陈，炫其瑰宝。故一长自擅，不耻于雕虫；五能求全，或精于技鼠。人巧遂同功于造化，地灵讵胜用夫物材？大雅有群，异才斯聚。郭台丁扇，杂记西京；顾绣谭笺，珍传旧史。斗星辰于心角，纳须芥于刀锥。是皆集四方之菁英，为群才所荟萃。周官论道，益译考工之书；晋相搜奇，乃纂博物之志。作《技艺略》，第十一。

一地之艺术文化，恒随时代环境而变迁消长。北平自辽金以后，代为国都，凡九百余年。体制之所宜备，帝王之所好玩，士夫之所倡导，乘风向流，日久弥盛。故北平艺事，精绝华贵，具特殊之色彩焉。皇室倾覆，美艺渐替，都邑南徙，百业再缩。然精华储蕴，其所留遗，富有艺术性者，则鸡林声价，海外流传，而不绝如缕矣。诚宜及其未远，勉为存全。考旧都技艺，大如建筑，小如器物，靡不足贵。乃至支搭凉棚，裱褙屋宇之微，亦恒见于载籍笔记，其技手迥非他处所及，足见朝家之力。下逮民间，希风投好，炫俗竞美，非一朝一夕之故。兹篇所录北平显著技艺若干事，亦以明其大。凡考其源要，国粹所在，文献攸关。至于物非特出，技不专攻与乏艺术意义、历史价值者，概不入焉。

■（图1）护国寺土坯殿

■（图2）土坯殿残壁

■（图3）土坯殿柱础

■（图4）土坯殿月台角石

建 筑

北平之为都城，始于辽之建立南京，遗构多不可考。女真继之，海陵王发宏愿，重建新都。遣画工写汴京宫室制度，阔狭修短，尽以授之。左相张浩辈，按图修之，役民八十万，兵夫四十万。作治数年，北京自此始呈巨丽之观。其兴作规制，具详《城垣略》。元由朔漠入主中原，其营造宫阙，仿汴京而益备，且为后代规模所自昉。建筑之工师为一阿拉伯人也黑迭儿。世祖时，命掌茶迭儿局，即华言庭帐局也。至元三年，受诏修北京宫殿城垣，与汉人张柔、段天佑同任工部事。张、段均武人，特空名督领而已。明兵入燕京，改其地曰北平。但阅时未久，永乐大帝复定都北京，营建城垣宫阙，终明之世，旋毁旋作。直至李自成闻满洲兵至，纵火焚大内，午门及三殿两宫半为灰烬。顺治帝入关，力崇俭仆。康熙以后，始渐营修。现在宫殿，几皆前清所留遗也。

自金以后，各代建筑各有其特色。金大定、明昌两朝，政修国裕，全力经营，惜存者绝少。今护国寺土坯殿，残壁柱础及月台角石，断为辽金间之建造（图1、图2、图3、图4）。又，架于永定河上之卢沟桥，即为明昌三年所建。《直隶省志》云：卢沟桥插柏为基，雕石为栏，栏上石狮子，抱负不可胜计。桥东筑城，为九道咽喉。月晦五更，他处不见月，惟卢沟桥见之。西人马可波罗作《中国游记》，谓北京附近，有拱门数重之桥架黄河上，以大理石为栏柱，柱顶雕狮像，即指此。其规模奇伟，盖久为世界所艳称（图5）。元代建筑，参用罗马式，重视石工。采石局置有专官，与大小木泥瓦等，同列于官制。北京附近，又为产石之区，制作极便，有石工杨琼，世业石工，官采石局总管，善于雕刻，世祖许为绝艺。至元九年，建朝阁大殿，曾与其役。又，元代都城建筑之规模，据《元史》、《辍耕录》、《故宫遗录》诸书所载，可以略窥一二。如立法轮竿于大内万寿山，高百尺，屋脊置金宝瓶。乃为佛教色彩，被于宫殿之表现。盝顶殿，其形如今之所作蒙古顶。畏吾儿殿，仿回教式之建筑，水晶二圆殿起于水中，通用玻璃饰。棕毛殿，以棕毛代陶瓦，传于南洋印度。他如土耳其式之温石浴室、喷水机、暗门、密室等，乃为外洋建筑渐被采用之证。今孔庙大门，乃元代建筑之一（图6）。德胜门内铁影壁，乃元代石刻之一（图7）。明代习惯尤为侈靡，梁柱必用楠木。永乐四年，分遣大臣，采木于四川、江西、湖广、浙江、山西。大石则取于涿州、房山。花斑石则取于徐州。砖则取于临清、苏州。颜料，据《明史·周忱传》言，三殿重建，诏征牛胶万斤，为彩绘用。《邹缉传》言，买办颜料，本非土产，动料千百。民相率敛钞购之他所，大青一斤，价至万六千，及进钠又多留难，往复展

■（图 5）卢沟桥石狮（之一）

■（图 5）卢沟桥石狮（之二）

■（图 5）卢沟桥石狮（之三）

■（图 6）孔庙大门

■（图 7）铁影壁

转，当需二万贯钞，而不足供一柱之用。其物料艰维如此，今智化寺万佛阁梁架，即可窥当时之彩画（图8）。隆福寺三宝殿藻井，足以表现当时雕刻之精妙（图9）。太和殿丹陛，或亦明代所遗（图10）。盖有明重视技术土木之事，以贱役跻显秩者，不乏其人。宦官阮安，有巧思，著《营建记》，奉命董北京城池宫殿及百司府舍，目量意揣，悉中规制。又，杨青，永乐初以瓦工役京师内府，后营建京朝，使为都工。善心计，凡制度崇广，材用大小，悉称旨。官工部侍郎。又，蒯祥，吴县木工，能主大营缮。官工部左侍郎。又，陆祥，瓦工，与祥同修南内，膺重赏，亦官工部侍郎。至督工人员，如蔡信辈，亦皆能亲营度艺，人遵其绳墨。其建筑之存于今日者，在城内则大高玄殿。在昌平则明长陵。明十三陵，规模最大，雕刻最精，早为中国有数之建筑物。大高玄殿前二亭，钩檐斗角，穷极工巧，明时中官呼为九梁十八柱，洵足代表中国最复杂之木质。虽经雍、乾两朝重修，然终未改原状（图11）。清代宫室，一仿自明，而俭于明。康熙帝深诋明人用楠木之费。自云："本朝悉用满洲所产之黄松。"又，康熙时，发现明代筑沟之制，系以生铜为管，而砌以巨石。大抵明代无谓之奢靡，至清而稍除。然郊外离宫之建筑，则远胜于明故苑囿之众，为清代建筑之特色。最初为畅春园，次则圆明园，最后为颐和园。玉泉之静明，香山之静宜，复点缀其间。燕居听政，半在园囿。当畅春园鼎盛时，圆明园特一附属之小园，雍、乾二朝，屡为扩充。乾隆尤注意文艺，南巡时，所见各园佳景，如吴县狮子林，钱塘小有天园，海宁安澜园，江宁瞻园。皆斗取其意，仿造于园中。且仿苏州街市之式样，造一买卖街于园之附近，其后又用欧西建筑式样，造"海宴堂"于园中。虽经劫火，犹可见嶙峋之残柱，带有罗马风也。1861年，全园被焚，代表清代特色之建筑

不可复见，此为中国近古文化史上一绝大损失。迨光绪年，有颐和园之修，稍稍复见承平气象，虽视圆明园，瞠乎已后。然湖山清美，宫殿亭塔，错列纷耸，略变昔日宫室对称均齐之制。其中一部，如铜殿、荇桥、十七孔桥、谐奇趣等，尚存乾隆清漪园之旧，长廊亦犹是昔日规模，要为近代罕有之巨构也。至若佛寺建筑著者，如雍和宫、护国寺、隆福寺、郊外之黄寺、碧云寺、五塔寺等，规模宏阔，制作精巧，亦足为都城生色。

以上略述，自辽至清之建筑变迁沿革及各代特殊之点，不特注意艺术，抑亦有关文献。惟尚有数事，应为一述者：

琉璃瓦

北京宫殿之伟丽色彩，大半由于琉璃砖瓦。汉代，陶器已有着釉者。惟琉璃瓦正式纪录，实始于北魏。中稍衰歇，自隋何稠以绿瓷为琉璃，其用复溥。宋李诫《营造法式》，有烧造黄色琉璃瓦之法。宋人使金，见琉璃瓦覆屋，深为惊叹，故知琉璃应用之广。当在金代至元而设专官矣。《元史·百官志》：大都凡四窑，其一在三家店。盖取材于西山，而循水道，以运至正阳门外之琉璃厂，以成制之也。至明，以内官典司其事。及清，而工艺益精。《清一统志》：凡陶甓之制，设立琉璃厂于正阳门西，以陶琉璃器具。质用澄泥，色有青黄翡翠紫黑绿。砖甓异名，各按模色。吻有大小，垂脊之饰，各有差等。而工部则例有琉璃作，等差尺寸，物料价值，记载尤为详明。其制法，窑工多守秘密，李氏《营造法式》、孙氏《琉璃志》，均略言之。北平营琉璃业者，以赵姓为最久最著，兹觅得其制品数事见于图，尚可见其制品（图12、图13、图14、图15）。又，琉璃制作，以北海九龙壁最为巨丽（图16）。

■（图 9）隆福寺三宝殿藻井

■ (图10) 太和殿丹陛

■ （图11）大高玄殿琉璃亭

■（图12）赵家窑之一

楠木作 木工有大木、小木做法之异。小木属于装修，为楠木作，雕刻精巧，光泽可鉴。有善作房屋模型之匠师，日雷发达者，世为楠木作。雷生于明万历四十七年，卒于清康熙三十二年。清初以艺应募赴北京，康熙营建三殿，发达以南匠供役其间。嗣充工部营造所长班。其子金玉，继父业，供役圆明园楠木作样式房掌案。金玉第五子声澄，声澄子家玮、家玺、家瑞，先后承办乾嘉两朝之营建事业。家玺承办万寿山、玉泉山、香山园亭、热河避暑山庄及昌陵等工程。家瑞当嘉庆大修南苑，承办楠木内檐、硬木装修。尝至南京，采办紫檀、红木、檀香等料，开雕于南京。世传其业不坠，俗呼"样式雷"（图17、图18、图19、图20、图21）。又，王士禛《梁九传》云：康熙初年，重建太和殿。有老工师梁九者，董匠作，年七十余，自前代及本朝初年，大内兴造梁，皆董其事。一日，手制木殿一区，以寸准尺，以尺准丈，不逾数尺许，而四阿重室，规模悉具，殆绝技也，云云。是又一模型匠师，前于雷发达也。

■（图13）赵家窑之二

■（图14）赵家窑之三

■（图15）赵家窑之四

■（图 16）北海九龙壁

■（图 17）同治重修上下天光烫样

雕镶彩画 宫室装饰之制，由来已久，于古词赋中见之，其华丽疑有过于近代。元代雕塑工官，亦有用西人者。《元史·阿尼哥传》：尼波罗国人，善画塑及铸金为像，凡两宫寺观之像，多出其手。刘元即出其门。达尔玛修七星堂，令画工图山林景物，雕塑壁画，斯时为盛。明代，自郑和游南洋诸国以后，携归外国木材、矿产、香料异物，不可胜数。永乐以后，宫殿之建筑材料及装饰，多取于此伟大之栋梁，富丽之色彩。余则从事于小器皿之制造，镶箱之物，益为繁富。

叠 山 江南名园垒石，多出名手。尤以张涟，字南垣，所作为著。吴梅村为南垣作传，亟称其艺之神。其子然，字陶庵，继之，游京师，供奉内廷三十余年。南海瀛台（图22、图23）、北海状元府、玉泉畅春苑之垒石，均其遗制。其后人散居北平，世守其业。家中存《垒石谱》数十卷，弥可珍贵。

■ （图18）同治重修万方安和烫样

■ （图19）勤政殿附近烫样

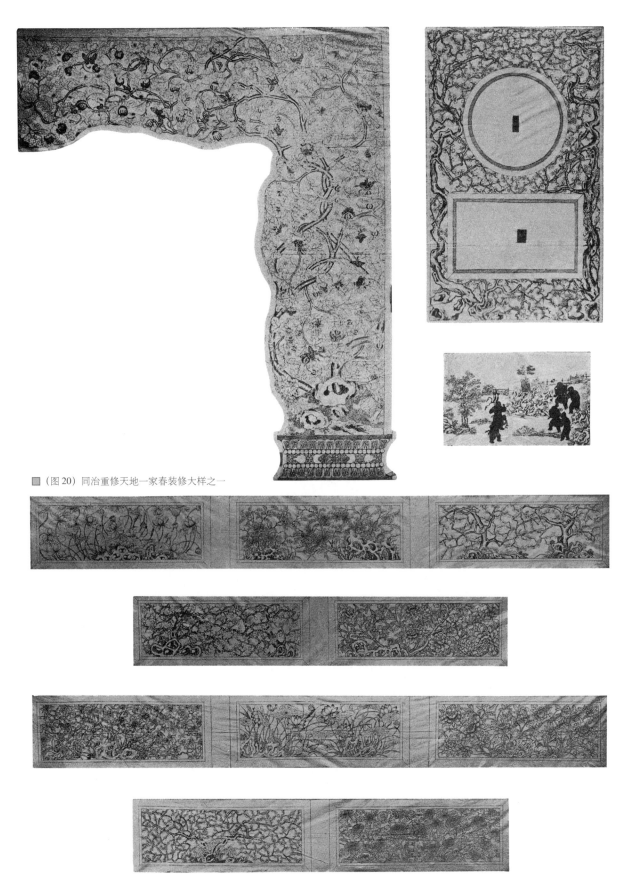

■（图20）同治重修天地一家春装修大样之一

■（图21）同治重修天地一家春装修大样之二

又，李笠翁渔亦善叠石，弓弦胡同半亩园，其中叠石成山，引水作沼，皆出笠翁手。此东方之布景学，但非胸中有邱壑，学有素养者，无能为役也。

建筑足以表现人类之进化，如宗教、政治、艺术、文化，无一不可由建筑物寻其真相。北平历代建置宏伟壮丽，无与伦匹。徒以数千年来，道器分途。主管官吏于营建结构之原理，算经致用之法程，每不屑研求，所定工程则例，于术语算法，悉行删汰。而各种匠作，又以术有专门，转相口授，只期实用，不广流传，甚至秘以自矜，故我国建筑特色极少成文。现中国营造学社，关于历代建筑之法式图样，广搜冥讨，东西人士所著述讲演，亦无不兼收并蓄，用资研究。印行书籍，不下数十种，精心结撰。其《营造算例》一书，分论斗栱、大木大式做法、大木小式做法、杂式做法、装修法、大式瓦作法、小式瓦作法、石作做法、土作做法、桥座做法、牌楼做法、琉璃瓦料做法等，极为精详。此书在宋李明仲《营造法式》及清工部颁行之《工程做法则例》后，应推为最重要完备之建筑术书。保存绝学，整理旧艺，实为中国建筑学界放一异彩。

自清同治以后，建筑艺术无复进步。天坛之祈年殿、皇穹宇，建筑之精宏，为世界所乐道。然光绪十五年被火，欲重修而失所依据，后幸觅一年老之工匠，幼年曾与修理之役，勉记其构造之尺度成之。诚知此种代表东方文化之伟大建筑，已日就衰微，濒于绝坠。近市政府为整理旧都文物计划，实行修缮古建筑。第一期工程，修理天坛、国子监、孔庙、内外城城垣及城内各牌楼、箭楼等，以次及于各苑囿、各坛庙寺塔，期能悉复旧观，持久不敝。此种工程，中外悬望，不特平市之幸，抑亦东方文化前途之福音也。

雕漆

雕漆之业，宋元间已极盛。宋人雕红漆器，如官中用盒，多以金银为胎，以朱漆厚堆至数十层，而刻人物、楼台、花卉者。然盛极而衰，制之者不止一地，伪作随起，厥品甚劣。北平之有雕漆，盖始于明，而盛于清之乾隆时代。明永乐中，果园厂所制至佳。《帝京景物略》云：漆器，古有犀毗、剔红、戗金、攒犀、螺钿。国朝所传，则剔红填漆。剔红，宋多金银为里，国朝以锡木为胎。永乐中，果

■ （图23）瀛台叠山之二

园厂制也。《嘉兴府志》云：张德刚，西塘人也，父成，善
髹漆剔红器。永乐中，日本琉球购得以献，成祖闻而召之。
成时已殁，德刚能继其业，即授营缮所副。则果园厂所制，
当出德刚之手（图24）。乾隆帝酷嗜雕漆，宫中陈设雕漆物
品、大如屏风、几榻，小至玩具，尽备尽美（图25、图26）。

乾隆三十八年，有御制"咏永乐朱漆菊花盘诗"云：

初明制器果园时，四百年兹雅玩贻。绝后徒劳宣德仿，空
前直比至元奇。轻于纸叶朱红艳，坚似金胎菊瓣蕤。虞舜推
轮应逊此，十人犹谏义当思。

其爱玩此物，略可思矣。咸丰十年，圆明园劫焚，漆
器宝物亦被掠。今英国博物院中，陈列雕漆大瓶，周身卷
云，中雕五爪龙，嵌珠其间，赫奕有光，盖即乾隆时物也。
自是雕漆物品，渐为西人所重。光绪庚子以后，购者尤众，
遂与景泰蓝、地毯等物，同为北平外销之大宗物品。

雕红漆器，因漆中和有硃砂，故色为鲜红，俗称雕漆

为硃砂漆或北京漆。间亦有黑色者，但甚少。其种类，计
有瓶、盘、箱、盒、罐、几、杖、造像、文具、玩物等。瓶
类为铜铁质，箱、盒、盘、罐、几，仗多木质，或用铜铁
质，文具、玩物多为土质，其制作次序：先制胎，按其铜
铁土木等质，各归专行制造；次打底，就制成之胎，用砖
灰、猪血、柏油混合而成之腻子，敷于胎面，令其平匀，
打底干透后，略施石磨之功，即上漆，层层加漆，多者上
至百余层，少亦数十层。每上一层，必俟其干，约需两昼
夜。加以他种工作，故一器之成，有费时数月或一年以上
者；层次上足后，趁其尚未干透，即开始雕花。用墨笔或
粉笔，钩在漆面，再以钢刀从事雕镂；最后置通风处，令
其干透。施以磨光，即用石和水磨之。此种石名曰浆石，
复以香油和粉敷上，用布磨擦之。于是制品全部完成。

现平市雕漆作业，有字号称作坊者，约十余家，和合雕
漆局最著。散居乡镇领活，单独作工者，约有数十家。吴瀛
轩雕人物山水，极为精妙。肃乐庵专画雕漆及描金亦著闻。

■ （图25）清乾隆剔红葫芦挂屏

■ （图24）明永乐宣德剔红牡丹盒　　　　　　■ （图26）清乾隆剔红驯狮盒

景泰蓝

景泰蓝珐琅质器物，古称大食窑。《格古要论》云：大食窑，制于何地，不得而知。其窑器以铜作身，用药绕成五色花者，与佛郎嵌相似，尝见香炉、合儿、盏子之类。又谓之鬼国窑。今云南人在京多作酒盏，俗呼为鬼国嵌。内府藏者，细润可爱。又，《陶说》云：珐琅，襄称佛郎，一曰发郎，今发蓝也，实则佛菻，通雅佛菻。《通雅》：佛菻能为之。《物理小识》云：金银皆有镶嵌，累然发郎，因佛菻之法也。广语读"菻"为"郎"，故曰佛郎。《唐书》称佛菻即大秦。故此物最初来自西土，殆为可信。且约相当于元之西征，为东西工艺交通之时期。厥后，斯艺日精，世人笃好，遂能独树一帜，远轶欧人。明景泰时最盛，制品特多，故传称为景泰蓝。蓝即珐琅之简称。或云，景泰年制多蓝色，故以蓝名。其时官内创制详悉，制法外间无传。明代珐琅细工，以老纹明显，装饰繁富，色泽深厚著称（图27）。清康熙、雍正、乾隆三朝，亦工制此物。康熙常于大内工场中，专厂制造。乾隆时，模形之选择特精，颜料之配合，装饰之体式，尤为合宜，其技不特足垿前代，而且有复兴改良之象焉（图28、图29）。嗣后市肆间渐仿制，而有珐琅专业。光绪庚子后，海禁大开，各国人士喜其精美，争来采购，此业因以发达。

珐琅为矿质，以铅丹、硼砂、玻璃粉等，和以颜色，熔制而成，即为珐琅颜料。其施于器皿者，制造之次序：先制胎，属之铜业专行。选用红黄二种熟铜，以红铜为最佳；次掐丝，法将压扁之红铜丝，剪成小段，蘸以白芨汁或胶水，粘于器面，圈成各样花纹；并于粘处涂以焊药烧之，使紧焊于器面；轮廓既成，即将各色颜料，按花样色彩，徐徐填入，以至凹处与铜丝相平为度；颜料填妥，置通风处，俟其阴干，入炉烧之。此火候最要，器之良否，悉系于是；经烧后，铜丝及颜料，悉与胎骨熔合，然后施以错工，使其粗平；加以磋磨，使其光润，而制品成矣。

景泰珐琅之业，现平市约有七八十家，以老天利、中兴二家较大。开设年代最久者，则为德兴成、天瑞堂、全兴成等家。

■（图29）清乾隆景泰蓝花戟花觚

地毯

地毯制造之地，始自新疆，因其地富于羊毛故也，其次则西北各地。清中叶，此品由宁夏归化入贡，甚为清帝赞赏。迨咸同间，有喇嘛僧人，携徒弟二人，从西藏而甘肃而绥远而来北平，设地毯织制公所于报国寺，是为北平有织制地毯之始。其两徒弟织法略有不同，且在寺出入分东西两门，故传其业者，至今尚有东门法、西门法之分。更有所谓绥远法，质料细软，花样新奇，颜色历久不变。光绪二十六年，德人见而爱之，运之回国。嗣美洲人亦争来采购，此物遂外输，岁达二百万元，极负盛誉。

地毯以棉线、羊毛、颜料三项为原料。其做法：一、制放图样。先制精细图案，再按物之尺幅放大。二、配染颜色，使其合法。三、整理原料，去羊毛秽物脂肪，并加以梳栉撕弹。至织造，系用木机。其次序：一曰挂经，以棉线为经，线围绕于机之上下两横木，谓之挂经；二曰画经，按照放大之图样，画于经线上；三曰打底，在经线下面，将纬线与经线系紧，用铁扒加重其力，令其底坚固，四曰拴头，用毛线一条，在毯末塞于前后两经线之间，用拴头之法，由左而右，打成一结。第一排纬线上各结打成，再拉第二排纬线而塞入之；五曰线结，用各色毛线，按照花样，在经线上如法打结，随手以刀截断；六曰过纬，每次线结一层完毕，将拉交向前，一拉经线，互分为两层以纬线过之，谓之过纬；七曰平活，线结结成，用剪剪平；八曰下活，毯织成后，由机取下；九曰剪花，花样中各部分，均须使之呈露，其旁之枝节，尽行除之；十曰扫边，各线法完成，边有不齐，即行扫齐。

地毯作业，现有二百五十余家，以开源、仁立、燕京三厂规模较大（图30、图31）。

玉器古玩

吾国自古以玉为珍品。古人比德如玉，朝聘祭祀，靡不用之。清代帝后尤好玉，网罗极富。满籍官吏，向例不准私自置产，拥厚资者，辄以藏珠宝玉器为尚。故北平遂成为玉器之中心。凡游北京者，先买土产，而以翡翠为极品，盖聚藏之富使然也。琢玉之艺，远近闻名，其工人约分四种：有大砣子，所以解剖整料也；有小砣子，所以雕琢细纹也，又有打眼，有磨光，各专一艺。玉器业购备材料以后，第一步先开材料，又名拉活，即剖开石头取出玉石的一道工作。其制作程序：首先在材料上画出物品轮廓，照画开出坯子；次在坯子画花纹，如为人物，则须先刻衣纹，最后开脸；经此加细工作后，再加磨光，始为成器。

古玩之范围甚广，而鉴别最难，故此业亦为最有研究兴趣之一种技艺。北平代为国都，世家巨族竞言收藏古玩，因萃集于斯地，风气所趋，仿古日精，虽有鉴家，时或莫辨，于是此业隐然执国内之牛耳。迨中外互通，外人之嗜古好奇者，相率来华访购，随而扩张于海外矣。

北平之玉器、古玩二业，性质相近，不知者以为同业，其实各有行会，各不相谋也。盖古玩商品，以磁器为大宗，金石书画次之，瓦器木器又次之。玉器商店以珠宝玉器为

■（图30）华美利地毯

主，玛瑙、翡翠、珊瑚、水晶等属焉。古玩器多为人造品，玉器则为天然品。古玩器以年代久远为贵，玉器则纯以物之本质高下为衡，此其大较也。

纱灯造花

制灯造花，均为北平著名之手工业，盖亦含有历史之关系。明代即有灯画业，及前清宫内设灯库，每岁上元，有观灯之制。清高士奇《城北集》，有《灯市竹枝词咏》，京师灯景，可见大概，兹录于后：

晴和惬称上元天，灵佑宫西列市廛。莲炬星球张翠幕，喧声直到地坛边（先农地，都人呼为地坛）。

堆山掬水米家镫，摹仿徐黄顾陆能（京师米镫，用铁线掬成山水人物花草，衬以细绢，粘贴其上，加以渲染，幅幅如旧人画）。愈变愈奇工愈巧，料丝画图更新兴（近日丹阳料丝灯，仿宋元画册，愈觉雅艳）。

鸦髻盘云插翠翘，葱绫浅斗月华娇。夜深结伴前门过，消病春风去走桥（正月十六夜，京师妇女行游街市，名曰走桥，消百病。多着葱白米色绫衫，为夜光衣）。

火树银花百尺高，过街鹰架搭沙蒿（即杉木）。月明帘后灯笼纱，字字光辉写凤毛（月明帘、灯笼锦，皆盒子内放出者，最后有"五夜漏声催晓箭"诗全首，字如斗大，光焰荧荧，良久方灭）。

百物争先上市夸，灯筵已放牡丹花（京中灯节，牡丹、芍药已开，皆从煗室中出）。咬春萝菔同梨脆（立春后，竞食生

萝菔，名曰咬春。半夜中街市犹有卖者，呼曰赛过脆梨），处处辛盘食韭芽（黄芽韭初生，最为美品）。

官中各式灯品，雕刻彩画，精美绝伦。因出于宫中特制，称为宫灯。流风所播，王公大臣以及各衙署，渐相沿用，市肆中之营灯业者，因之而起，工匠画师，悉由宫中匠师传习而来，制品遂独擅专长造花。当清鼎盛时代，此业最为发达。旗汉妇女戴花成为风习，尤以梳旗头之妇女，最喜色彩鲜艳、花样新奇之品。故其时，凡以造花名者，皆能直接入宫送货，或迳由宫内自出花样，令其承做。宫外王公府第及仕宦家，亦常有卖花者之踪迹。今东安市场祥瑞花庄之铺长龚环，乃造花名手。万聚兴花庄之铺长刘亨元，即系从前入宫卖花之人，人呼为花儿刘。又，光绪间，有金姓者，制纸质盆花及瓶花，精巧无匹，人呼为花儿金，至今此业尚无出金姓右者。

灯有六种：一宫灯，二台灯，三蠹灯，四壁灯，五砌末灯，六新式灯。其形有方、圆、磬、折头、亭、钟、球、心脏、葡萄、葫芦、杂剧等之不同。所用木料，以花梨、檀香、紫檀为上选，梨、枣次之。所用之绢，悉为南来之矾绢。所用之纱则为本地产之生丝粗纱。自光绪庚子以后，各灯业改制新式，博外人赞赏，以其有艺术上之精，能外销日畅故。自电灯与油灯，烛灯悉归淘汰，而此纱制灯品，犹能巍然独存，不可谓非变通尽利之事也。设肆多在廊房头条、二条、鲜鱼口、后门大街及东、西牌楼等处。造花之原料，大别为二：曰绢类，曰纸类。绢类中有绫、绢、缎、绸、绒之分。纸类中有洋毛、太粉、连通草及隔背之分。其造法有用模者，有用杵者，有用麻绳者。分功作业，有做叶子与做花头之分。又有做花与攒花之别，做花者指做叶与做花头而言，攒花者指各铺零星买来花叶花头，攒合成品而言。又分粗、细二派。做细花者，意匠经营，崇外花市一带，自东便门内起，住户多以造花为业。最近统计，各街市花庄及住家营花业者，约在一千家以上。

又有以铁制花者，名为铁花，亦名铁画。陆以湉《冷庐杂识》：芜湖铁工汤鹏，能揉铁作画，花竹虫鸟，曲尽生致。又能做山水屏障，好事者以木范之，或合四面为一灯。锤铸之巧，前此未有。汤没，其法不传，足见其艺已久。光绪庚子后，有易县赵某擅此艺，乃用极薄之铁片，制花时将裁成之铁片，粘于胶上，用锤及刀锥等，照图案而錾镂之即成花。分平面、立体两种，均镂空。立体之花多属花卉，平面者则山水、楼阁、鸟兽、昆虫，但有图画，即能制作。雕成后，于其面烫蜡一层，或敷磁漆一层，更为美观。用磁漆者可着色。现有天义成一家，尚制此物。

（图31）仁立公司地毯

镌 刻

镌刻美艺，含有骨角刻、象牙刻、刻竹、刻印、刻碑、刻铜、刻瓷、木雕诸种。北平骨角雕镂，素已有名，其始盖由于搬指店。清入关后，以骑射为重，射者引弓必用搬指，以关外出产之犴角制之，嗣选用象牙、牛角及虬角（海马牙）。一面亦附制他品，极具匠心。现此作业，以聚兴与裕盛公二家为最老（图32）。

刻象牙　单刀浅刻，以江都人于啸轩为第一，官前清知县。端方深赏之，名噪一时。继其后者，有吴南愚、沈筱庄二人。吴、沈均苏人。吴尤多才艺，最长象牙刻，能于方寸之中，刻六千余字，细如毫发。所刻之画，于极小处层峦叠翠、江山万里、俨如大幅。其中人物、舟楫、屋宇、桥梁，用笔极细，部置充容。近亦兼刻立体之件（图33、图34）。又，耿润田，河北冀县人。刻立体象牙，仿古牙人，每年出成品数十件，皆薰旧上色。

刻竹　分阳文皮雕、阳文沙地及双刀深刻诸法。北平人张志鱼均甚工（图35、图36）。白铎斋阳文深刻最名贵，深至一分许，每竹扇骨，能刻波罗密多心经一篇，字似蝇头，而神气贯注（图37、图38）。又有高心泉及张志鱼门人王竹厂，均擅此技。浅刻竹扇骨，则有沈筱庄、吴南愚诸人。

刻瓷　刻瓷以朱友麟为最著，世居北平，设馆厂肆，曰师古斋。用钻石刻仕女眉目衣褶，用錾刀攒山石树木，均极工。皴染处，如写纸上，出自天然（图39、图40）。吴南愚亦工此技。

刻铜　同光间，有陈寅生刻墨盒、镇纸之属。使刀如笔，入铜极深，而底如仰瓦。陈擅书画，自写自刻，故精妙入神。近有张寿丞，亦工刻铜，则专刻名人书画。其兄樾丞，设肆琉璃厂，曰同古堂。匠徒数人，刻手均善（图41、图42、图43）。

■（图32）裕盛公象牙刻

■（图33）吴南愚象牙刻浅

■（图34）吴南愚象牙立体刻

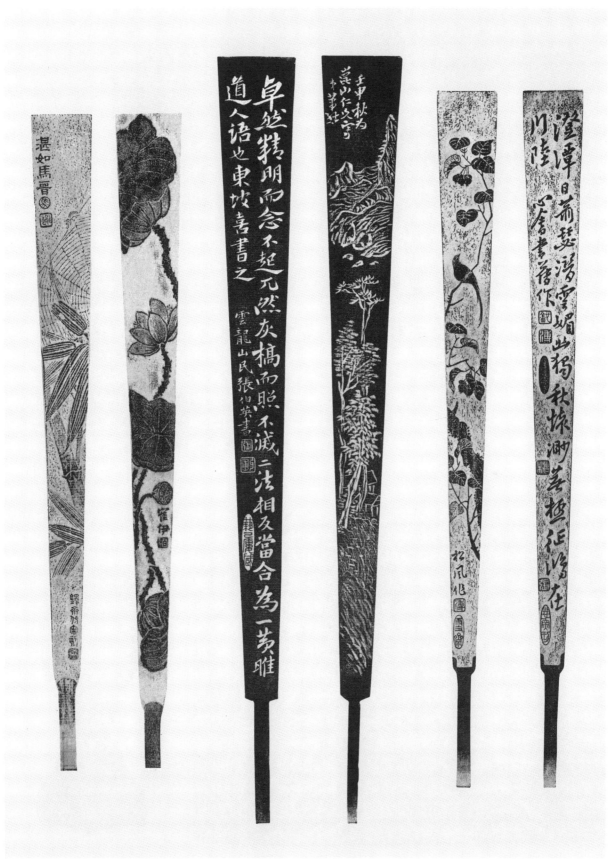

（图38）白铎斋阳文皮雕沙地扇骨　　（图 37）白铎斋阳文皮雕扇骨　　（图 36）张志愚双刀深刻扇骨　　（图 35）张志愚阳文皮雕沙地扇骨

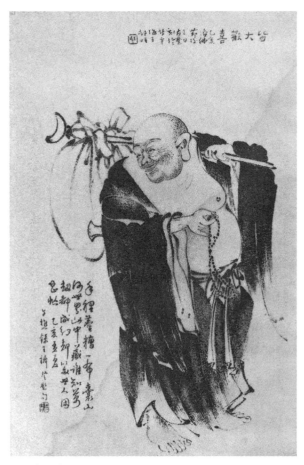

■ （图39）朱友麟刻瓷之一

■ （图40）朱友麟刻瓷之二

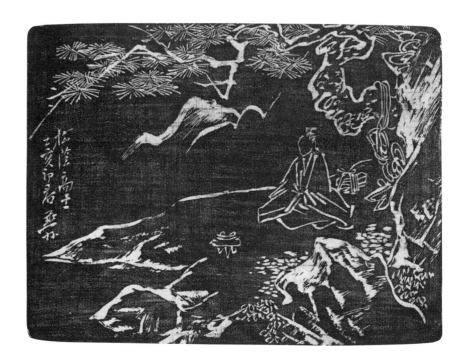

■ （图41）同古堂刻铜之一

■ （图45）英秉申木雕之二

■（图44）英秉申木雕之一

刻印　刻印，精雅之作属之。金石篆刻家，北平近二十年，有陈师曾、唐醉石、王福厂、寿石工、齐白石、陈半丁、于非厂、张志愚、张樾丞、吴南愚诸人，各有功力，至为雅驯。至制印纽，有王永海、朱秀庭，专制铜纽。以铜一方，察其形势，雕以夔龙、虪虎、狮儿、虎鳌等，与三代旧玉章纽，异符同工。又有高心泉、金禹民，雕石章纽亦精。

刻碑　北平前无镌碑名手，士大夫每招致南中刻工，以应其事。后因有北平人李月庭，冀县人陈云亭，传苏省工师之艺。琉璃厂西口翰茂斋为月庭镌碑处，东口即云亭刻碑处，刻工拓工，均极出色。又，文楷斋刘宾侯，墨拓亦工。

木雕　木雕属于小器作。往时贵盛之家，陈设物品，几无不有架格盒座托框之装潢，其雕刻精巧，悦目怡情。清时，曾有高姓匠人，刻寸余长之小狮，小狮足下，又踏两极小之狮，狮之眼球，能在眼窝内流转活动，身上毛纹，皆系银丝嵌成，栩栩欲活。又有在寸木上雕楼台殿阁。或于桃核上刻出十八罗汉，形神各异，须眉毕现。此为著名之能手。现有张恒源，设广源小器作，英秉申设广兴顺小器作。均初学木工，后乃雕镂，虽极小，能分阴阳凹凸，神意生动（图44、图45）。兼能绘古代图案，不用器械，信手挥来，无不中矩，亦难得也。

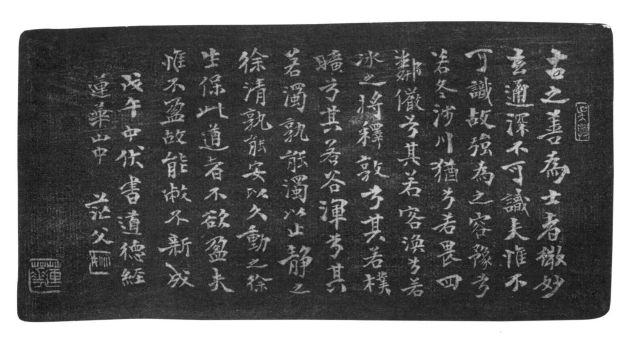

■（图42）同古堂刻铜之二

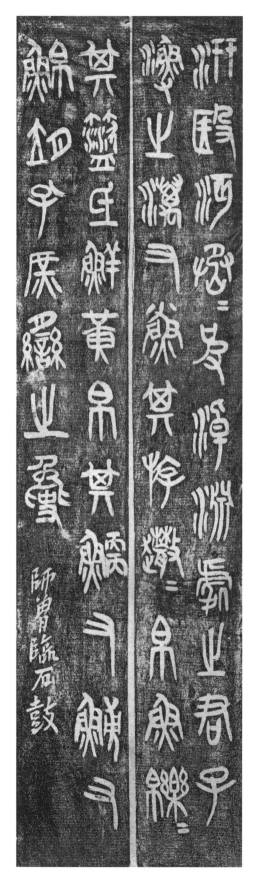

■（图43）同古堂刻铜之三

■（图46）法海寺画壁之一

■（图47）法海寺画壁之二

塑像绘画

装塑与画，古时并重，盖塑为立体，画为平面，其揆一也。旧说杨惠之与吴道子，同师张僧繇学画，道子学成，惠之耻与齐名，转而学塑，皆为第一，足见塑在当时之价值。京师旧谈，象设之奇，古者曰刘銮塑。或曰：銮，别是一人，著名于正奉之先。或曰：刘銮即刘元，銮与元音相近而误。后说为是。朝阳门外东岳庙诸像，白云观长春真人像，姚斌关帝庙像，传皆其手塑。《天咫偶闻》云，姚斌关帝庙在药王庙东，相传始于隋代，盖无可考。其像塑威严生动，绝非后代工人所能梦见。帝君正坐左顾，怒形于色视斌斌，袒裼赤足，系发于柱，勇悍不屈之色可掬。七将皆仰视帝怡，而意属于斌。马在右而左顾，若长鸣仰诉者。马身装饰甚奇古，尾亦有饰。合一殿人物如古画一幅，不似神像，或其初竟从古名人卷轴中来。而其塑手之高，恐非刘供奉不能办也。虞集《刘正奉塑记略》云："至正七年，建护国仁王寺，诏求天下奇工，造梵天佛像，得黄冠刘正奉，名元，字秉元，宝坻人。先事青州杞道，录传其艺。及被召，又从阿尼哥国公学西天梵相，遂为绝艺。两都名刹，有塑土范金转换为佛者，一出正奉之手。尝敕正奉：非有旨，不许擅为人造神像梵佛。多秘不得观，所见上都三皇庙尤占粹，造意得三圣人之微。大都长春宫都提点冯道颐，始作东岳庙于宫之东。正奉亲造仁圣帝象、炳灵公像、司命君像及佐侍诸神，正殿仁圣帝两侍女、两内侍、四丞相、两介士，其西炳灵公两侍女、两侍臣，其东司命君两道士、两仙官、两武士、两将军。初欲造侍臣像，适阅秘书图画，见魏征像，蹙然曰："得之矣，若此莫称为相臣。"遽走庙中为之，即日成。《辍耕录》云：所谓转换者，漫帛土偶上而髹之，已而去其土髹帛，俨然其像。昔人尝为之，至正奉尤好转丸，又曰脱活，京师语如此。

旧都以塑捏泥人为业者众。大自寺院丈余佛像，小至泥娃昆虫，罔水塑。独光绪年间，有本地人王姓最著，人呼泥人王。泥人王之技能，以塑传真，且为袖里捏，如与某人相对谈，手捏泥团藏袖内，谈笑自若，不令人知，少顷，而对谈人之小像，自其袖里出，毫发毕肖，咸为骇异。此又塑技之神，无能及者。

又，壁画为平面画之一种。造始甚古，自汉以后，元以前，壁画之盛，实凌卷轴，其制作多系当时名家手笔。惜陵谷变迁，此奇伟富丽之壁画，每随建筑物夷为荒烟。蔓草中偶发见，如敦煌兴化寺等，一二残壁，已足使举世好古家欣赏若狂。故都壁画，无甚古者。西山磨石口法海寺大殿，建于正统己未，至正德十年，重修大殿，四周墙壁遍绘佛像，精妙无匹，断为明代之物，惜年久尘封，无人护惜耳（图46、图47）。左安门外弘善寺静观堂西壁，有康熙初，禹之鼎画《双鹤图》，东壁有陈奕禧书徐渭《画鹤赋》，时称二妙。今寺毁仅存残碣数块。夕照寺后殿两壁，陈寿山绘五松，王平圃写《五松赋》，乾隆乙未年作。《天咫偶闻》云："夕照寺为东南城寺院之最整洁者，殿壁画松及高松赋，今皆无恙。人传松为陈绝笔，信然。即左壁王安国之书，壁高丈余，而行款端若引绳，亦不易也。按，寿山名松，天长人。五松纵横二丈有奇，松本围径尺。平圃跋称：笔墨阴森，一堂风雨，使游人见之，心自清凉。非过誉也（图48）。

绘画一道，自清朝亦仿前朝制度，有画院之设。康、乾诸帝皆喜文艺，画学人才一时称盛。乾隆时，有邹一桂、董邦达、钱载、蒋溥、钱维城、张若霭、董诰常奉敕作画。又有由四方罗致，充画院供奉者，如唐岱、张宗苍、徐扬、余省、周鲲、丁观鹏、黄应谌、金建标、郎世宁、方淙等。郎为意大利人，于康熙五十四年来中国，参中西画法，舍短取长，擅画花鸟走兽，更长画马，在中国画学上开一生面。后启祥宫设如意馆，馆室数楹，凡绘工文史及雕琢玉器、裱褙贴轴之匠皆在焉。乾隆帝每亲幸院中，看绘士作画，有用笔草率者，辄手教之。独爱张宗苍。张学于黄鼎，黄鼎学于王原祁，为娄东正传。一时风气所趋，类皆浑厚丰腴，绝少秀逸出尘之品。益以如意馆画工与百匠为伍，雅流里足，自乾隆以迄咸同之际，北方画家实甚寥落。风气之盛，偏在江南，盖文人畸士，偶事笔墨，辄能自写胸臆，不似内庭奉职，每环境之支配，而强制其性灵也。清末民初，画风一放，居京师以画名者：姜筠，字颖生，怀宁人。林纾，字琴南，闽县人，林以文学名世，旁及绘画，韵格清远，然均不脱四王窠臼。陈衡恪，字师曾，义宁人，粗笔重墨，奔放畅快，与吴昌硕同风，后学争相仿效。金城，字巩伯，归安人，山水人物花鸟无不工，尤善临摹古人。民国8年，创立中国画学研究会，广罗古画名迹，潜心研讨。北方画风丕变，而取法稍广，不似从前之窘索矣。

杂艺

笔墨 北平人文荟萃，笔墨之业极盛，有南、北二帮之分。湖州之李玉田、贺莲青，徽州之胡开文，湖南之鄞正泰、虞云和皆为南帮。而本地则以水笔著名，生花斋、老文通二家最著。一德阁特制之桐烟、松烟、油烟各种亮光墨汁，尤为善书者所称道。《香祖笔记》：元时，张进中，字子正，都城耆老，善制笔。管用坚竹，毫用鼬鼠，精锐宜书。吴兴赵子昂、淇上王仲谋、上党宋齐彦皆与之善。尚方时有所需，非进中制不用也。每自持笔以人，必蒙赐酒今京都未闻以善笔名者矣。光绪《顺天府志》：今京师以湖州李玉田所制最著名，十余年来，凡翰林考差、庶常散馆、贡士殿试，必用李制兔颖笔。其余则通行水笔，仍用鼬尾毫制之，名曰狼毫。则知水笔即张进中之遗制也。

墨盒

墨盒儿之应用，据《顺天府志》及《骨董琐记》所载，大约始于嘉道之际。《骨董琐记》云：阮文达，道光丙午重赴鹿鸣，以旗匾银制墨盒，其制正圆，为天盖地式，旁有二柱系环内。光绪初年，尚存其家。京师厂肆专业墨盒者，推万礼斋为最先，刻字则始于陈寅生秀才科举时代。举子入场，便于取携，遂无用砚者。北平墨盒之制，有白铜、紫铜、黄铜三种，白铜制者最佳。其特异之点，在盒口之适度开合随意，无紧松不灵之病，且边角浑成，不露焊痕，为各地所不能及者。至于表面之雅观与否，则视书画及雕刻之工何如。此物外销颇多，现厂肆墨盒庄于墨盒之外，附制各种文具，如镇纸、笔架之属，亦极精致。

锦盒

前清盛时，都人士竞尚侈靡馈遗陈设之品，必美其装饰，于是锦匣以起，应用甚广。其工艺简单，先按式样，将纸版印成，再分别糊以绫锦或彩色花纸，即已成品，然富丽堂皇，却能为本物添色不少。

装潢

吾国装潢之术，自昔已精。唐人背右军贴，皆捶熟软纸如棉，乃不损古纸。《辍耕录》云：画有十三科，表背亦有十三年。后以苏裱为最著，吴门有汤、强二氏，乾嘉时，竞重苏工。秦长年、徐名扬、张子元诸人，皆名噪一时，籍籍士夫口。其操术之妙，在选纸须旧，治糊须用椒汤及少许之白矾与乳香，其搅拌及滤与沉，均须得法。而要诀尤在于刷，盖刷之次第愈多，斯糊皆沁入纸理，而两相化合。平市故多收藏家，于古名书画，往往不惜重资，远至南中名手装潢，于是艺遂北传。苏裱之外，又有所谓京裱，此业集于琉璃厂附近各街，及散处于协资庙、杨梅竹斜街、打磨厂、隆福寺等处，约二百余家。有行活与旧活之分，行活即承造寻常物品，旧活专裱古代或名贵之字画、手卷、册页、法帖者，其艺须精。护云楼、玉池山房等二十余家，专做旧活。

乐器

北平戏剧最盛，而尤尚西皮二簧。皮簧主要之乐器为胡琴。平市以制胡琴著，选材配料极精。名伶杨宝忠，善唱并善制胡琴，其制有独到处。又有徐兰沅，为造胡琴专家，其作弹子，选用紫竹，且有时用凤尾竹。马良正所制亦佳。

玩具

平市玩具种类甚繁，而制作最巧，中以泥制为多，1915年巴拿马赛会，北平曾以高粱杆制颐和园石舫、景山西七十二脊大高殿。又，砖制前门城楼、角楼、白塔寺塔，泥制古装美人等，均获优奖，为西人所深喜。制者因多，尤以空竹、风车、风筝、面人数事为最普遍。玩具之制与社会教育有密切关系，盖亦未可以小技末艺而忽视之。

花树

清代宫中陈列鲜花，对午一换，勒为定制。各府邸及各宅第亦皆雇有花匠，四时养花。因是有开设花厂，以养花为营业，或以时向各住宅租送，或入市叫卖，或列置求售，中亦不乏能手。北平旧称花匠为花把式，平西蓝靛厂之扦子刘，系以善艺扦子菊（菊之单茎独朵者曰扦子）而得名，东直门外之接手胡，系以善接各种花木而得名。更有以善烘放非时之花及菜蔬，称为熏货，相矜为巧得者，即古所谓唐花，则多由丰台土著传习而来。花业家数崇文门内与东、西四牌楼，以及东城隆福寺，西城护国寺，宣武门外下斜街、土地庙，约有三十家之谱。散在城外四郊与丰台十八村一带者，为数在百家以上。

雜事略

云林荟谈，兼收朝野；酉阳杂俎，不遗洪纤。阅俗有今昔之观，进化考推迁之故。旧都富色香之古趣，占文明之中心。四方矜式所尊，细流盈科而进。烛龙照海，遍发光芒；琐蛄营巢，各饶蹊径。著昏丧之丰俭，可知因时以咸宜；备雅俗之游观，亦觉得心而应手。大邦物象，犹识千秋礼意之存；小技丸蜩，足补一编稗官之史。作《杂事略》，第十二。

古人载籍，凡于迂言小识，皆以杂事目之。盖其整齐郑重者，既已分纪各门，而坠事遗文，虽甚琐委，然足以资考证、扩见闻，亦观光者所亟留意也。北平旧为首善之区，冠裳云集，里市人民半非土著，南北东西，风尚异习，合诸不同者，周旋于共趋之地。又复近陶都会，远失乡风，故于仪文往还，服食行动，皆各移易损益，随理同化。至娱乐视听，亦集四方之精粗奇诡，以合上下社会心理所需，其仪态万方，实莫可纪极。兹姑以礼俗习尚、生活状况、戏剧评书、市井琐闻概之，其与各地相同者，则不记录。然挂漏之讥，仍不免耳。

■（图1）故都旧式结婚仪仗

礼俗习尚

礼之所重者,曰冠昏丧祭。嫁娶之时,男家为新妇上髻,女家为新婿加冠。先期备礼楬送其家,合婚得吉相视,留物为贽,行小茶、大茶礼。娶前一日,婿备物往女家曰催妆。新妇及门,婿以马鞍置地,妇跨过曰平安。妇进房,宾客唱催妆诗,撒诸果曰撒帐。妇家以饮食供送其女,曰做三朝、做单九、做双九。婚后两家择日,设筵聚亲友宴会,使新夫妇出拜,所以联亲情而互识面也。

近年礼节尚俭,往往两家合赁一礼堂,媒妁傧介引新夫妇同莅案前证婚,及主婚人媒介宾客亲戚咸集。缔结婚姻后,一堂祝贺,礼成而归,彩舆并肩,金婚永合,盖举古之繁文,尽一日行之,义取简当,于礼意仍不悖云。旧俗迎娶,全用彩舆,仪仗前导外,则鼓吹镗鞳,为他处所无。旧京沿元代之俗,如乐队前用之号筒,其形如桶,上端接以略细铜管吹之,盖即蒙古佛教之乐,其名曰布卢,俗称曰大号。执器者介帻冠、绯花鸾袍、黄绫带、皂靴,皆元之遗制也。布卢而后,继以腰鼓、雷鼓数十面,谓之样鼓。笙箫则奏于近舆之前,其声不为所掩。近复以西方乐队加入之。

銮驾为御用之仪仗。京朝大官于昏丧事,偶有蒙赐用半副者,以为荣耀。而其族姓,或借其衔名用之,因是凡粘带瓜葛,亦竟招摇过市,以其点缀荣哀,虽僭不之禁也。其仗如金瓜斧钺之属,共十八对,所谓十八般武器云(图1)。

新婚之第三日祀祖,谓之庙见。然后谒翁姑,入厨制菜,所以职中馈也。吾国婚姻之制,向以媒妁而成,现行法律,则婚姻以男女自择为原则。然古人早知其弊,救济方法乃设庙见之礼于三月之后。在三月期间内,可察夫妇之行,验媒妁之言,以定离合。故未庙见,夫妇名义尚不成立。《礼》:"曾子问:'女未庙见而死,则如之何?'孔子曰:'不迁于祖,不祔于皇,姑婿不杖不菲不次,归葬于母党,以未成妇也。'"可知生时离合去留,于三月内均可解决。近古改新昏三日即行庙见,殊失礼意。民国以前,俗间均遵行之。今斟酌利弊,先由媒妁绍介,男女互见,由友谊而进为终身之侣,则三月试察行于婚礼之先,或亦进化之道欤。

丧礼,殡不逾时,殡三日具祭墓所,曰馈墓,亦《礼》虞祭之意也。至出殡,往往浮费至多,一丧车或至用百人舁之,铭旌有高五丈者,缠以帛,其余香亭旛盖之属,踵华增饰,以纸糊方相神,长数丈,脚下设轮,拥之而前。沿途设祖祭,皆亲友为之。其前导仪仗,则与吉事略同。

出殡之前一日,设奠受吊。门置鼓,朱漆杂花,面绘复身龙,鼓置大木架上,旁设击抃高座(《元·乐志》)。其特异者,则舁殡出门,预以秫稭扎架,广方数尺,遍粘以纸钱。临起杠时,举火焚架,绷弓一断,喷无数纸钱,借风高翔空际,谓之买路钱。近以火患预防,用人之手技,持大叠纸钱,沿途掷之,其高骞数丈,散若蝴蝶,蹁跹回旋,纷然徐下。平市擅此技者,金姓,颇长豪,人皆以"一

撮毛"呼之，其佣资恒较他人高数倍。

凡异礼舆及丧车之人，皆由杠房承佣。其人平时均有训练，认为专业，非寻常售力者所能胜任也。出殡之前，杠房视赁价之高下，陈列其彩绣之喜杠于丧者之大道边，而异杠者，或百人或六十四人，先异亭试行，于杠杆上置盂十余，满盛水以异者，则群异速行，时而换班，时而降落，要使盂稳置不坠，水无涓滴溢出，斯为称职。盖取其步伐平匀，虽地有坎坷，路有曲折，而灵舆决无欹侧之不安，此其特技也。

杠房及杠夫，杠房与木厂、桅厂，皆有连络，而杠房则所备者，均髹漆彩绣之喜舆丧车，以及仪仗鼓吹一部，服物既皆出赁，其执事人夫杠夫，则由杠房代雇。杠夫各有其固定之街口茶馆，集合待雇，曰口子，而界限极严。杠房如非人不敷用之时，不得赴其他口子雇人，他口子之杠夫亦不敢应雇。其执事苦工，则亦有一定之小客店包雇。此种客店，均在天桥及关厢之外，平日住店，数十人，一长土炕，人纳宿资三文，且可记账，早出夜归，而店主俨为指挥一切。杠房雇人与店主接洽，万无一失。

《礼·祭法》：王为群民立七祀，曰司命、中霤、国门、国行、泰厉、户灶。至士庶人则立一祀，或户或灶。历世以来，人民求福媚神，相沿成俗，各处祀门祀行祀灶特虔，而祀灶尤为普遍。旧都祀灶，每于岁腊二十三、二十四、二十五等日行之。其供品则惟一以糖为主，而灶糖则为专用之名词。其糖之形式如瓜如藕，其质脆而不粘，为食物店临时之营业，

自旧历十二月望后，陈肆售卖，逾二十五，则无人问价矣。

新年之二日，则于广宁门外五显庙祈财，争烧头一炷香。倾城男妇，均于半夜候城趋出，借元宝而归。元宝为纸制，每出若干钱，则向庙中易元宝一二对，不曰买而曰借。归则供之龛中，更饰以各色纸制之彩胜，盖取一年之吉兆也。

《朝市丛载·祭财神庙诗》：

灵应财神五弟兄，绿林豪杰旧传名。焚香都是财迷客，到此何人心不诚。

郊西白云观，供邱真人，相传十九日生辰，亦求赛之会也。桥下悬一铜钱，其大逾盘。凡人祀神毕，皆于桥栏杆上掷钱，如中其孔，则大利市。中与不中，均无下拾之蹊级。十日闭会，而阿堵盈万，则为道人终岁之储。

新年祀神，例用面果合糖制成之。供品曰蜜供，其形如塔，为每户人家所必需，其价亦昂。故凡制卖蜜供者，每岁春季，照预约券法收订购者之资，分月摊收，至岁底而款齐，而蜜供交购者持去，盖较一次购买者为贱也。中顶、西顶、南顶皆有祀神之会，而四月妙峰山之娘娘顶，则香火之盛闻于远迩，环畿三百里间，奔走络绎，方轨迭迹，日夜不止。好事者沿路支棚结彩，盛供张之具，以待行人少息，辄车厚利。车夫脚子，竟日奔驰，得佣值倍他日。而乡社子弟，又结队扮演灯火杂剧，借娱神为名，歌于途，谓之赶会。会期之前，近畿各乡城镇，皆有香会之集团首事

■ （图2）雍和宫打鬼（上）

者，制本会之旗，绣某社名称。旗后则金漆彩绘之笼榼，以数人担之而行，笼上缀彩旗鸾铃，导以鼓锣。担者扎黄巾，衣黄色褂，喧然过市。凡在会之户，户闻声纳香烛、茶资如例，首事则簿记之。至期，香客人山，各认所隶之旗，趋入队中，一切瞻拜、休息、饮食、住所，由首事者指导招待，诚敬将事，从无其蒙之弊，故旗均标明某某老会云。

凡祭赛事毕，先后散于庙内，外肆摊购绒绫花朵，插帽而归，谓之戴福。遥望人群，则炫烂缤纷，招颤于青峰翠陌间，其风物真堪入画也。

《朝市丛载·三顶庙会竹枝词》：

　　盈眸苍翠望全迷，人影衣香踏绿蹊。（中顶）
　　一路树荫遮不断，河风吹送草桥西。

　　西山一路少风尘，近水楼台点缀新。（西顶）
　　障目峰峦烟幕树，树荫深处憩游人。

　　南城一出醉无涯，倦眼时醒眺望赊。（南顶）
　　多少少年归去晚，天桥一路跑飞车。

雍和宫、黄寺打鬼，此蒙古俗，而旧都喇嘛庙行之，亦惟之义也。每岁旧历正腊，两处聚番僧，开坛礼佛，鸣钲击鼓，以数十众戴乐又面具，作阿修罗状跳舞驰突。余众则持金刚杵，摇铎唱咒，逐之远地，以净界域。士女云集，寄庄严于游戏，若傀儡登场，甚可乐也（图2上、下）。

旧京人民习见官仪，礼貌是尚，故宾客往来，应对周旋，虽中下社会，亦无不适中程式，他处人往往嫌其虚伪，而以油子嗤之。然本性多近质实，凡故家老辈接见子弟后进，礼倨而辞直，貌严而情亲，仍不失先民矩范也。

人民互助，有所谓带子会者（见枝巢子《旧京琐记》）。入会者率为工业平民，或自顾衰老，或家有老亲，月纳微资。猝有死亡，报之于会，则敛事毕备，至于鼓乐棚杠，以迄庖茶奔走，皆会员也。人各系一白带，故曰带子会。近来又有寿缘会之设，会址规章，均经官府立案。其法以千人为一组，每月若有在会会员死亡，则其余之会员各纳币三角为赗，而丧家可得三百元之赗金。凡纳赗金，附纳币六分，以为会中办事之费。

窝窝头会者，始于清末慈善团体。其食料团黍屑制成窝帽形，故曰窝窝头。此会专为救济贫民，集资于众，不足则演义务戏充之。其资纯为劝募，无一定之收支，不仅赈饥，兼筹御寒冬，令冻馁无告皆由会中恤之。

生活况状

衣著之宜，旧家必准礼法，谓之款式，俗曰得样。大抵色取其深，以尘土重，浅色不耐浣也。非京式者，谓之怯。近奇色者，谓之匪，人皆非笑之。从前中级士民，制袍多用乐亭所织之细布，曰对儿布，坚致细密，一袭可衣

数岁。外褂则江绸库缎为之。半背俗名坎肩，其前襟横作一字形者，曰军机坎，亦有用麂鹿皮者。近年交通，便利四方，服饰转相模仿，而遂无特式之土物矣。

都市繁剧，凡制成之衣覆，固华朴兼备，列肆待沽，然皆以供远客。本京一般妇女工作，均较外省精当而得样，故家庭活计，凡裁衣制鞋，以及巾帔系饰，悉不需外求。而清代荷包巷卖卖之官样九件，压金刺锦，花样万千，当日驰誉全国，近来偶有所获，亦视为稀珍云（图3）。

《藤阴杂记》：京官向乘肩舆，自康熙时，杜尚书紫纶诏始用驴车，以后渐代之。以骡制分多种，最贵者，府第之车，到门而卸，以示音推之而行。出则御者二，不跨辕而执缰步趋于两旁，矫健若飞，名之曰双飞燕。次曰大鞍车，贵官乘之，障泥用红，曰红拖泥。自余皆绿色油布围之，曰官车。寻常仕宦所乘，曰站口车。陈之市日待雇者，曰跑海车，自衢道筑平，讲求路政，此项车辆，惟郊区可见矣。

燕市少年，好夸身手。有于车四面之玻窗，增前后左右为十三方者，曰十三太保。自坐车辕，御骏骡，驰逐天桥一带，曰跑车。竞技争先，而不失整暇之态，以表示其倜傥不群。

《春明梦余录》载，京城旧日，如勾阑胡同红关门家布，前门桥陈内官家首饰，双塔寺李家冠帽，东江米巷党家鞋，大栅栏宋家靴，双塔寺赵家薏苡酒，顺承门大街刘

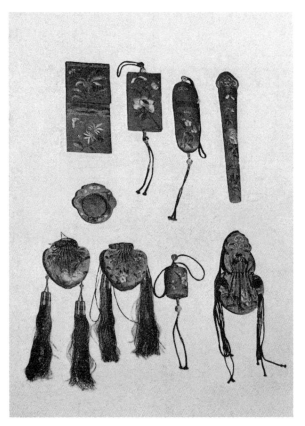

■ （图3）官样九件

家冷淘，本司院刘鹤家香，帝王庙街刁家丸药，皆著名一时，起家巨万。近日前外廊坊胡同大贾，绸缎布庄林立，金珠首饰益复光怪陆离，目不暇接。清式官帽官靴，既不合时宜，如大字号之"内联升"等，则专制时式之履，料精工细，其声价亦不减于昔也。

"同仁堂"、"西鹤年堂"药铺，皆数百年营业，声闻全国。近虽西药房林立，即同仁、鹤年二家家族，于平市四城设分肆无数，而购药者仍不约而同趋前门桥及菜市口两处。而打磨厂之镊子张，宣武门外之王麻子（剪）刀店，则同牌号同商标者，比户竞业，非土著不能识其孰真孰伪也。

北平昔为皇都，豪华素著，一饮一食，莫不精细考究。市贾逢迎，不惜尽力研求，遂使旧京饮食得成经谱。故挟烹调技者，能甲于各地也。平市著名食物，如"月盛斋"之酱羊肉，"六必居"之酱菜，"王致和"之臭豆腐，"信远斋"之酸梅汤，"恩德元"之包子，"穆家寨"之炒疙疸，"灶温"之烂肉面，安儿胡同之烤牛肉，门框胡同之酱牛肉，"滋兰斋"之玫瑰饼，"同和居"之大豆腐，"二妙堂"之合碗酪，"新丰楼"之芝麻元宵，"都一处"之炸三角，"正阳楼"之螃蟹，"东来顺"之涮羊肉，"西来顺"之炸羊尾，"兰华斋"之蜜糕，"金家楼"之汤爆肚，"便宜坊"之烤鸭，"致美斋"之萝卜丝饼，"福兴居"之锅贴，"虾米居"之兔儿脯，"聚仙居"之灌肠，"沙锅居"之白肉，冬日之菊花锅，夏日之冰碗，均极脍炙人口，喧腾一时。水果中有鸭儿梨、杜梨、糖梨、林禽、宾子、闻香果、虎拉车、沙果、秋果；葡萄类有公领孙兔儿粪、牛奶白、梭子葡萄等，枣有夏戛枣、缨络枣、坛子枣、白枣、黑枣、葫芦枣、酸枣、老虎眼等；杏有巴哒杏、白杏、红杏，桃有十里香、大叶白、莺嘴桃、枣核桃、扁缸桃、毛桃、深州桃等。李有朱李、绿李、玉黄李；香瓜有竹叶青、羊角蜜、倭瓜穰、青皮脆、蛤蟆酥、金丝猴、老头儿乐、苹果青。什刹海之鲜菱、鲜藕、鲜莲、鸡头等，亦多清甘脆爽，允称名产。酒有女贞、花雕、白干、雪酒、冬酒、涞酒、木瓜、茵陈、玫瑰、葡萄、五加皮、莲花白、竹叶青，虽非尽属土酿，而温香醇和、登选上品。至于吴裕泰、张一元之茶，南豫丰、北豫丰之烟，尤为旧京名品，故知味者言之，固齿颊生香也。

平市食品，既如上述，而近日新食品，则饮豆浆者，日见增加。居人晨餐向分两种：一为固体者，烧饼、火烧、油炸脍、卷子等；一为液体者，即杏仁茶、甜浆粥、粳米粥、豆腐浆是也。研究卫生学者，以豆浆实为人生必要之滋养品，大加提倡。于是有新旧两种之制，旧制但煮豆靡汁而已，新制则以黄豆为主体，更加以花生、白米、芝麻，共同磨成。咸食、糖食皆不拘，淡食有自然之甘馨云。

饮食习惯，以羊为主，豕佐之，鱼又次焉。八九月间，"正阳楼"之烤羊肉，都人恒重视之。炽炭于盆，以铁丝罩覆之。切肉者为专门之技，传自山西人，其刀法快，而薄片方整，蘸醢酱而炙于火，馨香四溢。食者亦有姿势，一足立地，一足踏小木几，持箸燎罩上，傍列酒尊，且炙且啖，往往一人啖至三十余样，样各盛肉四两，其量亦可惊也。

水鲜，惟大头鱼、黄鱼上市时一食之，蟹亦然。如食某鱼时，则举家以此为食，巨族或至论担，但食此一种，不须他馔，亦不须面或饼。饭以面为主体，而米佐之。本京人喜食仓米，亦谓之老米。盖南漕入仓，一经蒸变，即成红色，如江苏之冬秈然，煮之稠质，病者尤宜。有所谓稷子者，产荒坡处，苗叶似谷，穗如粟，而分数歧，碾米煮粥蒸食皆宜，此贫窭之粮也。

内城房式异于外城，外城式近南方，庭宇湫隘，内城则院落宽阔，屋宇高宏，门或三间或一间，巍峨毕焕。二门以内，必有听事。听事后必有三门，始至上房。听事上房之巨者，至如殿宇。大房东西，必有套房，名曰耳房，左右东西厢必三间，亦有耳房，名曰盝顶。或有从二门以内即回廊相接，直至上房。其式全仿府邸为之。内城诸宅，均明代勋戚之旧，清朝世家大族，又互相仿效，所以屋宇日华。中下之户，曰四合房、三合房。贫户、编户有所谓杂院者，一院之中，家占一室，萃而群居。龃龉诟谇，或不能免，然亦有相安者，共处既久，疾病相扶，患难相救，虽家人不啻也。

都人买房取租以为食者，曰吃瓦片。贩书画碑贴，谓之吃软片。向日租房招贴，必附其下曰："贵旗贵教贵天津免问"。盖当日津人在京者，犹不若近时之高尚，而旗籍、回教人多有畏之者，亦足见社会进化之渐也。

理发营业，因剃发而附及之。清代历行剃发，故招工遍徇街市，其所招唤之器，俗名唤子，即《诗经》所谓鼓簧，以铁代竹，变其制也。今理发馆提高价格，力崇美术。而是项旧匠，则亦置推剪各器，仍担呼街市如故，中下社民常便之。

澡堂，在距今二百年前，一修脚匠创始营业。现在全市加入公会者，约有一百二十余家。城内首推西单牌楼之"义兴园"，斯园在民国12年前，名"静玉堂"，后改今名。城外首推永光寺西街"宝泉堂"。目下平市资本较大，组织完备者，城外属东西"升平"及"一品香"、"清华池"数处。城内则当数西安门外之"华宾园"，东四牌楼大街"怡和园"云。

澡堂公会，在后门桥"西盛堂"之后院，所祀之神为智公禅师。每年三月，同行皆往公祭一次，借议行规。其会址在"西盛堂"者，据行中人谓，是堂为清庆亲王府与另一王者合资所开，故名二王府，理发业亦于是堂为会之

所在地。因澡堂最初为修脚人所创，所用刀具类，皆仿效僧用之月牙铲，故祀智公为祖师，其理义殊不可解。

瓦木工，全城不下四五万人。此辈工作上集合，在内外城均有一定街口。其生活种类，向分两种：一为平常活，一为官工活。官工活即官家大工程时之工作也。瓦木工内部，分大工、小工之别。大工非本行出身不可，小工有时或招集外行人补充。凡工作由首领而工头，工头则于一定街口招雇之。九城街口皆在各大茶馆内，如"东兴居"、"海丰轩"、"龙海轩"及天桥、隆福寺等地之某某茶馆，均系该行街口。九城各街口以西长安街"龙海轩"为最大，自"龙海轩"拆闭后，其街口即移至报子街口上，改为站口。站口者，各工匠站立集合之地也。

戏剧评话

昆弋、梆子、皮簧、乐调、衣装、把子、傀儡戏、影戏、大鼓、说书。

旧都昔为政教中枢，人文蔚集，而鼓吹升平，调和雅俗，皆借娱乐之场以联声气。戏剧始于优孟，所以形容古人声色及古社会况状。推而上之，则诗之颂、祭之蜡，婆娑巫祝，皆歌舞竞技之所由。自唐之宋，小说大盛，乃由讲演弹词而变为搬演，由简单之院本而变为数十本之大套。终以文言不能通俗，于是逐代演进，乃由昆弋而递嬗至皮簧，而兴观群怨之旨，遂遍及于国中，且洋溢于国外焉。

歌则有曲。曲实盛于元代，且与搬演合组不离，非若古来乐府，徒以歌唱也。顾元曲均为北曲，然今之唱法又非元时之唱法，通称曰昆腔，则明嘉靖间昆山人魏良辅所创。稍变北曲一人独唱之规则，其宫调既不同，而于逢人声必劈必截之律，则非北方音之所能。南、北曲乃分辙而驰，各成一派。

昆弋　弋阳腔本于昆腔，而原始于高腔。高腔者，高阳腔也。今名伶韩世昌、白云生等，皆袭其衣钵，此为北曲之祖。其唱法遵昆腔词句，而变易其音节。从前京师谓之得胜歌，为凯旋之作，故于《清清兵》等出，每尝衍曌。道咸以来，皮簧大盛，秦腔梆子继起争雄，上自宫廷，下至小邑村市，靡不风行，而昆弋则式微也。

梆子　梆子脱化于昆曲之乱弹，较皮簧为早。唱工有一定之腔，无皮簧字眼活用之法。梆子之胡胡亦无皮簧随唱者之轻重疾徐时弄变化，而皮簧佳处，实又从梆子脱化而出者也。

北曲宗中州韵，皆无入声。西皮由北曲变更裁剪而出，

念字不得有入声，若上声字，念则高音，唱则低音。皮簧老派，犹守旧法，谭鑫培以湖广音，唱上声为高音，人人遵学，于是脱离梆子窠白矣。

戏班　溯北京戏班之盛乾隆时始，而有大徐班、大洪班、春台班、宜庆班、萃庆班、集庆班，皆扬州盐商所贡献。降至嘉、道，而四大名班鸣盛于时，即三庆、四喜、和春、春台也。此外尚有霓翠、启秀二班，专工小戏，博大不如四班，而精致华彩则过之。梆子班则有瑞胜、和源、顺和、吉立、永成、玉成各班，双方并峙。今则朝集一班，夕即改组，发如春笋，殒似朝槿，且伶工不必倚班而得名，班运反将赖伶而楮柱。近更于文化教育进占一席，而荣名反较士夫为高。

京师戏馆　戴菔塘《藤荫杂记》、鲍西冈《亚谷丛书》、吴太和《燕兰小谱》所载，如太平园、四宜园、查家楼、月明楼、方壶斋、蓬莱轩、升平轩，后皆易名，查楼改为广和，而庆乐、中和，似即太平、四宜故址。今新院杂出，其茶座、舞台亦均改建。新式官私达人，复有国剧学会。音乐学会之组织，日进无疆，未有艾也。

戏台　戏台旧制皆方式，观剧座位往往为台柱所挡，而场中光线亦嫌不足。自吉祥戏院改建椭圆式，并去其前柱，于是相率改善，日臻完美（图4）。

胡琴　胡琴出于元代，由塞外流入，故谓之胡。为弦索乐器之一。

皮簧　皮簧始兴，原用双笛。和腔后，改用胡琴准板合音，于唱者关系密切。此技能手，首推梅雨田、孙老元、陈彦衡。近则徐兰沅，以云母石改易琴面之蛇皮，谓发音特响，王少卿以杂调小戏融会穿插于大小过门之中，别生新趣，皆此中之进化也。梆子所用之琴，曰胡胡（图5）。其传乃由当日弦索歌班所改，自昆曲废弦索而用笛或仍加三弦，而胡胡遂流为梆子专门之乐。

乐曲　乐曲有"大十番"为明清两朝最著名之乐谱。乾嘉之际，内廷设有"十番学"，专门研究十番中一切乐曲（图6），向归南府管理。南府者，编演戏剧之总机关也。道光时，改设为升平署，其乐调则有"吉祥锣鼓"、"长春乐"、"海青"、"锦上花"、"新鹧鸪"、"钧天奏"、"海公蟠蚪"等数十种。近虽传者渐少，而市廛中，每于新年上元，延善音乐者为之领导，则广陵散犹在人间也。

■（图4）戏台

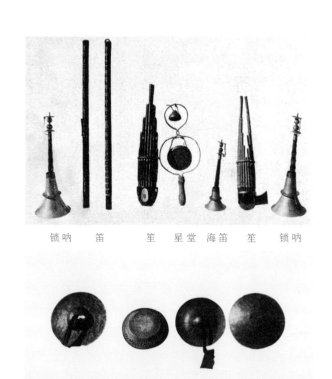

锁呐　笛　　笙　星堂　海笛　笙　锁呐

大钹　怀鼓　齐钹　小锣

■（图6）

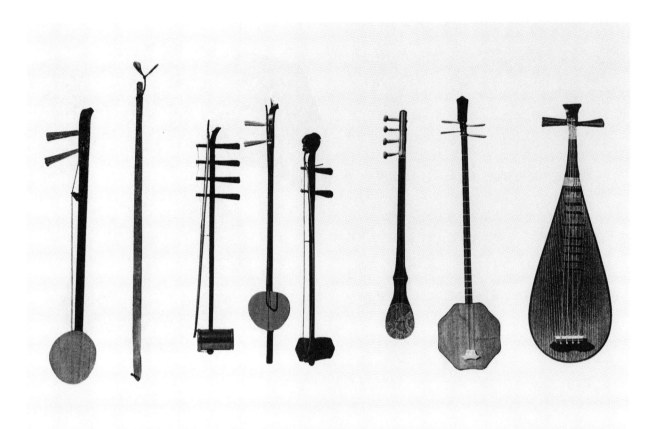

■ (图5) 胡 胡　　　　四根弦 (左) 提琴 (中) 二胡 (右)　　　　胡雷 (左) 双琴 (右)　　　　琵 琶

月琴 (左) 三弦 (右)　　　　　　云 璈　　　　　　脆鼓 (左) 大锣 (中) 堂鼓 (右)

十番鼓创于京师内苑，而盛于江浙。清李斗《扬州画舫录》记之最详。清沿明之传授，以韦兰谷、熊大璋二家为最。兰谷得崇祯间内苑乐工蒲钹法，传之张九思，谓之韦派。大璋工二十四云锣击法，传之王紫稼，同时沈西观，窥窃其点拍，会紫稼遇祸，其法遂失，西观以所得者传之顾抡美，仅得十四面击法，美复传于西观之孙知一，谓之熊派。钱梅溪值寓近光楼，与圆明园相近，每于月下，听内家练习咏诗曰：

一双玉笛韵悠扬，檀板轻敲澈建章。太液池边花外路，有人背手听宫墙。

十不闲亦歌剧之一，清嘉庆时颇盛行，后渐衰微。光绪间，以太后喜听之，一时组班演唱，如西四牌楼之太平歌词，地安门之乐善歌词，西便门之亿寿歌词，禄米仓之万年歌词，香山之击壤高歌，门头村之吉祥歌唱，皆时常供奉内廷内。务府之掌仪司，奉旨特立一会，会名曰"万寿无疆"。该会主要角色有抓髻赵，其人则甚美好。又有一极丑者，慈禧后呼为"人参核"，二人皆蒙赏誉者也。其唱曲则"大西厢"、"摔镜架"、"陈琳抱镜盒"、"杨二舍化缘"、"安儿送米"等。至名"十不闲"其故，则相传十种乐器一齐击打。①单皮、②门锣、③霸王鞭、④插锣、⑤担子、⑥蝇尘、⑦乍板、⑧节子、⑨玉子、⑩则门锣，以两面足。然城市以一、二人唱奏，何能十件乐器同时击打，传闻附会，或不必泥其器之定数也。

■ (图7) 文戏衣

衣装 衣装之制造由明历清，屡经改进。从前衣装，以官中制者最完美，而市中班装，一因明代之旧。自程长庚整饬装具，完全改革旧式，绘样制图，指导监工。当时造戏衣之店铺，共有三家：一为"玉丰协"，在煤市街路西；一为"宏兴号"，在东珠市口路北；一为"正源号"，亦在东珠市口。此项店铺，于今尚存。又有"三顺"、"双兴"两家，一在草市，一在珠市口南。其衣装名色，共九十九种，以大衣箱、二衣箱、旗色箱为三类（图7、图8）。

把子 为戏班所用之兵仗武器，三百五十六样，俗名"把子"。而制造者只"把子许"一家，分设两号，铺掌许魁荣，为扎把子之名手。在嘉庆时，于正阳门外大蒋家胡同，设"天德涌"。光绪时，有许庭顺者，于玄帝洋井北，另设一号，即名曰"把子许"。各省并无分号，为国内戏剧界用物惟一之制造厂。其厂内工匠，皆许姓族人。所制把子，除平市外，津、沪、汉、港，无论何地所用，皆北来定购。其出品优点，则为适手合用，耐久延年，故得独专其利。

砌末 以科班最讲究。数十年前，制砌末者，为净

■ (图8) 武戏衣

角张小山之祖，幼有巧思，比长，更心裁独出，承应升平署内廷之工作。同光间，闻于时继之者，为刘小庵，湖北江夏人，世家子，幼肄业工学校，未卒业而游北平，为各社会绘油画，并发明汽车上之指方电针，又发明汽油速率消耗数表于戏台布景，变幻诡奇。梅兰芳初排"白蛇传"，其水漫布景，于风声、水势，均极颁洞之神。每得巨酬，辄随手挥霍之，惜未永年。

傀儡戏 古名郭秃戏，俗名托戏，一曰宫戏。清代制宫戏之巧工，曰戴文魁，见柴桑《京师偶记》。其木偶则长三尺余，台周回障以蓝色布，高逾人顶。其上则设置戏场，朱栏绣幌，华丽离皇。每一木偶以一人举而弄之，动作身段与真者无异。后方围书画屏集，内行弦板，列座念唱，与场上神情相合。乾、道、同光之间，盛行于时，英使马尔戛尼《觐见笔记》谓，与英国之傀儡戏，形式相同，而戏

■（图 9）傀儡戏

中情节，则颇类希腊神话云云。今则渐归淘汰。硕果仅存者，曰"金麟班"，悬牌于护国寺某街口，营业亦殊萧瑟。按，傀儡戏发源最古。周穆王时，《列子》寓言已有偃师刻木之事。汉末，嘉会往往用之，见应劭《风俗通》。唐以木人演鄂公与突厥战，及项、刘鸿门宴会，机关动作，不异于生。宋代风行最盛，而种类亦最繁，有悬丝傀儡、走线傀儡、杖头傀儡、药发傀儡、肉傀儡、水傀儡各种。今天桥一带，悬丝走线，犹时见之。而春镫初试，一人鸣锣担箱笼，循行曲巷间，亦足点缀新年风景云（图9）。

影戏　影戏北宋时始有，《事物纪原》：仁宗时，市人有谈三国事者，或采其说，缘饰作影人，为三分战争之剧。《东京梦华录》载，京声伎艺，有影戏，有乔影戏。元汴京初，始以素纸雕簇，后来人巧工精，以羊皮雕形，彩色装饰。今滦县影片，为旧京营业之一。设绢帐于前方，演者以二细竹竿弄于镫前帐后，举动活泼，不见竿影、手影，是亦特出之技矣。唱则仍用高腔（图10）。

说书　说书宋人谓之评话。灌园耐得翁《都城记胜》，谓评话有四种：小说、说经、说史书、说参请。《东京梦华录》所载，有霍四能说"三分"，尹常卖"五代史"。南渡后，有敷衍复华篇及中兴名将传者，此演史之类也。其无关史事者，则为小说，一名银字儿，如烟粉、灵怪、公案、朴刀、杆棒、踪参等事，其体例亦与演史大略相同。今所传《五代评话》，实演史之遗。《宣和遗事》，殆小说之遗也。

平市各茶社延请评话家，登座讲演，一书辄半月或一月始毕。而评话者各有师承，皆各专精一部，轮流莅讲。四城茶社，终年不至重复。其书大概为《水浒》、《七侠五义》、《包公案》、《彭公案》、《济颠僧传》、《永庆升平英烈传》等。其讲演则绘声绘色，照原书穿益，滑稽科诨，可供雅俗欣赏。至艳情小说，则绝无人演习，盖风化所关，亦公共人心所不许也。

花鼓戏　花鼓戏即宋时之迓腔戏。曲牌中有"村里迓鼓"。《墨客挥犀》：王子醇初平西河，边陲宁静，教军士为讶鼓戏。数年间，遂行于世。宋时亦名打夜胡，即所谓地花鼓也。地花鼓者，不需舞台，于地上扮演。《东京梦华录》云：十二月，贫者三数人为一伙，装妇人神鬼，敲锣击鼓，巡街市或人家搬演，俗云打夜胡。三者音相近，俚语流传，一事三名。今市上，以一童女装，一童丑装，于市上歌舞之，盖其源甚早也。

大鼓　大鼓为弹词之滥觞。宋时，于杂剧先做寻常熟事一段，名曰艳段。南方于说书前，先有所谓开篇，即其遗也。当时名目有："神农大说药"、"讲百果爨"、"百禽爨"等。或清唱或以弦索。于说评话者，似又别辟一蹊径。明末有柳敬亭者，游于吴次尾、侯朝宗、左良玉文坛幕府之间，能以风趣饰其说言，一大夫恒礼重之。清时为睿亲王所罗致，利用其技艺，使编词宣传。于是逢场授徒，遂有三辰五亮十八奎之支派（皆徒辈派名）。今北平著名技人，有擅西河派之王凤友，擅梅花派之金万昌，梨花派之

■（图10）皮影子

侯德臣，京调之刘宝全，单弦之桂兰友，联珠之常树田，岔曲之群信臣，秧歌之崇子宸，什不闲之联辑五。近人有咏听弹词诗曰："石室有书名士在，井阑无主月华明。眼前兴废凭谁诉，座上皮弦具漫听。"又，大鼓书竹枝词曰："弹弦打鼓走街坊，小唱间书急口章，若遇春秋消永昼，胜他荡落女红妆。"

连厢

连厢毛西河《词话》云：金时清乐，仿辽大乐之制，有名连厢者，带演带唱。司唱者一人，琵琶笙笛各一人，复以男名末泥，女名旦儿，入勾阑扮演，随其音节，唱作举止，北人谓之打连厢云。北京岁时，娱乐多有此戏。数人或二三人不等，所唱则各种小曲。持竹竿约长三尺，两头各嵌径寸小铜钹或制钱十余枚，舞弄作响，此器本名霸王鞭，亦呼钱鞭。今天桥及东西庙，偶一见之。

市井琐闻

晓市

旧京地幅辽阔，官设市场，以利民众。而于东、西两市场之外，更有晓市之设。每值鸡鸣，买卖者率集合于斯，以交易焉。售品半为骨董，半系旧货，新者绝不加入。以其交易皆集于清晨，因名晓市，或谓鬼市，亦喻其作夜交易耳。俗呼小市，误。旧传，此项市场非官设，缘有世家中落，思以动产易米柴之资，复耻为人见，因于凌晨，提携旧什物，至僻处兜售，遂相沿成市，故至今晓市仍多在僻处。北平有晓市三，一在宣武门，一在德胜门，一在崇文门。宣武门地近琉璃厂，故多骨董书画，德胜门多旧家具，崇文门则以估衣为大宗也。

庙市

庙市俗呼庙会。旧京庙宇栉比，设市者居其半数，有年一开市者，如正月之大钟寺、白云观、火神庙、黄寺、财神庙、雍和宫、东岳庙，二月之太阳宫；三月之江南城隍庙、蟠桃宫，四月之万寿寺、北顶，五月之卧佛寺、都城隍庙、南顶，六月之善果寺、中顶等是。有月开数市者，如土地庙、白塔寺、护国寺、隆福寺等是。每至市期，商贾云集。月开数市者，所售多系日用之品，如隆福寺之古玩旧书，护国寺之藏香青果，白塔寺之木碗花草，土地庙之木器藤器，皆属特有。年开一市者，所售多系耍货，如白云观之小漆佛，财神庙之纸元宝，太阳宫之太阳糕，北顶之草帽、花篮，城隍庙之莲花灯，大钟寺之风车。游人每以购归为乐，故操上业者，无不利市三倍，今则略逊矣。至于火神庙之珠宝文玩，尤喧腾人口，惟赝品充斥，非内家不敢一问也。年开一市者，多有香会，如秧歌少林、五虎开路、太狮少狮、

高跷杠子、小车中幡等是。俗误称庙会，或基于是。月开数会者，亦设有杂耍场，惟未若前者之能称会耳。

书摊

平市书摊，向称琉璃厂、火神庙，今则东安市场、西安市场、西单商场、隆福寺、护国寺，随在皆是，琉璃厂已不足豪矣。康熙朝，买书者率趋慈仁寺，且长年有书摊，不似今之庙市，仅新春半月耳。相传王文简晚年，名益高，海内访先生者，率不相值，惟于慈仁寺书摊访之，则无不见，亦佳话也。又考，乾隆癸巳开四库馆，聚书于翰林院，院分三处：凡内府秘书，发出到院为一处；院中旧藏《永乐大典》，内有摘抄成卷，汇编成部之书为一处；各省采进民间藏书为一处。分员校勘。每日清晨，诸臣入院，设大厨供给茶饭，午后归寓。各以所考某典，详列书目，至琉璃厂书肆查访之。是时，江浙书贾，亦奔凑辇下。邮书海内，遍征善本。书坊以"五柳居"、"文粹堂"为最。按是说，是书肆而非书摊也。今之设摊者，略分二种：一为专售旧本秘本之书摊，如隆福寺、护国寺、火神庙、西安市场等是；一为专售新版洋版之书摊，如东安市场、西单商场等是。间有并售者，亦属附带，而非大宗。二者以后列之一种营业为佳，亦可见我国之时尚矣。

店肆

旧都集市之外，而银号则囊推恒庆、恒肇四家，谓之四大恒。行使银票，贵重一时。又有所谓银铺，随意书条，一二吊而数十吊，市上通用，无虞赝鼎。汇兑庄则山西贾为之，交游阔绰。而金店则门面辉煌，实无所储，皆以代人纳资入官为业。自国家团体组设银行，此项营业遂消息矣。

绸缎肆，以山东孟氏祥字号为巨，货品亦佳，虽近来花样翻新，他商于市上贬价竞卖，而如"瑞蚨祥"等号，则守其故，常趋购者，仍不稍减云。

药肆，有专售秘制一种，传之数百年，成巨室者。如酱坊胡同庄氏之独脚莲膏，土儿胡同"同德堂"之万应膏，观音寺"雅观斋"之回春丹，鹿犄角胡同雷万春之鹿角胶，皆以致富。

"月盛斋"以售酱羊肉出名，能装匣远贵，经月而味不变。铺在户部街，左右皆官署崇楼碍目，此斋竟独立于中，巍然不移。

木器集于东大市，率为旧式檀梨硬木，往往为旧家所售出者。在东、西四牌楼者，曰嫁装铺，并箱橱奁具亦备，多为染色伪品。

南纸集于琉璃厂，昔以"松竹斋"为巨擘，纸张外兼及文玩骨董。厥后"清秘阁"起而代之，其余诸家皆不如

其工致。近惟"荣宝斋"尚为优美也。至詹大有、胡开文之墨，贺莲青、李玉田之笔，周全生之摺扇，虽各设专铺，而南纸店代锁反较广也。

旧日都市，亦颇留心广告术，特极幼稚，如黑猴公之帽铺柜上，踞一大黑猴；雷万春之鹿角胶，门上挂大鹿角；扇铺檐际，则悬一大扇，皆足引人注意。近则五光十色，鼓笛扮像，匦嚣过市矣。

北平有数百年建都关系，人民极富美术性。于沿街货郎，可以表现其叫卖之腔，有板有眼，有快有慢，宛转悠扬，悦耳动听。至各庙会，卖香面等物，则皆有成章词句若干套，句句有韵，与词曲无异。行者过之，有绕梁遏云之趣。近人齐如山，将北平小贩所叫卖声音，何时售何物，自元旦以至除夕，依时归纳，辑成一书，题曰《北京货声》，并拟以五线谱之法谱之，以传其声云。齐又集市上唤头之各种响器，绘图列说，辑为《故都市乐图考》。

杂耍 旧京艺人至多，怪人尤最。如宝三之中幡，沈三之蹚跷，章月波之花坛，王葵英之空竹，王雨田之飞叉，宋桐臣之踢毽，或力或巧，艺既惊人，而又有所谓八大怪者，更不可不彰之：大金牙，焦姓，艺拉洋片，随效随唱，音调铿锵，姿势诙谐，述义和团事，极妙。云里飞，庆姓，初业伶，继改业评话，讲《西游记》，操渔鼓简板，词句颇警惕。所至，儿童趋之若鹜。谈黄老学问，有似处。田忙子，名德禄，能一人操十番文场，手足并作，且吹唱，声音毕肖，而音律不紊，自标田忙子。老毅军，张姓，曾入伍随姜桂题，姜死，遂流落，挽青天白日旗，跨布袋，于人烟稠密处，辄道直皖大战争，有声有色，如在目前。有时诋毁时事，辄遭斥逐，然不旋踵，又讲炮声隆隆矣。万人迷，周姓，工相声，为人有侠气，每以余资施丐者，人称周善人。花狗熊，不详其姓字，讲评书，于清朝史料，知之綦详，述吏制及官内事，如数家珍，听者耳不暇接，或亦有心人也。管儿张，鼻孔置一孔管，能效百鸟百虫百兽声音，又能效各地方言，滑稽多辩，亦有奇气。诸人皆有异禀，市中称为"天桥八怪"，以艺场俱在天桥也。